FAMIGLIE, PERSONE, SOCIETÀ

2

FAMIGLIE, PERSONE, SOCIETÀ

La famiglia oggi è una istituzione plurale. Non esiste più la "famiglia", ma le "famiglie". Sebbene il modello più diffuso sia quello della famiglia eterosessuale monogamica fondata sul matrimonio, in molti Stati si ammettono anche le convivenze non matrimoniali, sia registrate che di fatto, sia etero che omosessuali, come anche il matrimonio *same-sex*, con regolamentazioni differenti. La collana, con il contributo offerto anche da esperti di diritto processuale, internazionale, canonico ed ecclesiastico, costituisce un'analisi dei contenuti di questa nuova "famiglia", illustrandone l'evoluzione, e cercando di anticiparne i sentieri futuri, seguendo gli orientamenti del diritto vivente e degli ordinamenti sovranazionali. I lavori editoriali approfondiranno l'interessenza tra la famiglia, le persone e la società, secondo la lettura offerta dal dialogo perpetuo tra le legislazioni (nazionale e sovranazionale) e le Corti (Corte di Cassazione, Corte di Giustizia, Corte EDU), riscattando le unioni affettive dal loro isolamento e ristabilendo in tal modo rilievo al "valore persona", senza discriminazioni, per promuoverne la tutela all'interno della "famiglia" e nell'ambito della "società". La garanzia dei diritti della "persona" impone una particolare attenzione nei confronti delle "persone minori di età", che all'interno della "famiglia", quale dimensione plurale, esplicano la loro personalità, diventando adulti, membri delle future società. Questo lavoro ha la pretesa di offrire agli operatori del diritto una pronta e completa risposta giuridica alle questioni che si possono presentare nella prassi, analizzandone le criticità, con la legislazione aggiornata, la guida bibliografica, gli orientamenti della giurisprudenza, nazionale e sovranazionale e, trattandosi di una materia in continua evoluzione, suggerendo spunti di riflessione sui cambiamenti in atto nella realtà sociale italiana e comunitaria. L'approccio di carattere pratico alle tematiche esaminate e la completezza della trattazione, rendono l'opera di notevole ausilio a tutti coloro che, a titolo vario, desiderano approfondire la conoscenza delle questioni che investono la dimensione "famiglia" , con riferimento a profili di diritto sostanziale, processuale, canonico, ecclesiastico, comunitario ed internazionale.

Manuel Jesús Arroba Conde

Giusto processo e peculiarità culturali del processo canonico

Aracne editrice

www.aracneeditrice.it
info@aracneeditrice.it

www.gioacchinoonoratieditore.it
info@gioacchinoonoratieditore.it

via Sotto le mura, 54
00020 Canterano (RM)
(06) 93781065

ISBN 978-88-548-9729-8

I edizione: dicembre 2016

Indice

Introduzione

L'ordinamento processuale canonico è diventato oggetto di un rinnovato interesse negli ultimi anni. A ciò hanno contribuito alcune circostanze significative che hanno indotto il legislatore ecclesiastico ad emanare provvedimenti normativi portatori di rilevanti modifiche nell'assetto processuale. Tra i riferiti provvedimenti meritano menzione, in ordine cronologico, la *Lex Propria* del Supremo Tribunale della Segnatura Apostolica del 2008, contenente un consistente riordino delle sue competenze di grazia in materia di amministrazione della giustizia[1]; il *motu proprio* (m.p.) *Sacramentorum Sanctitatis Tutela*, con importanti modifiche (l'ultima delle quali risalente al 2010) sulla trattazione processuale dei delitti più gravi riservati alla Congregazione per la dottrina della fede (prima denominata Sant'Uffizio)[2]; infine, i m.p. *Mitis Iudex Dominus Iesus* e *Mitis et Misericors Iesus*, del 2015, circa i processi di nullità matrimoniale, riformando rispettivamente i canoni del Codice di Diritto Canonico della Chiesa Latina (CIC) e del Codice dei Canoni delle Chiese Orientali (CCEO)[3].

Le citate trasformazioni obbediscono al bisogno di adeguare la legislazione processuale alle nuove esigenze emerse nella vita e nella missione della Chiesa, interpellata costantemente da sfide e urgenze di vario genere, di fronte alle quali è consapevole di non poter rispondere con efficacia ricorrendo all'immobilismo delle norme positive, pur riconoscendo il valore permanente di certe disposizioni, il cui conte-

[1] Cfr. Benedictus PP. XVI, *Lex propria Supremi Tribunalis Signaturae Apostolicae*, 21.6.2008, in *AAS*, vol. C (2008), pp. 513–538.

[2] La prima normativa specifica sui delitti più gravi, che riformava quella prevista nel CIC e nel CCEO fu emanata da Giovanni Paolo II il 30.4.2001; è stata oggetto di successive modifiche fino a quella attualmente in vigore promulgata da Benedetto XVI; cfr. Litterae Apostolicae Motu Proprio datae Sacramentorum Sanctitatis Tutela, 21.5.2010, in AAS, vol. CI (2010), pp. 419–430.

[3] Cfr. Franciscus, Litterae Apostolicae Motu Proprio datae *Mitis Iudex Dominus Iesus quibus canones Codicis Iuris Canonici de causis ad matrimonii nullitatem declarandam reformantur*, 15.8.2015, in http://w2.vatican.va/content/francesco/la/motu_proprio/documents/papa–francesco–motu–proprio_20150815_mitis–iudex–dominus–iesus.html. Id., Litterae Apostolicae Motu Proprio datae *Mitis et Misericors Iesus quibus canones Codicis Canonum Ecclesiarum Orientalium de causis ad matrimonii nullitatem declarandam reformantur*, 15.8.2015, in http://w2.vatican.va/content/francesco/la/motu_proprio/documents/papa–francesco–motu–proprio_20150815_mitis–et –misericors–iesus.html.

nuto risponde ai valori maturati come "non negoziabili" nell'amministrazione della giustizia. Come succede però in qualsiasi altro contesto sociale, anche nella comunità ecclesiale sono proprio le trasformazioni delle norme l'occasione forse più adatta per riaccendere il dibattito e la discussione su quali siano i contenuti ai quali attribuire il riferito valore permanente.

Simile discernimento, nell'ambito processuale, può dirsi oggi riconducibile ai contenuti e valori racchiusi nel concetto di "giusto processo", un ideale al quale è auspicabile che si adegui l'amministrazione della giustizia anche ecclesiastica. Infatti, dentro e fuori della Chiesa, non sono mancate preoccupazioni e critiche suscitate dalle recenti riforme del processo canonico. Queste possono essere confrontate con l'ideale del "giusto processo", sia per valutare il loro fondamento reale, sia soprattutto per evitare l'interpretazione e applicazione delle disposizioni nuove in eventuale contrasto con i principi generali del fenomeno processuale.

L'idea di confrontare il fenomeno processuale canonico con l'orizzonte di significati che, pur con certa indeterminatezza, si attribuiscono comunemente al concetto di "giusto processo", anche e soprattutto in ambito secolare, ha come fondamento la convinzione che l'amministrazione di giustizia in ambito canonico possa, anzi debba, porsi in relazione critica e autocritica con il più generale senso di giustizia rispetto al quale tentano di modularsi (come è d'obbligo pensare) i vari sistemi processuali. Nel compiere tale confronto è però necessario conoscere le peculiarità del processo canonico nella consapevolezza che la Chiesa ricevette presto nel suo ordinamento lo strumento processuale, ritenendolo in se utile alla sua vita e missione, seppur adattandolo ad esse in quanto credette necessario[4].

Oggetto della presente opera sono quindi gli aspetti generali del processo canonico e non le recenti riforme; gli ultimi cambiamenti normativi saranno però segnalati nella misura in cui risultino significativi rispetto ai vari temi trattati[5]. Si tratta piuttosto di una presentazione in

[4] L'importanza delle peculiarità canoniche non è molto dissimile dall'importanza e dal peso che si riconosce ai principi fondamentali dell'ordinamento interno; nell'ambito del diritto della comunità internazionale questi principi sono alla base dei c.d. contro–limiti che operano come clausole di riserva nelle varie forme di adesione degli Stati alle convenzioni internazionali.

[5] Il riferimento normativo principale sarà costituito dal Libro VI (*De Processibus*) del CIC promulgato da Giovanni Paolo II nell'anno 1983 in sostituzione del precedente Codice che risaliva all'anno 1917, promulgato da Benedetto XV. Per l'interesse che ha rispetto alle cause matrimoniali saranno abbondanti i riferimenti all'Istruzione *Dignitas Connubii* (DC) promulgata dal Pontificio Consiglio per i Testi Legislativi nell'anno 2005 e i cui contenuti (ai sensi del c. 6) continuano ad essere utili per interpretare le recenti norme in tutto ciò in cui la riforma dei processi matrimoniali non abbia disposto diversamente. Rispetto alle funzioni dei Tribunali Apostolici riferimento obbligato sarà la vigente Costituzione Apostolica sulla Curia Romana *Pastor Bonus* (PB) promulgata da Ioannes Paulus PP. II, *Pastor Bonus*, 28.6.1998, in *AAS*, vol. LXXXIX (1988), pp. 841–934.

chiave culturale di questo settore del diritto della Chiesa, nella convinzione che conoscere la sua ricchezza, e segnalare sue eventuali debolezze, sia d'interesse in un contesto come quello attuale, dove la comunicazione e il confronto tra i vari sistemi giuridici si ritiene generalmente una risorsa che supporta il Diritto (con la maiuscola) nell'adempimento della sua superiore funzione quale fattore umanizzante dei rapporti interpersonali e sociali. Tale risorsa è ancor più necessaria nel settore processuale, essendo il processo lo strumento di cui si avvalgono gli ordinamenti per affrontare le diverse forme di crisi dei rapporti giuridici.

La prospettiva della comparazione tra sistemi processuali in relazione agli ideali del giusto processo è in stretta connessione con il principio della fiducia delle persone nell'amministrazione della giustizia e, di conseguenza, con il principio di fiducia reciproca tra le giurisdizioni. Tale orizzonte è a fondamento dei problemi e dei progressi fatti circa la circolazione delle decisioni giudiziali tra ordinamenti diversi, che negli ultimi anni ha conosciuto fasi di grande sviluppo, essendo oggetto di convenzioni internazionali di varia natura. Per la partecipazione della Santa Sede all'attività di Organizzazioni internazionali, dove si sono espressi alcuni principi chiari sulla giustizia nel procedere costitutivi di un vero ordinamento processuale sovranazionale, l'ordinamento canonico e quello dello Stato della Città del Vaticano non sono estranei allo sforzo (che si richiede agli Stati parte delle varie convenzioni) di implementazione delle proprie norme processuali.

Capitolo I

Il giusto processo come principio ermeneutico

Per meglio cogliere le specificità culturali del processo canonico, ed evitare che troppe informazioni su dettagli tecnici impediscano di apprezzarle, la prospettiva di studio più adeguata sembra essere quella della comparazione generale con il fenomeno processuale, dentro il quale si innesta l'ideale del giusto processo.

1.1. Profili della comparazione

La Chiesa non inventò il processo, ma presto lo accolse al suo interno, perché lo ritenne uno strumento utile. Sarebbe interessante potersi addentrare nella storia di questa ricezione, che mostrerebbe l'arricchimento che ha ricevuto lo strumento processuale dalla sua applicazione nella comunità ecclesiale; basti pensare al mantenimento della razionalità tipica del processo romano (nonostante l'influsso delle ordalie proprie del processo germanico), e al suo superamento con istituti di giustizia sostanziale oggi presenti in sistemi extra–ecclesiali. Ciò costituirebbe un primo profilo della comparazione sulla base della *norma missionis*: la chiamata che la Chiesa ha sentito nei secoli per rendere testimonianza di una cultura processuale che, pur con errori (anche gravi), è comunemente accreditata per l'impegno profuso ad evitare che la forza del diritto fosse soppiantata dai diritti dei più forti. Dalla *Episcopalis Audientia* in avanti[1], specialmente all'epoca del diritto comune[2], questo dato è considerato oggettivo. Nella selezione dei temi l'opzione è ricaduta sugli elementi dove le specificità del sistema canonico sono più vistose.

Non è nemmeno utile ai nostri scopi riferirci a elementi specifici dei singoli ordinamenti processuali, preferendo limitare lo sguardo ai prin-

[1] Sulle varie posizioni esistenti in dottrina circa il più generale ruolo del cristianesimo nella trasformazione del diritto romano nell'epoca tardo antica, cfr. L. De Giovanni, *Diritto e storia. La tarda antichità*, Satura, Napoli 2015, pp. 100–104.

[2] Sul punto, cfr. F. Martínez Martínez, *El proceso canónico y la verdad*, a cura di A. González e V. Ibáñez, *El Ius comune y la formación de las istituciones de derecho público*, Tirant Lo Blanch, Valencia 2012, pp. 209–239.

cipali contenuti del giusto processo quale concetto generale condiviso in diritto internazionale, ambito che si muove nel rispetto della pluralità di culture, nonostante queste condizionino le idee del processo e del diritto stesso. Fare generalizzazioni è un limite ma può facilitare che la comparazione soddisfi il secondo profilo: quello sull'arricchimento che l'ordinamento processuale canonico può ricevere (e non solo offrire) dai progressi convergenti in altri sistemi. Tale profitto trova fondamento sempre nel primato della *norma missionis* perché, come accade in ogni dimensione dell'evangelizzazione, anche nella sua dimensione giuridica, la Chiesa mentre evangelizza è evangelizzata, interpellata cioè dall'evoluzione positiva dei sistemi giuridici secolari, di fronte ai quali è chiamata a rendere testimonianza certamente critica, ma anche aperta, autocritica e comprensibile, secondo quanto richiede l'impegnativo principio della fedeltà creativa: *Ius sequitur vitam*[3].

1.2. Alcune manifestazioni storiche e culturali della giustizia nel procedere

Le più comuni manifestazioni dell'ideale che rappresenta il giusto processo avvengono nell'ambito dei processi penali. Alcuni dei principi maturati nella storia in tale settore sono poi stati considerati, con i dovuti adattamenti, quali valori da rispettare in ogni tipo di processo. Seppur in estrema sintesi, è interessante fare un cenno a tali principi indicando alcune sue espressioni storiche e culturali.

1.2.1. Nel processo romano

Nel diritto romano, in materia penale, alcuni autori collocano le radici del giusto processo nel sistema delle *quaestiones perpetuae*, che attribuì la funzione giudicante ad un collegio di giurati scelti dalle parti (accusatore ed accusato), conferì il potere di promuovere e sostenere l'accusa a un privato cittadino che rappresentava la collettività, e trasformò la figura del *quaestor* da organo inquirente e accusatore, a presidente della giuria e moderatore del dibattito tra le parti, senza diritto di veto[4]. Tuttavia il

[3] Tale prospettiva rispecchia l'orientamento comparatistico delle facoltà giuridiche dell'istituto *Utriusque Iuris*; l'inserimento dello studio del diritto canonico nel contesto più ampio dell'istituto facilita il farsi carico, anche su altri settori, della dimensione culturale che oggi interpella al diritto canonico. Per una sintesi sulla *norma missionis* come fondamento del diritto canonico, cfr. M.J. Arroba Conde–M. Riondino, *Introduzione al diritto canonico*, Mondadori, Milano 2015, pp. 1–3.

[4] P. Cerami, *Diritto al processo e diritto ad un 'giusto' processo: radici romane di una problematica attuale*, a cura di L. Vacca, *Diritto romano, tradizione romanistica e formazione del diritto europeo. Giornate di studio in ricordo di Giovanni Pugliese (1914–1995)*, Cedam, Padova 2008, pp. 33–60.

sistema delle *quaestiones perpetuae* non garantiva la sostanziale equità del processo penale. Fu la retorica giudiziaria ciceroniana a favorirla, in quanto considerò primo presupposto per un giudizio equo la presunzione di innocenza dell'imputato, ritenendo l'istruttoria ambito per accertare la fondatezza dell'accusa e non l'innocenza dell'imputato[5].

Come presupposto per un processo equo, anche su altre materie, gli autori si sono riferiti all'esistenza nel processo romano di una equa condizione fra le parti, nel senso che ad esse si doveva garantire l'identica facoltà di provare e argomentare. A tale presupposto corrisponde quello dell'equidistanza funzionale del giudice dalle parti; il giudice doveva essere non soltanto fisicamente distante, ma anche equidistante dalle parti e dagli interessi coinvolti nella materia oggetto del giudizio. Detta posizione, denominata terzietà, fu integrata con l'*ars rethorica* da regole deontologiche; la prima di esse aggiunse alla terzietà del giudice la sua imparzialità, condizione che esprime il fatto che il giudice debba formare la sua decisione finale sulla base delle prove fornite dall'accusatore e dall'imputato e non in base a suoi giudizi o sospetti precostituiti.

1.2.2. Nei processi ecclesiastici dell'età dell'inquisizione

Nell'Europa continentale, a partire del sec. XIII, si è formato un sistema di giustizia (soprattutto in materia penale) caratterizzato dalla varietà di procedure. Si deve avvertire dell'errore cui conduce ricordare solo la procedura inquisitoria, dimenticando che il processo contemplava come garanzie minime per l'inflizione della pena la convocazione degli imputati in Tribunale (*citatio*) e la concessione a loro dell'opportunità di difendersi (*defensio*)[6].

Con il declino dell'ordalia, nella Chiesa si svilupparono tre tipi di procedure penali. La forma classica ereditata dal diritto romano era il modello accusatorio; tale procedura era avviata a seguito di una denuncia scritta da parte di un privato che indicava le accuse e aveva l'onere di produrre le prove a sostegno di essa. Il pubblico ministero doveva convincere il giudice dell'esistenza dei fatti incriminati, ma si trattava di un compito molto oneroso considerati gli *standards* di sufficienza probatoria che la Chiesa aveva ereditato dal diritto romano e dalla Sacra Scrittura. Se non riusciva a soddisfare l'onere della prova il pubblico ministero era condannato lui stesso alla pena proposta per il presunto reo. In questa prima procedura la posizione dell'imputato è sostenuta da molte garanzie: egli veniva in-

[5] Nella pratica delle *quaestiones perpetuae* prevale ancora l'opinione che l'onere del difensore di provare l'innocenza dell'imputato prevale sull'onere dell'accusatore di provarne la colpevolezza; ivi, p. 56.

[6] Cfr. M.R. Damaska, *La ricerca del giusto processo nell'età dell'inquisizione*, in *Criminalia* (2012), p. 28.

formato delle accuse e il giudice doveva illustrarlo genericamente delle prove testimoniali; la tortura non era prevista come mezzo legittimo al fine di ottenere prove; infine, la confessione giudiziale poteva essere solo spontanea[7].

Si è soliti attribuire il passaggio dal sistema accusatorio a quello inquisitorio all'intervento della Chiesa in situazioni dove, pur essendoci voci attendibili sulla commissione di reati nella comunità, nessuno era disposto a esporre l'accusa, visti gli oneri probatori del sistema accusatorio. Il modello inquisitorio attribuì ai giudici ecclesiastici il diritto di compiere indagini di propria iniziativa per accertare l'attendibilità delle voci sui reati; qualora l'indagine portasse esiti affermativi, ai giudici era riconosciuto il potere di avviare un procedimento penale. Agli imputati erano però garantiti gli stessi diritti di difesa previsti nel modello accusatorio[8], che rimase modello per eccellenza, considerandosi il modello inquisitorio una forma minore di procedura da utilizzare in situazioni eccezionali. L'atmosfera creata in seguito dai movimenti eretici, con il corrispettivo pericolo per l'ortodossia, portò a percepire le solennità processuali del modello accusatorio come impedimenti per l'amministrazione efficace della giustizia. Alla fine del sec. XIII si sviluppa una variante della procedura inquisitoria; in essa, gli aspetti a favore degli imputati scomparvero, introducendosi anche la tortura come legittimo mezzo processuale[9]. Ulteriori varianti del modello inquisitorio furono la segretazione dei nomi dei testi dell'accusa per i sospettati di eresia, ai quali non era riconosciuto il diritto di impugnazione, potendo inoltre vedersi condannati sulla base del c.d. "violento sospetto", criterio sostitutivo del severo *standard* probatorio del diritto romano[10].

In questo declino delle manifestazioni del giusto processo rimase l'idea che derivasse dal diritto divino naturale e positivo l'esigenza che l'imputato fosse citato e avesse possibilità di difendersi[11]. Prova interessante di tale convinzione è la permanenza della *citatio* e della *defensio*, sotto pena di nullità delle decisioni, nelle costituzioni promulgate da Papa Clemente V[12], nonostante tra gli obiettivi di esse ci fosse la diminuzione, a determinate condizioni, dello *strepitus iudicialis*.

[7] Ivi, p. 30.

[8] Cfr. R.M. Fraher, *The Theoretical Justification for the New Criminal Law of the High Middle Ages*, in *University of Illinois Law Review* (1984), pp. 577–595.

[9] La tortura giudiziale fu introdotta con una Bolla di Innocenzo IV del 1252, cfr. Innocentius PP. IV, *Ad Extirpanda*, in *Bullarium Romanum*, vol. III, p. 556.

[10] Cfr. M.R. Damaska, *La ricerca del giusto processo nell'età dell'inquisizione*, cit., p. 33.

[11] Ivi, p. 38.

[12] Cfr. *Saepe contingit*, Clem. V.11.2, *Pastoralis cura*, Clem. 2.12.2.

1.2.3. Nella cultura processuale angloamericana

Radici dell'ideale del giusto processo si ritrovano anche nelle tradizioni angloamericane del *due process of law* e nel suo antecedente storico la *fairness*, presupposto del procedimento regolato per legge. Nella formula del *due process of law* si inseriscono le più moderne garanzie di legalità procedurale e di giustizia sostanziale; non si tratta di clausola dal contenuto rigido, ma flessibile, aperto alla verifica dell'equo procedere concreto in ciascun procedimento. Il processo si colma di principi superiori di giustizia, per essere garanzia positiva di un diritto naturale del singolo[13].

Di recente, seguendo il sentiero già tracciato secoli prima dalla Magna Charta, il giudice Henry Friendly si è riferito ai contenuti inerenti alla *due process clause* della Costituzione degli USA. Tali contenuti coincidono con i dieci punti in cui divide la sua riflessione: 1. *An unbiased tribunal*; 2. *Notice of the proposed action and the grounds asserted for it*; 3. *Opportunity to present reasons why the proposed action should not be taken*; 4. *The right to present evidence, including the right to call witnesses*; 5. *The right to know opposing evidence*; 6. *The right to cross–examine adverse witnesses*; 7. *A decision based exclusively on the evidence presented*; 8. *Opportunity to be represented by counsel*; 9. *Requirement that the tribunal prepare a record of the evidence presented*; 10. *Requirement that the tribunal prepare written findings of fact and reasons for its decision*[14].

1.2.4. Nel diritto internazionale

In ambito internazionale, un impulso decisivo alla diffusione dell'ideale del giusto processo è stato dato dall'Organizzazione delle Nazioni Unite attraverso la Dichiarazione Universale dei Diritti dell'uomo del 1948, specialmente dagli artt. 8 e 10[15] della medesima. A queste disposizioni si riallaccia il Patto internazionale sui diritti civili e politici del 1966, concretamente il suo art. 14, comma 1, la cui formulazione è speculare a quella della Dichiarazione Universale.

Analogo riconoscimento proviene dalla Convenzione europea per la salvaguardia dei diritti dell'uomo e delle libertà fondamentali (CEDU) che all'art. 6 stabilisce il diritto di ogni persona all'esame pubblico ed

[13] Cfr. V. Vigoriti, *Garanzie costituzionali del processo civile. Due process of law e art. 24 Cost.*, in *Revue internationale de droit comparè*, vol. XXIV (1972), pp. 514–516.

[14] Cfr. H.J. Friendly, *Some kind of hearing*, in *University of Pennsylvania Law Review*, vol. CXXIII (1975), pp. 1267–1318.

[15] L'art. 8 dispone: *Everyone has the right to an effective remedy by the competent national tribunals for act violating the fundamental rights granted him by the Constitutions or by law.* L'art. 10 prescrive: *Everyone is entitlet in full equality to a fair and public hearing by an indipendent and impartial tribunal, in the determination of his rights and obligations and of any criminal charge against him.*

equo delle sue cause, che debbono essere trattate da un Tribunale indipendente e imparziale, costituito *ex lege* per pronunciarsi sulle controversie inerenti ai suoi diritti e doveri civili o sulla fondatezza di ogni accusa penale formulata nei suoi confronti[16]. Il Trattato di Maastricht pose agli Stati europei firmatari l'obbligato adattamento costituzionale e strutturale dei rispettivi sistemi nazionali, ivi inclusi quelli processuali, in quanto nel suo preambolo si proclama l'adesione degli Stati ai principi della libertà, della democrazia e del rispetto dei diritti dell'uomo e delle libertà fondamentali[17]. Tale obbligo è a fondamento della riforma dell'art. 111 della Costituzione Italiana, nel testo novellato dall'art. 1 della legge costituzionale del 23 novembre 1999 n. 2 che aggiunge i primi cinque commi al precedente testo. Nel primo comma si stabilisce che "la giurisdizione si attua mediante il giusto processo regolato dalla legge; ogni processo si svolge nel contraddittorio delle parti, in condizioni di parità, davanti ad un giudice terzo ed imparziale"[18].

La giurisprudenza della Corte di Strasburgo ha contribuito allo sviluppo del concetto di giusto processo e all'evoluzione dei sistemi processuali degli Stati membri[19]. La Corte opera infatti secondo il principio dello *stare decisis* per fornire orientamenti ermeneutici; nelle decisioni emerge come criterio del giusto processo il suo svolgimento *equitable*. La CEDU intende stabilire uno *standard* minimo di garanzie della persona in rapporto all'esercizio della giurisdizione, a prescindere dalle peculiarità di ogni sistema processuale[20]. In materia penale, le garanzie costitutive del diritto al processo equo riguardano la condizione di solo imputato, che permane anche durante gli sviluppi della procedura a seguito di eventuali impugnazioni, sino al momento in cui l'assoluzione o la condanna si debbano considerare definitive[21].

[16] In tale modo, anche attraverso l'attività processuale, si è andato consolidando il rilievo essenziale dei diritti umani come criterio dell'identità di ciascuna nazione europea e dell'Europa stessa nel suo insieme; cfr. V. Buonomo, *La tutela dei diritti dell'uomo strumento dell'integrazione europea*, a cura di V. Buonomo e A. Capecci, *L'Europa e la dignità dell'uomo*, Città Nuova, Roma 2014, pp. 11–113.

[17] Cfr. F. Mosconi, *Il trattato di Maastricht: una costituzione per l'Europa?*, in *Il Politico*, vol. LXII (1992), pp. 421–438.

[18] Sui contenuti del giusto processo la dottrina italiana si muove tra l'esigenza di rispetto del dato normativo e l'accertamento veritiero dei fatti come base di una giusta decisione; cfr. L.P. Comoglio, *Le garanzie fondamentali del 'giusto processo'*, in *Ius. Rivista di Scienze Giuridiche*, vol. XXXXVII (2000), p. 350.

[19] Per un approfondimento sulla giurisprudenza della Corte europea si veda M. De Salvia–V. Zagrebelsky, *Diritti dell'uomo e libertà fondamentali: la giurisprudenza della Corte europea dei diritti dell'uomo e della Corte di Giustizia della Comunità Europea,* Giuffré, Milano 2006.

[20] Cfr. M. Chiavario, *Art. 6*, a cura di S. Bartole, B. Conforti e G. Raimondi, *Commentario alla Convenzione Europea per la tutela dei diritti dell'uomo e delle libertà fondamentali*, Cedam, Padova 2001, pp. 154 ss.

[21] Cfr. L. Filippi, *Equo processo: normativa italiana ed europea a confronto*, Cedam,

Il principio del contraddittorio, pertinente rispetto alla giustizia di ogni tipo di processo, seppur non enunciato esplicitamente, può essere ritenuto desumibile in modo indiretto dall'art. 6 della CEDU, dove si stabilisce: *in the determination of his civil rights and obligations ..., everyone is entitled to a fair and public hearing*; il concetto di *hearing* presuppone a sua volta il diritto dell'interessato di essere posto nella condizione di farsi sentire (*droit d'etre entendu*), e di poter esporre le proprie ragioni e controbattere a quelle avversarie. La garanzia del contraddittorio implica la parità delle armi tra le parti, posto che non si può avere un effettivo contraddittorio se le parti non si trovano in una posizione di parità in ordine ai mezzi processuali di cui esse possono disporre[22].

L'art. 6 della CEDU include tra le garanzie il diritto a una durata ragionevole del processo, criterio molto presente nell'agire della Corte di Strasburgo, senza però intendere l'economia processuale come un principio da far valere a scapito dell'accertamento in contraddittorio. La valutazione di ragionevolezza dei tempi processuali implica un calcolo di durata, previa determinazione di un *dies a quo* e di un *dies ad quem* in base al tipo di procedimento; l'eccessiva lunghezza può riguardare la totalità del processo o un periodo o fase specifica di esso[23]. Non è stata stabilita una soglia massima di riferimento in astratto, ma la Corte ha elaborato una serie di criteri funzionali atti alla concreta misurazione della ragionevolezza: sul computo della durata, influiscono sia la complessità del caso sia la condotta dell'accusato, delle Autorità Nazionali competenti, oltre che alla c.d. *enjeu* (posta in gioco)[24].

Tra i presupposti di un equo processo si deve far menzione del diritto alla difesa, ivi inclusa la difesa tecnica desiderata[25]. Si tratta di principio contemplato nella Dichiarazione Universale dei diritti dell'uomo,

Padova 2009.

[22] Il diritto al contraddittorio in ogni tipo di processo è specificazione del principio di uguaglianza delle armi processuali, formulato per i processi penali; su questi, nella riforma dell'art. 111 della Costituzione Italiana si stabilisce che la formazione della prova è regolata dal principio del contraddittorio (eccetto in casi espressamente previsti dalla legge stessa), per cui la colpevolezza dell'imputato non può essere provata sulla base di dichiarazioni rese da chi volontariamente si sottrae ad interrogatorio da parte del reo e del suo difensore. Cfr. M. Chiavario, *Garanzia ed efficienza della giustizia penale. Temi e problemi*, Giappichelli, Torino 1998.

[23] Cfr. G. D'Aiuto, *Il principio della ragionevole durata del processo penale*, Edizioni Scientifiche Italiane, Napoli 2007, pp. 86 ss. Nella riforma dell'art. 111 della Costituzione Italiana si attribuisce alla legge stessa assicurare la ragionevole durata del processo.

[24] Cfr. I. Lai, *La durata ragionevole del processo nella giurisprudenza della Corte europea sino al 31 ottobre 1998*, in *Rivista di Diritto Processuale*, vol. LIV (1999), pp. 549 ss.

[25] L'art. 111 della Costituzione Italiana rispetto ai processi penali stabilisce come contenuti specifici del diritto di difesa l'informazione più tempestiva possibile all'imputato della natura e dei motivi dell'accusa nei suoi confronti; il riconoscimento del tempo e delle condizioni necessarie per preparare la difesa; la facoltà di interrogare davanti al giudice le persone che rendono dichiarazioni a suo carico.

nel Patto internazionale sui diritti civili e politici e nella Carta dei diritti fondamentali dell'Unione Europea. Fortemente sentita è la necessità di garantire che la difesa sia svolta in modo effettivo, con professionalità e competenza, ritenendo perciò che gli Stati membri debbano provvedere un sistema di controllo, atteso che l'esercizio della difesa è intesa come una condizione attinente alla regolarità del processo, più che come un diritto attinente gli interessi della parte privata. Le garanzie da assicurare a chi intende difendersi da solo includono il diritto a partecipare al contraddittorio ed ad essere sentito; ad essi sono vincolati il diritto alla rappresentanza legale (di fiducia o d'ufficio), e il diritto alla gratuità della difesa, seppur solo in precise situazioni. Per la giurisprudenza della Corte europea il diritto all'assistenza legale gratuita va assicurato, sempre che ciò sia richiesto dagli interessi della giustizia, ogni qualvolta l'accusato sia privo dei mezzi per remunerare un difensore; in tali casi non si ritiene sufficiente consentire l'esercizio dell'autodifesa[26]. Il citato art. 6 della CEDU afferma espressamente che l'accusato può essere assistito da un difensore a sua scelta; implicitamente ammette che la retribuzione sia a carico dell'interessato, in quanto la gratuità della prestazione difensiva è assicurata solo in caso di difficoltà economiche e quando rilevano gli interessi della giustizia[27].

1.3. Contenuti essenziali e condivisi del concetto di giusto processo

Gli accenni storici e culturali appena indicati, nella loro varietà e contemporanea convergenza, permettono di ricondurre l'ideale del giusto processo ad alcuni contenuti essenziali, che ora si presentano in modo sintetico, in quanto si tratta di contenuti oggi sostanzialmente condivisi nella generalità degli ordinamenti democratici. In tal senso, il concetto di giusto processo si presenta all'ordinamento processuale canonico come categoria di riferimento comune ad altri sistemi processuali, nei quali è d'obbligo presumere un identico anelito di giustizia, indipendentemente da esplicite opzioni di fede. Rispetto a studi precedenti di altri qualificati colleghi[28], questa presentazione intende muoversi soprattutto nel terreno

[26] Cfr. O. Mazza, *L'effettività della difesa d'ufficio*, a cura di A. Balsamo e R.E. Kostois, *Giurisprudenza Europea e processo penale italiano*, Giappichelli, Torino 2008, p. 169.

[27] Cfr. P. Sechi, *Il patrocinio dei non abbienti nei procedimenti penali*, Giuffré, Milano 2006.

[28] Cfr. G. Dalla Torre, *Qualche riflessione su processo canonico e principio del giusto processo*, a cura di J. Kowal e J. Llobell, *Iustitia et iudicium*, Libreria Editrice Vaticana, Città del Vaticano 2010, pp. 1293–1310; J. Llobell, *Il giusto processo penale nella Chiesa e gli interventi della Santa Sede*, in *Archivio Serafini*, vol. CCXXXII (2012), pp. 165–224 e pp. 293–357.

delle questioni di natura tecnica, dando per presupposti altri temi di portata piuttosto meta–giuridica, quali il fondamento naturale del diritto al giusto processo, l'inseparabilità tra giustizia del procedimento e giustizia della decisione, l'identità o distinzione tra l'ideale generale del giusto processo e l'esercizio del diritto alla difesa.

Con le dovute puntualizzazioni riguardanti i processi penali[29], ai nostri fini è sufficiente riportare il concetto di giusto processo ai valori che derivano dai due principi in cui si fa consistere comunemente la giustizia nel procedere: il principio del contraddittorio tra le parti e l'imparzialità dell'organo decidente. Ciascuno di questi principi racchiude a sua volta certe opzioni di fondo e di forma, ritenute oggi sostanzialmente non discutibili.

Il principio del contraddittorio esige che all'accertamento razionale dei fatti si pervenga con il contributo principale dei destinatari della controversia acquisito in condizioni di uguaglianza, con le corrispondenti garanzie sul diritto alla difesa nella sua doppia dimensione: come diritto ad essere informati e come diritto ad essere ascoltati, da esercitare secondo le forme previste dalla legge stessa[30], e con l'assistenza tecnica necessaria e desiderata dall'interessato.

L'imparzialità dell'autorità si traduce nel rispetto obbligatorio del principio di legalità nel decidere e nel procedere, senza concessioni ad altro tipo di interessi istituzionalmente rilevanti (tipici dei poteri politici) e senza compromettere il diritto al processo né i diritti processuali delle parti. Simile rispetto della legalità, tipico della potestà giudiziale, esige tale specifica qualifica nell'organo decidente[31] e si manifesta in modo ele-

[29] Nel caso europeo, l'estensione all'ambito civile di tutele processuali nate per i procedimenti penali è il frutto di una tendenza maturata negli anni ottanta nella giurisprudenza della Corte Europea dei Diritti Umani (ECHR), che ha di fatto incorporato al comma 3 del citato art. 6 della CEDU (unico riguardante i processi civili) quanto consolidato in relazione al comma 1 (che riguarda la giurisdizione penale).

[30] La parità delle armi processuali e l'accesso ai documenti (*disclosure*) non devono essere considerati per singoli fasi ma nel suo complesso, come si deduce dalla giurisprudenza della ECHR in sentenza del 23.10.1993 *Ankerl* vs. *Switzerland* (N. 17748/91) dove si avverte che la *equality of arms* deve essere intesa come *fair balance between the parties*, nel senso che ciascuna delle parti deve avere una *reasonable opportunity* di presentare il suo caso e le sue prove in condizioni tali da non trovarsi *at a substantial disadvantage vis a vis his opponents*.

[31] All'imparzialità concorrono vari elementi, tra i quali quello sulla costituzione *ex lege* del giudice competente a trattare il caso, la stabilità *ad normam iuris* del suo incarico, l'esistenza di garanzie contro ogni pressione esterna nel compiere il suo operato, nonché l'apparenza stessa di imparzialità nella percezione delle parti; questo ultimo elemento apre ad una dimensione soggettiva il valore dell'imparzialità ed è alla base dell'istituto della ricusazione disciplinato in tutti gli ordinamenti processuali (seppur rilevabile solo in forza di motivazioni e fatti oggettivi attribuibili al giudice); in tal senso si esprime la giurisprudenza della ECHR in sentenza del 22.6.1989 *Langborger* vs. *Sweden* (N. 11179/84) e in quella del 15.10.2009 *Micallef* vs. *Malta* (N. 17056/06); dalla medesima giurisprudenza si desume che non intacca l'imprescindibile indipendenza e imparzialità del giudice il fatto che questi sia nominato dal potere esecutivo,

vato nell'obbligo di motivare *ad normam iuris* le valutazioni e decisioni compiute, sia quelle endo–processuali sia quelle conclusive[32], alle quali si deve pervenire in tempi ragionevoli, e assicurando che le decisioni siano suscettibili di impugnazione presso un organismo giudiziale superiore, almeno una volta.

Pur convenendo su questo quadro sintetico di valori, nella comparazione non si potrà evitare di far menzione a una certa tensione tra l'esigenza di offrire una testimonianza di giustizia davvero ecclesiale, senza appiattimenti a evoluzioni di altri sistemi che non sarebbero coerenti con la missione che la Chiesa è chiamata a compiere (rispetto alle varie materie oggetto dei processi), e l'altrettanta necessità di mettere in discussione autocritica gli aspetti del processo canonico che possano risultare stridenti con la cultura processuale oggi più comune.

In ogni caso, richiamare il ricorso al concetto di giusto processo come un principio generale del diritto processuale è un criterio interpretativo delle norme che risulta specialmente utile su quelli aspetti delle disposizioni processuali (soprattutto su quelle che sono state oggetto della recente riforma) che possano sembrare meno chiari, evitando di compiere letture arbitrarie e meramente positiviste delle medesime[33].

come si afferma in sentenza del 2.8.2005 *Clarke* vs. *United Kingdom* (N. 23695/02).

[32] L'obbligo dei giudici di motivare le decisioni, di cui all'art. 6 comma 1 della CEDU, non esige però di riferirsi ad ogni elemento preteso o allegato dalle parti; in tal senso si è pronunciata la giurisprudenza della ECHR in sentenza *Van de Hurk* vs. *Netherlands* (N. 16034/94) dove si afferma che il citato obbligo stabilito nella convenzione *cannot understood as requiring a detailed answer to every argument*.

[33] Il ricorso ai principi generali del diritto è stabilito al c. 19 annoverandolo tra i criteri del c.d. diritto suppletorio. In dottrina si propone giustamente che tale diritto debba essere inteso, in realtà, come una risorsa costante (e non solo in casi eccezionali) nell'opera di interpretazione, insieme agli altri criteri ermeneutici stabiliti al c. 17; cfr. P. Gherri, *Canonistica, codificazione e metodo*, Lateran University Press, Città del Vaticano 2007, pp. 406–416. Gli operatori dei tribunali ecclesiastici quindi devono possedere una formazione che procuri loro familiarità con i principi interpretativi, superando la lettera della legge, con capacità di comprenderla nel suo contesto, conoscendo bene la *ratio legis*, il suo fine e le sue circostanze, ricorrendo alla analogia, penetrando nei principi generali del diritto, con speciale impegno nel compiere l'applicazione equitativa delle norme che consente di analizzare bene, senza fretta, le sfaccettature variegate del singolo caso. Così come rispetto al CIC è il concilio Vaticano II il contesto che permette di interpretare il testo normativo, per la riforma dei processi matrimoniali il contesto risulta essere l'esperienza sinodale degli anni 2014 e 2015. Non ha molto senso nella prima fase di applicazione delle norme richiamare presunte espressioni della *mens legislatoris*, tra le altre cose per l'inconsueto formato con cui si presenta il corpo normativo della riforma, dove oltre al Proemio e alla modifica dei canoni, si sono aggiunte altre norme procedurali il cui obiettivo, dichiarato espressamente dal legislatore, è proprio esporre la sua *mens*, per facilitare l'applicazione dei canoni e integrarli, se necessario.

Capitolo II

Finalità e tipologie di processo canonico

Il primo elemento degno di riflessione, perché influente in tutta la comparazione, è quello riguardante la finalità del processo. Il processo è lo strumento predisposto negli ordinamenti per applicare la legge a situazioni controverse, sia quando le conseguenze delle disposizioni legali sono oggetto di dubbio, sia quando sono oggetto di pretese incompatibili da parte di due soggetti.

2.1. Certezza e concordia: tradizione culturale canonica e segnali recenti di cedimento

Questa finalità strumentale e applicativa del processo, nel caso del processo canonico, deve essere armonizzata col fatto che l'ordinamento della Chiesa non recepisce l'aspirazione all'incontrovertibilità delle sue norme e disposizioni giuridiche negli stessi termini (imperativi, positivisti e coercitivi) che caratterizzano gli ordinamenti degli Stati e della comunità internazionale; le norme dei riferiti ordinamenti tentano di proteggere con chiarezza i beni meritevoli di tutela[1].

Finalità del diritto canonico è ordinare la vita della Chiesa, senza però poter sacrificare la natura di mistero della vocazione cristiana, nella doppia dimensione personale e comunitaria, che offre il senso ultimo all'esistenza dell'ordinamento. Tale mistero non si presta ad una totale configurazione giuridica positivista. Ciò significa che le formule legali canoniche sono relative rispetto al c.d. diritto divino, sia nella loro generalità (per l'evoluzione che si compie rispetto alla capacità storica di scoprire i suoi veri contenuti), sia soprattutto nella sua incidenza nella sfera personale (per il ruolo che spetta alla risposta in coscienza).

Le definizioni espresse nel concilio sulla Chiesa (intesa come mistero e sacramento) nonché alcune opzioni per riferirsi alla sua dimensione istituzionale (come quella di evitare il ricorso al concetto di *societas*

[1] Cfr. J. Ochoa, *Actio e contestatio litis nel processo canonico*, a cura di M. Basso, *Miscellanea in onore del prof. Xavier Ochoa*, Libreria Editrice Vaticana, Città del Vaticano 1990, p. 82, dove si segnalano le specificità dell'ordinamento canonico circa lo scopo finale del processo rispetto agli ordinamenti processuali degli Stati.

perfecta)[2], hanno un rilievo giuridico sostanziale e processuale, che non può essere disatteso. Sul versante strettamente processuale, detto rilievo dell'ecclesiologia conciliare può esprimersi (in sintesi) sottolineando che il processo canonico, soprattutto se si tratta di accertare lo stato di vita, è lo strumento di cui si avvale l'ordinamento canonico per stabilire nel foro esterno l'oggettiva fondatezza delle convinzioni di coscienza dei fedeli; si caratterizza per un ricorso costante (e non solo in casi estremi o difficili) all'equità (c. 1752) intesa come giustizia del caso concreto, e non tanto come giustizia semplicisticamente indolore o benigna. Ricorrere all'equità implica non poter limitare lo sguardo solo alla legge generale astrattamente stabilita dal legislatore umano (sia nel procedere che nel decidere), essendo suo obiettivo supremo la *salus animarum*.

2.2. Riserva di giurisdizione e cooperazione con altre

Da tali finalità deriva la riserva di giurisdizione canonica, concetto che risponde all'urgenza di rendere testimonianza alla verità su certe materie, e che si esprime come un diritto proprio e esclusivo della potestà giudiziale ecclesiastica: diritto proprio perché ritenuto derivante dalla missione della Chiesa, indipendentemente dall'esistenza di accordi tra Chiesa e altre giurisdizioni; diritto esclusivo nel senso che eventuali risoluzioni su queste materie da parte di altre autorità sarebbero prive di effetti in ambito canonico, eccetto per concessione o riconoscimento della Chiesa; le riferite materie sono quelle spirituali o ad esse annesse, la violazione delle leggi ecclesiastiche e altre situazioni in cui si dia una *ratio peccati*, perché suppongono la violazione di norme giuridiche o morali che richiedono una risposta penale, nonostante si tratti di condotte non previste come delitto nelle norme penali (c. 1401)[3]. Al riguardo, sono degne di nota alcune situazioni che, nella rispettosa distinzione di sfere, esigono speciale collaborazione tra la giurisdizione della Chiesa ed altre[4].

[2] Per uno studio sulle definizioni elaborate dal Concilio Vaticano II sulla Chiesa, cfr. M.J. Arroba Conde, *Diritto processuale canonico*, VI ed., Ediurcla, Roma 2012, pp. 20–24. Si veda anche J.A. Estrada, *La iglesia: institución o carisma?*, Sígueme, Salamanca 1984.

[3] Nel diritto penale canonico latino si prevede questa eventualità al c. 1399, ridimensionando la vigenza del principio di stretta legalità formale nell'irrogazione delle pene, seppur sempre nel rispetto del principio di legalità sostanziale ed evitando che la pena possa risultare uno strumento di governo.

[4] Sull'orizzonte della collaborazione come principio guida dei rapporti giuridici tra la Chiesa e altri ordinamenti, cfr. M. Nacci, *Chiesa e Stato dalla potestà contesa alla sana cooperatio. Un profilo storico–giuridico*, Lateran University Press, Città del Vaticano 2015.

Una prima situazione rilevante verte sulla materia matrimoniale. Il c. 1671, pur riaffermando la giurisdizione propria della Chiesa sul matrimonio dei battezzati, prescinde dal qualificarla come giurisdizione esclusiva, rimandando anzi alla giurisdizione dello Stato per gli effetti meramente civili. Alcuni concordati stabiliscono la giurisdizione esclusiva dello Stato in materia di separazione, mentre nei paesi retti da statuto personale spetta ai Tribunali ecclesiastici trattare ogni aspetto relativo al matrimonio, ivi inclusi i rapporti patrimoniali tra i coniugi e le questioni circa l'affidamento della prole. Questo genere di competenza obbliga i Tribunali ecclesiastici ad attenersi il più possibile, nei processi canonici, ai modelli processuali dello Stato di riferimento, specialmente nell'attività probatoria[5]. In ogni caso, qualsiasi sia il riconoscimento della giurisdizione canonica, in ogni sentenza che dichiari la nullità di un matrimonio, almeno in termini esortativi, i giudici debbono segnalare gli obblighi naturali verso l'altro coniuge e verso i figli, in materia educativa e di sostentamento (c. 1691).

La seconda situazione riguarda la materia penale; il rapporto tra l'intervento penale in ambito canonico e l'eventuale processo negli Stati rispetto a condotte considerate delitto in ambo gli ordinamenti è disciplinato al c. 1344 in termini di possibile astensione della giurisdizione ecclesiastica, se l'intervento dello Stato soddisfa gli obiettivi della pena canonica (di cui al c. 1341)[6]. Tuttavia, nel compiere tale valutazione, sarà necessario analizzare il singolo caso, sia nella dimensione del diritto penale sostanziale sia in quella processuale, assicurandosi che siano stati applicati criteri accettabili nel valutare le prove, e rifuggendo da ogni arrendevolezza agli interessi generali dell'istituzione ecclesiastica a scapito della presunzione di innocenza[7]. Rispetto a certi delitti più gravi, in alcuni aspetti riguardanti la collaborazione con le autorità statuali (tra i quali, l'obbligo di denuncia) l'orientamento stabilito in ambito canonico è il rinvio alla normativa civile vigente in ogni paese.

Una terza situazione riguarda le convenzioni internazionali cui aderisce la Santa Sede, e dalle quali può derivare l'obbligo di adeguare la disciplina canonica, non di rado col corrispettivo onere di sottoporre il proprio operato al vaglio di organismi o commissioni internazionali[8].

[5] Cfr. E. Di Bernardo, *Modelli processuali e diritto probatorio civile. Elementi di common law, civil law e diritto canonico*, Lateran University Press, Città del Vaticano 2016.

[6] Applicando la teoria della giustizia riparativa all'ordinamento canonico, la dottrina riconduce gli obiettivi della pena al "ristabilimento della giustizia", cfr. M. Riondino, *Giustizia riparativa e mediazione nel processo penale canonico*, Lateran University Press, Città del Vaticano 2011.

[7] Per una valida riflessione al riguardo, cfr. M. Riondino, *Connessione tra pena canonica e pena statuale*, a cura di P.A. Bonnet e C. Gullo, *Questioni attuali di diritto penale canonico*, Libreria Editrice Vaticana, Città del Vaticano 2011, pp. 199–225.

[8] Cfr. V. Buonomo, *Brevi annotazioni sulla diplomazia multilaterale della Santa Sede*, in

Non per questo viene meno un principio tradizionale, ora stabilito al c. 1404: *Prima Sedes a nemine iudicatur*. Tale principio non incide sulle relazioni di collaborazione tra la giurisdizione canonica e altre, mentre risulta principio interno all'ordinamento della Chiesa secondo il quale gli atti di governo attribuibili alla *Prima Sedes* sono esenti dal controllo giudiziale circa la loro legittimità. Questa singolare disposizione, che in apparenza apre la via alla possibile arbitrarietà nel governo ecclesiastico, deve essere compresa nel suo più genuino significato culturale. In effetti, non ci sono atti di governo che abbiano per autore la Santa Sede come tale, ma il Dicastero competente per materia, i cui atti sono suscettibili di ricorso alla Segnatura. La regola del c. 1404 riguarda esclusivamente gli eventuali atti di governo posti dal Papa o da lui confermati in forma specifica. Si tratta di una misura rispondente all'ufficio primaziale del Pontefice, il cui ministero include l'esigenza di evitare che il rispetto della legalità possa risultare in alcuni casi più apparente che reale[9], come se lo *summum ius* potesse tramutarsi in *summa iniuria*.

2.3. Rapporti tra il foro della coscienza e il foro esterno

Come avvertito, l'attività processuale nella Chiesa, con le soluzioni autorevoli che ne derivano nel foro esterno, non può essere del tutto sganciata dai convincimenti dei fedeli che si avvalgono dell'opera dei Tribunali ecclesiastici. La differenza però tra convinzioni di coscienza soggettive e fondatezza oggettiva delle medesime rende principale finalità del processo canonico scoprire la verità reale dei fatti da accertare, senza favorire che ciascuno si senta giudice di se stesso, ma evitando al contempo che l'astrattezza delle norme obblighi a rassegnarsi ad una verità che risulti essere solo processuale.

Sulla finalità dei processi canonici espressa nel concetto *favor veritatis* si impone qualche osservazione relativamente alla flessione culturale che si potrebbe intravvedere rispetto ai processi di nullità matrimoniale, dopo la riforma approntata dal m.p. *Mitis Iudex* rispondente alle proposte di snellimento emerse nel sinodo sulla famiglia (nell'assemblea straordinaria del 2014); simili riflessioni possono essere compiute rispetto alle cause penali e ai processi su cause amministrative oggetto di trattazione extragiudiziale. Per farlo, è necessario distinguere adeguatamente tra i vari elementi rilevanti nella tipologia di processi canonici. Indipendentemente dalle discutibili divisioni indicate nel codice, per distinguere i tipi di processo previsti nell'ordinamento della Chiesa è necessario riferirsi a due criteri: quello sulla natura della potestà ec-

Ius Ecclesiae, vol. XIX (2007), pp. 671–688.

[9] Cfr. M.J. Arroba Conde, *Diritto processuale*, cit., pp. 105–107.

clesiastica alla quale si affida la soluzione; quello sulla natura stessa della controversia.

Ambo i criteri sono connessi e, nei punti successivi, saranno indicate le tipologie di processi canonici che è dato stabilire in forza dei medesimi. Ora invece interessa soffermarsi sul comprensibile diverso peso che possiedono nelle cause di nullità matrimoniale i convincimenti di coscienza delle parti, con la corrispettiva maggiore cautela che in tali cause si esige nello stabilire i vincoli tra il foro interno e il foro esterno. Sul punto, nella recente riforma, al mantenimento della sola via giudiziale, proprio in forza di quanto esige l'accertamento della verità dei fatti in queste cause (come espressamente dice il testo iniziale del Proemio al m.p. *Mitis Iudex*), accompagnano altri dati che rispondono invece alla preoccupazione per assicurare che la verità processuale, il cui pronunciamento si affida all'autorità giudiziale, abbia come punto di partenza la verità di cui sono espressione i convincimenti di coscienza dei coniugi. Riferimento diretto ad essi si fa nel testo del Proemio, unendolo al frequente scoraggiamento dei fedeli per introdurre la causa, se ritengono inaccessibile il processo, nonché al tormento delle coscienze per il dubbio che provoca, se la causa è stata introdotta, la troppo frequente e non giustificata lentezza nel risolvere.

Riflesso più indiretto di una maggior valorizzazione delle convinzioni di coscienza dei coniugi sono le disposizioni sulla preparazione della causa[10], settore dove risiede la chiave più importante della riforma dei processi matrimoniali, e che dovrebbe essere il primo oggetto della conversione pastorale delle strutture di cui ai vescovi si chiede (nel punto III del proemio) di offrire presto un segno nella propria diocesi[11]. A queste disposizioni si aggiungono la riformulazione in positivo della norma sul valore delle dichiarazioni delle parti (c. 1678) e la considerazione della concordanza tra le stesse come uno dei presupposti che autorizzano ad avvalersi del processo più breve (c. 1683, 1, sia in forma di litisconsorzio proprio o solo improprio, iniziale o successivo).

Se rispetto alle norme e, soprattutto, alla prassi maggioritaria precedenti, era possibile valorizzare i convincimenti dei protagonisti del matrimonio, la riforma non poteva includere cedimenti radicali verso forme di giustizia "de–regolarizzata" analoghe a quelle che, in tema matrimoniale, hanno compiuto altri ordinamenti in forza dell'accordo tra le parti sulla decisione. Dei valori e delle procedure proprie di queste forme di giustizia la riforma ha fatto l'utilizzo che, in ambito canonico,

[10] Cfr. artt. 1–4 delle c.d. Norme procedurali, poste a continuazione della modifica dei canoni.

[11] Cfr. M.J. Arroba Conde, *La pastoral judicial y la preparación de la causa en el motu proprio Mitis Iudex Dominus Iesus*, a cura di M.E. Olmos Ortega, *Procesos de nulidad matrimonial tras la reforma del Papa Francisco*, Dykinson S.L., Madrid 2016, pp. 63–82.

si poteva fare, specialmente in relazione alla preparazione del processo, così come si suggeriva in dottrina, sapendo di non poter rimettere la decisione alle parti né attenersi alla verità discendente solo dalle loro dichiarazioni[12]. Le esigenze di verità oggettiva sono addotte nel giustificare l'affidamento al Vescovo della decisione affermativa nei processi più brevi (Proemio IV) e sono alla base della remissione a via ordinaria di queste cause (c. 1687, 1 e 4), nonostante il grande rilievo attribuito all'accordo tra le parti (c. 1683, 1) per poter seguire una procedura straordinaria, come è d'obbligo considerare quella più breve[13].

2.4. Tipologia dei processi in ragione dell'autorità e della metodologia

Se si prende in considerazione la natura della potestà alla quale si affida la decisione, con la corrispondente diversa metodologia procedimentale che tale affidamento comporta, la distinzione pertinente è quella tra processi giudiziali e processi stragiudiziali. I primi si caratterizzano per la maggior portata che, rispetto ad altre potestà ecclesiastiche, possiede il principio di legalità nell'esercizio della potestà giudiziale. Pur espresso con la comune clausola *modo iure praescripto*, la cogenza del principio di legalità nel giudicare raggiunge in grado più elevato la decisione e la metodologia del procedimento[14]. Come accade nella maggior parte degli ordinamenti giuridici, le decisioni giudiziali (sentenza o decreto) esigono dall'autorità due atteggiamenti tipici: fedeltà, rispetto alla *quaestio iuris*; certezza morale, rispetto alla *quaestio facti*. Il procedimento giudiziale esige di garantire la partecipazione in contraddittorio dei destinatari della decisione, secondo le facoltà previste nella legge per addurre i fatti e esercitare il diritto di difesa. Il margine di discre-

[12] Sul punto, cfr. M. Riondino, *La mediazione come decisione condivisa*, in *Apollinaris*, vol. LXXXIV (2011), pp. 607–632.

[13] La nuova procedura denominata *brevior coram episcopo* è procedura giudiziale straordinaria per le condizioni non abituali di procedibilità stabilite; la trattazione della causa è comunque affidata alla struttura giudiziale, essendo solo la decisione finale quella che si affida al Vescovo dopo obbligata consultazione tecnica con l'istruttore e l'assessore.

[14] La portata della clausola *modo iure praescripto* differisce a seconda che si tratti della potestà legislativa, esecutiva e giudiziale, cfr. B. Gangoiti, *De las normas generales*, a cura di A. Benlloch, *Commentario al codigo de derecho canónico. Edicion bilingue, fuentes y comentarios de todos los canones*, XVI Ed., Edicep, Valencia 2016. La violazione di norme del diritto processuale può rendere invalido l'operato della potestà giudiziale, specialmente se comporta la negazione del diritto alla difesa, le cui modalità di esercizio sono a sua volta stabilite dalla legge (c. 1620, 7); il margine di discrezionalità dell'autorità giudiziale, sia nel procedere che nel decidere, è minore rispetto della discrezionalità processuale e decisionale tipica dell'autorità amministrativa; sul punto cfr. M.J. Arroba Conde, *Apertura verso il processo amministrativo di nullità matrimoniale e diritto di difesa delle parti*, in *Apollinaris*, vol. LXXV (2002), pp. 747–750.

zionalità dei giudici nella conduzione del processo e nella decisione è dato soltanto dall'obbligato ricorso all'equità, principio che consente di cogliere il carattere irripetibile di ciascuna causa, percependo in tale modo la realtà delle persone che ci sono dietro[15].

I processi stragiudiziali sono affidati alla potestà ecclesiastica nella sua funzione amministrativa, la cui missione nei casi di conflitto si prospetta in armonia con il servizio che le è proprio: tutelare il bene della comunità integrando in esso il bene delle persone. Gli strumenti giuridici di cui si avvale sono gli atti amministrativi[16]. In tal senso, l'autorità amministrativa, rispetto alle situazioni giuridicamente controverse che l'ordinamento le affida, gode di maggior margine di discrezionalità nel decidere e nel procedere. Nelle decisioni, pur senza poter contraddire la legge, l'autorità è chiamata ad applicarla esaminando con equilibrio il bene della persona e valutandone la compatibilità con il bene della comunità. Nel processo extragiudiziale, pur senza poter compromettere il diritto di difesa, la partecipazione degli interessati si prevede con intensità diversificata, a seconda del provvedimento di cui si tratti in ciascun caso; i principi procedurali generali, stabiliti al c. 50, sono riconducibili alla raccolta delle informazioni e all'ascolto di coloro i cui diritti possano essere compromessi con la decisione, seppur solo *quantum fieri potest*[17].

2.5. Tipologia dei processi in ragione dell'oggetto della controversia

Se si prende in considerazione la natura della controversia, i processi canonici si distinguono in tre tipi: contenziosi, penali e amministrativi.

2.5.1. Processi contenziosi: la tutela culturale del matrimonio come atto

Hanno natura contenziosa i processi che vertono su rapporti giuridici inerenti ai diritti soggettivi, vale a dire, ai beni che l'ordinamento canonico riconosce alle persone fisiche e giuridiche *erga omnes*. Loro oggetto sarà l'accertamento di fatti relativi all'effettiva tutela di diritti

[15] Non debbono confondersi la *epikeia* (quale interpretazione benigna e creativa della legge, che permette di distanziarsi di essa) con l'equità; cfr. M.J. Arroba Conde, *La misericordia nel diritto occidentale*, in *Monitor Ecclesiasticus*, vol. CXXX (2015) pp. 539–545.

[16] Cfr. J. García Martín, *Le norme generali del Codex iuris Canonici*, Ediurcla, Roma 2006; I. Zuanazzi, *Praesis ut prosis. La funzione amministrativa della diakonia della Chiesa*, Jovene, Napoli 2005.

[17] Cfr. M. Cabreros De Anta, *Comentarios al código de derecho canónico*, vol. III, Biblioteca di Autores Cristianos, Madrid 1964, pp. 204–206.

soggettivi, personali o reali; l'oggetto specifico dipenderà dalla pretesa concreta formulata da chi ha l'iniziativa processuale rispetto al rapporto giuridico che, di fatto, lo unisce all'altra parte[18]. La diversità di pretese processuali dipenderà a sua volta dai fatti addotti a fondamento della soggettiva percezione di ingiustizia, e dal tipo di tutela che l'ordinamento garantisce in presenza di detti fatti.

Spesso la pretesa si risolve nella volontà di ottenere la dichiarazione di un fatto giuridico controverso, per evitare gli effetti che la legge annette ad esso; così è nel caso dei processi contenziosi per dichiarare la nullità di un matrimonio, di un contratto o di altri atti o negozi giuridici[19]. Altre iniziative processuali hanno come oggetto la volontà di costituire un rapporto giuridico nuovo, modificando gli obblighi derivanti dal precedente (per es. la separazione coniugale) o l'imposizione di una prestazione (per es. la restituzione di un bene, o la riparazione di un danno). Sono controversie inerenti diritti soggettivi ove l'autorità della Chiesa esercita la potestà giudiziale. Nelle cause di nullità matrimoniale, dopo la recente riforma, si prevedono un processo giudiziale ordinario, un processo giudiziale più breve con sentenza affidata al vescovo, quando le circostanze e prove sull'esistenza della nullità previe al processo lo consentono (cc. 1683–1897), e un processo giudiziale documentale se il motivo di nullità è un impedimento o difetto di forma di cui vi sia prova documentale inoppugnabile previa alla causa (cc. 1688–1690). Essendo diritti soggettivi l'oggetto ultimo dei processi contenziosi, la loro risoluzione autorevole è affidata all'autorità ecclesiastica con funzioni di potestà giudiziale.

È importante sottolineare il fatto che, nonostante alcune proposte di segno diverso nelle assemblee sinodali, per la revisione della validità di un matrimonio la riforma recente ha mantenuto la via giudiziale come l'unica possibile per trattare questo genere di cause. Nel proemio del m. p. *Mitis Iudex* sono indicati proprio gli obiettivi di verità, garantiti da un ordine giudiziario, come ragione principale di tale scelta[20]. Un primo

[18] L'elemento decisivo per considerare un bene come vero diritto (e non semplice interesse) è il fatto di essere protetto dall'ordinamento tramite norme che attribuiscono al titolare del diritto un potere che lo difende dalle aggressioni altrui. Per la differenza tra "diritto" e "interesse", cfr. E. Cannada Bartoli, *Interesse (dir. amm.)*, in *Enciclopedia del diritto*, vol. XXII, Giuffré, Milano 1993, pp. 1–28.

[19] Sono fatti giuridici quelle situazioni dell'esperienza umana alle quali la legge annette effetti giuridici, modificativi di determinati diritti. Tali fatti possono essere involontari (nascita, morte) o volontari (denominati atti giuridici: contratti, negozi giuridici, patto matrimoniale) e possono modificare i diritti costituendo diritti nuovi (contratti), nonché impedire (età) o estinguere (morte; pagamento del debito) i diritti esistenti. Sul concetto di fatto giuridico, cfr. A. Falzea, *Fatto giuridico*, in *Enciclopedia del diritto*, vol. XVI, Giuffré, Milano 1993, pp. 941–950.

[20] L'unica previsione normativa per la dichiarazione di nullità del matrimonio tramite

cedimento alla finora assoluta affermazione degli obiettivi di verità si riscontra nelle facoltà speciali concesse da Benedetto XVI al decano della Rota il giorno della sua rinuncia al ministero petrino; tra queste si annovera infatti l'impossibilità di proporre il rimedio impugnativo straordinario della *nova causae propositio* se una parte abbia già contratto un nuovo matrimonio; un recente rescritto di Papa Francesco attenua tale cedimento alla cultura del matrimonio "fatto" (più propria degli ordinamenti civili ma in possibile contrasto con la permanente cultura canonica del matrimonio "atto") permettendo l'interposizione di tale rimedio impugnativo se le nuove prove o argomenti emersi dimostrano che la sentenza che risolse (affermativamente o negativamente) la questione della nullità risulta essere palesemente ingiusta[21].

2.5.2. *Processi penali: la tutela delle garanzie personali nella riposta di fronte al male*

Nelle cause penali la controversia coinvolge l'intera comunità, quale vittima che si deve considerare sempre colpita dai reati, e il presunto autore di un delitto; oggetto del processo potrà essere la dichiarazione in foro esterno di pene già inflitte nel foro interno per il solo fatto di aver commesso il delitto; tale dichiarazione amplia gli effetti di queste pene, denominate *latae sententiae*; in altri casi, oggetto del processo è provvedere all'irrogazione della pena non ancora inflitta; è il caso delle pene denominate *ferendae sententiae*; alla persona fisica, eventuale vittima del reato, si riconosce (in analogia a quanto accade nella maggior parte degli ordinamenti giuridici) la possibilità di un'azione contenziosa di riparazione dei danni (c. 1729), pur potendosi pervenire ad essa fuori dal processo, con criteri di equità (c. 1718).

In senso canonico, per delitto si intende la violazione esterna di una legge o di un precetto penale della Chiesa, volontariamente perpetrata, e imputabile al soggetto per dolo o colpa (c. 1321). Legge penale è quella norma, emanata dal legislatore, e destinata alla generalità dei membri, per la cui violazione è prevista una sanzione, almeno indeterminata. Il precetto penale invece è una norma emanata da chi esercita l'autorità esecutiva (un decreto) destinata ad un singolo o singoli specifici (cc. 49; 1319). Il dolo o la colpa, in quanto fonti di imputabilità, dettano il grado

decreto extragiudiziale è l'art. 118 della *Lex Propria* della Segnatura; per una spiegazione di tale norma, che non smentisce la natura giudiziale della verifica della nullità, cfr. M.J. Arroba Conde, *La procedura extragiudiziale per la dichiarazione di nullità del matrimonio*, a cura di Gruppo Italiano docenti diritto canonico, *Il diritto nel mistero della Chiesa*, vol. IV, Lateran University Press, Città del Vaticano 2014, pp. 173–186.

[21] Il rescritto di Benedetto XVI è del 11.2.2013; quello di papa Francesco è del 7.12.2015. La nuova proposizione di causa è un mezzo straordinario di impugnazione da esperire contro sentenze esecutive o non più impugnabili tramite appello nelle cause sullo stato delle persone.

di responsabilità e intenzionalità dell'autore del delitto[22]. Nel processo penale interessa accertare il fatto del delitto, le circostanze che permettono di qualificare una situazione come delittuosa (aver commesso il fatto, l'imputabilità e giuridicità, cioè, se la fattispecie rientra nella norma), ma solo in ordine alla pena da applicare o dichiarare. La violazione può consistere anche nell'omissione di un obbligo[23].

Non tutte le sanzioni previste dal diritto canonico rientrano nella categoria di pena. Ci sono altri rimedi penali (per prevenire i delitti) e le penitenze (per sostituire o aumentare la pena). Il processo penale ha come oggetto soltanto le pene canoniche, siano medicinali (i tre tipi di censura: scomunica, interdetto e sospensione, cc. 1331–1333) oppure espiatorie (c. 1336).

Come accade in ogni ordinamento, anche nel processo penale canonico non si è di fronte all'esigenza di accertare fatti riguardanti una crisi dei rapporti giuridici esistenti tra due soggetti (come nei processi contenziosi) ma tra l'imputato e l'intera comunità, le cui leggi sono state violate. Questa presenza delle urgenze che riveste l'interesse comune è anche alla base delle riforme processuali in materia penale. Attualmente le pene canoniche possono essere dichiarate e applicate, non solo tramite sentenza del giudice, dopo un processo giudiziale, ma anche per decreto extragiudiziale del Superiore (l'ordinario, c. 1341), preceduto da un'indagine previa all'apertura di un procedimento denominato anche amministrativo, sulle cui solennità l'ordinamento stabilisce solo l'indispensabile garanzia di difesa per l'imputato, al quale devono essere rese note l'accusa e le prove a suo carico, dandogli la possibilità di contestarle (1720). Per esercitare la difesa è importante orientarsi nella prassi secondo quanto si stabilisce per il processo giudiziale penale, sollecitando quindi l'imputato a nominare un suo patrono di fiducia o, se l'imputato non provvede, nominando per lui un patrono di ufficio (c. 1720). Il c. 1342 non permette di seguire la via extragiudiziale se non in presenza di cause giuste e solo se le pene da infliggere non sono pene perpetue. Tuttavia, rispetto ai delitti più gravi riservati alla Congregazione della dottrina della Fede, la recente riforma consente di seguire questa via extragiudiziale anche nel caso di pene gravi e perpetue, come

[22] Sulla natura esimente dell'ignoranza, cfr. F. Caponnetto, *L'ignorantia iuris poenalis sine culpa nel CIC '83. Aspetti problematici e cenni comparativi*, in *Apollinaris*, vol. LXXXVI (2013), pp. 179–218.

[23] Per una visione rinnovata del settore penale, cfr. M. Riondino, *Giustizia riparativa e mediazione*, cit.. Il principio di legalità nella tipizzazione dei delitti è applicato in modo peculiare in ambito canonico, prevedendosi la possibilità di intervento anche in casi di violazione di leggi non penali (c. 1399); *ratio* di questa norma è evitare una lettura solo positivista del principio di legalità, cfr. M.J. Arroba Conde–M. Riondino, *Introduzione al diritto canonico*, cit., p. 173; per una visione critica della citata disposizione cfr. F. Caponnetto, *Il diritto del fedele alla legalità della pena: profili comparativi*, Lateran University Press, Città del Vaticano 2014.

la dimissione dallo stato clericale, sebbene in tal caso si richiede previa autorizzazione della Congregazione stessa[24].

Un punto di inflessione culturale discutibile nella recente riforma sui processi penali nei casi dei delitti più gravi riguarda le garanzie. Come detto, il c. 1720 intende salvaguardarle, e la riduzione delle previsioni normative risponde all'esigenza di mettere le garanzie al riparo di formalismi nocivi. Il problema è che tale riduzione di solennità comporta rischi, potendosi spesso stravolgere il presupposto processuale della presunzione di innocenza. Il rischio maggiore però proviene dal possibile abbandono della primazia della verità sui fatti da accertare in forza di una considerazione complessiva dei vari valori coinvolti nell'intervento penale canonico, secondo la triplice funzione della pena di cui al c. 1341, con speciale attenzione rinnovata alle esigenze di riparazione alla vittima. In altri sistemi vi è un'impostazione negoziata, con (richiesta delle parti) o senza intervento del giudice (obbligato ad accettare accordo tra pubblico ministero e reo). La mediazione di cui parlano gli autori orientati all'idea della giustizia penale riparativa parte invece dalla responsabilizzazione dell'autore del reato; ciò esige rigore giudiziale nell'accertare i delitti, mentre consente misure di natura negoziale, idonee ad aggiungere alla responsabilizzazione l'obiettivo di ricuperare la relazione tra le persone, fortemente compromessa dal delitto[25].

La centralità che nell'ordinamento canonico si riconosce alla persona esige che, rispetto alla finalità di testimoniare la verità di fronte al male tipica dei processi penali, si debbano fare altre considerazioni per tenere nel debito conto gli obiettivi sostanziali e più integrali tipici del sistema sanzionatorio della Chiesa. Tali obiettivi possono essere espressi come finalità riconciliativa del processo penale.

La dottrina, nell'interpretare la potestà coattiva della Chiesa attualizzando il noto canone Tridentino[26], segnala l'inscindibile unione tra giustizia e verità. Se la verità non esime dal distinguere ciò che è bene

[24] Cfr. A. Calabrese, *La procedura stragiudiziale penale*, in Aa.Vv., *I procedimenti speciali nel diritto canonico*, Libreria Editrice Vaticana, Città del Vaticano 1992, pp. 267–281. Sui rischi della via extragiudiziale G. Puntillo, *op. cit.* 95–97; M. Riondino, *Giustizia riparativa e mediazione*, cit., pp. 32–40. Sulla responsabilità dell'autorità ecclesiale nella riparazione dei danni alla vittima del delitto, cfr. L. Eusebi, *Responsabilità morale e giuridica del governo ecclesiale*, a cura di P. Gherri, *Responsabilità ecclesiale, corresponsabilità e rappresentanza*, Lateran University Press, Città del Vaticano 2010, pp. 83–104.

[25] Le soluzioni negoziate, anche in ambito penale (di cui è riflesso emblematico l'istituto della *plea bargaining sistem*), sono manifestazione della tendenza a favorire, spesso per ragioni solo funzionali, un maggior spazio alla giustizia "de–regolarizzata". Sullo scopo responsabilizzante che propone la penalistica, specialmente per l'ambito canonico, oltre allo studio del prof. Riondino (citato nella nota anteriore) cfr. L. Eusebi, *La Chiesa e il problema della pena*, La Scuola, Brescia 2014.

[26] *Sessio* XIII, *Decreto de Reformatione*, cap. I.

da ciò che è male, un annuncio efficace di essa non può non orientarsi verso quanto favorisca l'adesione a quella Verità che rende liberi, attraverso quindi libere scelte della persona, e non tramite mezzi negativi la cui efficacia si regga sul timore[27]. Circa la giustizia, sulla base del Magistero più recente, si avverte dell'insufficienza che implica intenderla come un mero *dare cuique suum*, interpretazione che non risolve cosa sia il "suo" da assicurare a ciascuno, favorendo l'idea che male e ingiustizia siano realtà esterne al cuore di ogni essere umano, per affrontare le quali sia sufficiente rimuovere le cause esteriori, reagendo contro gli altri. L'obiettivo di ristabilire la giustizia, quale espressione integrativa della finalità delle pene canoniche, non può disertare dall'esigenza di strutturarsi in chiavi rispondenti alla logica che confida nell'amore, alla pietà che solleva il misero e alla gratuità della salvezza realizzata da Cristo[28].

Tale complessità di obiettivi di verità e giustizia sotto il profilo sostanziale, induce penalisti e canonisti a promuovere sotto il profilo processuale i valori della mediazione, ritenendola metodologia compatibile con il rispetto del principio *nemo tenetur se detegere* e portatrice, al contempo, di risorse utili a fare sulla condotta illecita una verità più completa, aperta a ristabilire i rapporti personali e comunitari infranti, e più credibile rispetto alle esigenze di prevenzione e di riaffermazione dei valori penalmente tutelati[29].

L'intervento della persona fisica quale eventuale vittima del delitto appare oggi insufficiente, limitandosi al risarcimento dei danni subiti, sia come azione contenziosa nel processo giudiziale, sia come disponibilità ad una soluzione secondo equità, non solo di natura extragiudiziale ma piuttosto, come ben è stato osservato, di natura extraprocessuale, in quanto non inserita nel processo penale extragiudiziale; si osserva inoltre che affidando l'azione penale al promotore di giustizia, in rappresentanza della comunità quale ulteriore o esclusiva vittima del

[27] Cfr. M. Riondino, *Giustizia riparativa e mediazione*, cit., pp. 108 e 157.

[28] Ivi, pp. 62–63.

[29] Tra i penalisti che promuovono l'idea della mediazione come contesto dialogico più idoneo del processo nell'assicurare che sia l'attitudine della legge a fungere da fattore motivante alla futura osservanza, per convinzione, delle norme violate, rafforzando la loro autorevolezza, nonché ad integrare gli obiettivi di ricupero del dialogo tra l'agente del reato, l'ordinamento, e la parte offesa, cfr. L. Eusebi, *Dibattiti sulle teorie della pena e mediazione*, in *Rivista italiana di diritto e procedura penale*, vol. III (1997), pp. 811 ss.; I. Marchetti–C. Mazzucato, *La pena in castigo. Un'analisi critica su regole e sanzioni*, Vita e Pensiero, Milano 2006. Tra i canonisti meritano menzione gli studi del prof. Riondino che vede nella mediazione, non solo un'eventuale alternativa al processo, ma un istituto dei cui valori è possibile avvalersi nella stessa attività processuale; cfr. M. Riondino, *Giustizia riparativa e mediazione*, cit., pp. 164–184; Id., *Dalla pena medicinale alla mediazione penale. Principali applicazioni canoniche*, in *Commentarium pro Religiosis*, vol. XL (2009), pp. 293–315; Id., *La mediazione come decisione condivisa*, cit., pp. 622–631.

delitto, l'intervento dell'altra vittima (persona fisica) non si pone in relazione alla commisurazione della pena secondo l'altro obiettivo: il recupero del reo[30].

È chiaro che l'indirizzo medicinale del sistema penale canonico non si esaurisce nel ricupero del reo, ma tale obiettivo non può essere accantonato; si può pensare che il recupero del reo appartenga più ai contenuti previsti nella pena e non ai metodi seguiti nel processo penale[31]. La promozione però dei valori di procedure conciliative, come la mediazione, aiuta a non separare le esigenze dello Stato o del diritto in se, e le esigenze delle vittime delle attività criminose, ivi incluso l'autore del reato, da ritenere anche vittima di esso per il fatto di averlo commesso. È quindi condivisibile la preoccupazione di chi richiama procedure di mediazione nella Chiesa per assumere la sfida che rappresenta la necessità di evitare che il contenuto della pena canonica sia percepito come rispondente a istanze astratte dell'ordinamento, come se questi fosse disinteressato alle relazioni umane coinvolte nel delitto[32].

Ciò esige contesti dialogici; la natura dialogica non è propria solo delle vie di conciliazione alternative al processo, ma dello strumento processuale in se[33]. La previsione della procedura extragiudiziale penale può far pensare che gli ideali di giustizia e verità annessi alla mediazione, alternativa al processo, siano più facilmente raggiungibili evitando almeno la procedura giudiziale. Tali tecniche sono però collegate all'obiettivo di evitare di comminare sanzioni, o di scegliere misure sanzionatorie alternative, o di optare, tra le sanzioni tipizzate, per quelle che meglio favoriscano la responsabilizzazione del reo e il soddisfacimento della vittima, previa adeguata partecipazione di entrambi. È condivisibile ritenere quindi che, solo in parte siano uniti i vantaggi della mediazione alla procedura penale extragiudiziale; questa non si prevede solo per imporre rimedi penali o penitenze, ma anche per dichiarare o irrogare sanzioni vere e proprie, pur con alcuni limiti. Nel caso del diritto latino, detti limiti sono espressi in modo molto generale, senza soddisfare la dottrina, creando incertezze inter-

[30] Ivi, p. 58; poiché al promotore di giustizia, pur con il consenso dell'ordinario, gli si consente di rinunciare all'istanza in qualsiasi grado (c. 1724 CIC), l'autore ritiene lecito interpretare che tale facoltà sia posta in relazione al pentimento del reo; che sia posta come condizione di validità l'accettazione della rinuncia da parte del reo, riduce le possibilità che la rinuncia obbedisca solo alla mancata possibilità di provare il delitto.

[31] In tal senso, cfr. R. Botta, *La norma penale nel diritto della Chiesa*, Il Mulino, Bologna 2001, p. 93.

[32] Cfr. M. Riondino, *Connessione tra pena canonica e pena statuale*, cit., pp. 210–211; L. Eusebi, *Dibattiti sulle teorie della pena*, cit. pp. 811 ss.

[33] Così spiego nel mio *Diritto processuale*, cit., specialmente ai temi 5, 16 e 32.

pretative e, in ogni caso, senza garantire appieno i requisiti e i valori della mediazione[34].

Così, il ricorso alla via extragiudiziaria è valido strumento soprattutto se si è persuasi, nelle valutazioni previe, che sia possibile evitare di infliggere una pena, e che si possa provvedere con misure alternative. Gli altri ideali della mediazione non sono sempre garantiti, perché non è sufficientemente formalizzato nella legge che regola questo genere di procedura il modo di provvedere ad assicurare la difesa del presunto autore del reato, né l'eventuale ascolto formale della vittima. Ricorrere alla via extragiudiziaria, non per evitare sanzioni o sostituirle ma per imporle, non è cammino auspicabile, risultando anzi più facilmente raggiungibili gli obiettivi integrali del sistema penale ricorrendo al processo giudiziale. In esso, sotto pena di nullità, è garantito quanto meno, e con solennità scrupolose, la partecipazione dell'autore del reato, col relativo esercizio della propria difesa[35]. Non convince che il ricorso alla procedura extragiudiziale, soprattutto se si tratta di imporre pene gravi e perpetue, sia giustificato adducendo come motivo il bene della Chiesa in quanto, come ben si avverte, della Giustizia Salvifica della Chiesa, da raggiungere con la misura penale, rimane sempre parte la persona del reo, della cui sorte non è possibile tentare di sbarazzarsi al più presto con procedure celeri che non rivestano le debite garanzie[36].

Tutto ciò suggerisce la promozione abituale della procedura giudiziale per l'imposizione delle pene, favorendo però durante tutto l'iter processuale, i valori di sincerità della mediazione, ivi inclusa la partecipazione efficace della vittima nonché la responsabilizzazione del reo.

2.5.3. Processi nelle controversie amministrative: la tutela della corresponsabilità

In un confronto culturale con gli altri sistemi di giustizia amministrativa, i processi canonici previsti per trattare e risolvere questo genere di controversie risultano oggi singolari, dopo secoli in cui era vigente l'istituto della *appelatio extraiudicialis*. La prima operazione di sostanziale riforma fu predisposta da Paolo VI in un periodo vicino alle istanze conciliari circa l'esercizio legittimo dell'autorità e l'affermazione dei diritti dei fedeli. Questo settore riguarda i conflitti che sorgono da

[34] Cfr. M. Riondino, *Giustizia riparativa e mediazione*, cit., p. 179, che ritiene più riuscito il c. 1402 CCEO.

[35] Grave difficoltà del processo penale extragiudiziale è che l'Autorità che risolve è la stessa che decide di iniziare le indagini e che sceglie il tipo di procedura, cfr. G. Puntillo, *op. cit.*, p. 62.

[36] Cfr. M. Riondino, *Giustizia riparativa e mediazione*, cit., pp. 182–183.

atti di governo[37] ritenuti controversi dal destinatario sotto il profilo della loro legittimità o dell'opportunità[38]. I riferiti atti vengono denominati "atti amministrativi singolari". Poiché incidono nella sfera giuridica e esistenziale del fedele nei cui confronti sono posti, detti atti esprimono in modo elevato la responsabilità specifica che spetta a chi ricopre un ufficio di autorità nella Chiesa: coniugare gli interessi generali e superiori della missione comune con i progetti dei singoli.

La responsabilità dell'autorità ecclesiastica non è mai avulsa dalla comune corresponsabilità dei battezzati; nel discernere le implicazioni che possono avere i progetti di missione su di un singolo fedele, l'autorità è chiamata ad assumersi la responsabilità senza degenerare in modi autoritari, realizzando il previo ascolto del destinatario della sua decisione. Il fedele a sua volta, rispetto alle decisioni dell'autorità, è chiamato a non chiudersi in visioni individualiste della sua vocazione, ferma restando la possibilità di contrastare le decisioni se ritenute inutilmente gravose o addirittura contrarie alla legge[39].

[37] Cfr. J. García Martín, *Atti amministrativi singolari*, Ediurcla, Roma 2003; Id., *Il decreto singolare*, Ediurcla, Roma 2004. Per il solo fatto che esista un atto amministrativo all'origine del conflitto, non è escluso che si possa adire la via giudiziale se, chi si sente gravato dall'atto, lo considera controverso sotto il profilo della violazione *in decernendo* di diritti soggettivi. Questo dovrebbe essere il vero significato della prima funzione che la *Pastor Bonus* affida alla Rota Romana, cioè la tutela dei diritti dei fedeli (art. 126); nulla obbliga a pensare che da tale funzione sia esclusa la rivendicazione di diritti soggettivi di fronte a persone, pur investite da autorità amministrativa, verso le quali la Rota Romana è l'unica ad avere competenza assoluta per giudicare. Illuminante al riguardo è la sentenza rotale in una causa *Iurium*, *coram* Sciacca del 14.3.2008, in *Apollinaris*, vol. LXXXIII (2010), pp. 31–40. Per alcuni casi in cui sono stati respinti dalla Rota Romana alcuni libelli introduttivi, esprimendo come motivazione che la causa aveva solo profilo amministrativo, cfr. C. Gullo, *La procedura presso il tribunale della Rota Romana*, in Aa. Vv., *Le "Normae" del tribunale della Rota Romana*, Libreria editrice vaticana, Città del Vaticano 1997, p. 169.

[38] Sulla difficoltà a stabilire i confini di legittimità nei provvedimenti dati da un superiore nell'attività di governo Cfr. C. Begus, *Concetti, linguaggio e diritto canonico: un laboratorio sempre aperto*, in *Apollinaris*, vol. LXXXVI (2013), pp. 408–412. La riferita difficoltà è già stata fatta notare dallo stesso autore nei suoi interessanti commenti ai decreti della Segnatura Apostolica sulle controversie amministrative; per tutti cfr. Id., *Adnotationes in decreta*, in *Apollinaris*, vol. LXXXIV (2011), pp. 479–501. Cfr. P. Moneta, *I soggetti nel giudizio amministrativo ecclesiastico*, in Aa.Vv., *La giustizia amministrativa nella Chiesa*, Libreria Editrice Vaticana, Città del Vaticano 1991, pp. 55–70, con riferimenti bibliografici sul tema in generale, particolarmente sul modo di intendere gli interessi tutelabili in via di giustizia amministrativa. Sul concetto di opportunità, cfr. J. Krukowski, *An vitium quoad meritum ex obiecto competentiae supremi organismi contentioso–administrativi excludendum sit*, in *Periodica*, vol. LXVII (1978), pp. 658–659. Per la differenza tra i criteri di legittimità e opportunità, cfr. E. Labandeira, *Il ricorso gerarchico canonico: "petitum" e "causa petendi"*, in Aa.Vv., *La giustizia amministrativa nella Chiesa*, Libreria Editrice Vaticana, Città del Vaticano 1991, pp. 114–115.

[39] Per una visione nuova del diritto amministrativo nelle chiavi di corresponsabilità indicate, cfr. P. Gherri, *Introduzione al diritto amministrativo canonico*, Giuffré, Milano 2015; rispetto al processo, cfr. M.J. Arroba Conde, *Corresponsabilità e diritto processuale*, in

Oggetto dei processi amministrativi sarà quindi la pretesa del destinatario di un atto amministrativo singolare di ottenere che il medesimo atto sia ritirato in tutto o in parte, potendo presentare una varietà di richieste: la dichiarazione di nullità dell'atto, la sua sospensione o la sua modifica. La petizione è denominata "ricorso gerarchico", perché si deve inoltrare al Superiore dell'autorità autrice dell'atto controverso. L'ultima autorità nell'ordine gerarchico sono i dicasteri della Curia Romana, con potestà amministrativa vicaria (esercitata in nome del Papa); la competenza dei dicasteri per trattare dei ricorsi amministrativi è stabilita in base alla materia nella costituzione *Pastor Bonus*. Il fondamento del ricorso gerarchico, oltre all'illegittimità dell'atto, può essere anche l'ingiustizia di esso, se il ricorrente ritiene compromessa la sua attuale posizione giuridica soggettiva senza che la stessa risulti incompatibile con il bene comune; il procedimento per esaminare il caso da parte dell'autorità superiore ha natura extragiudiziale, con i corrispettivi rischi in ciò che attiene alla verifica dei fatti; la decisione sul ricorso può essere la conferma o sospensione dell'atto, ma anche una modifica addirittura *in peius* del medesimo[40]. Contro gli atti emanati o confermati dai dicasteri della Curia Romana si permette ricorso contenzioso–amministrativo presso il Tribunale Supremo della Segnatura.

La Segnatura agisce in via giudiziale ma il suo operato è limitato all'eventuale illegittimità dell'atto per incompetenza del suo autore, o per violazione di una legge *in procedendo* o *in decernendo*. Rimane escluso dal controllo giudiziale la questione circa l'opportunità o giustizia dell'atto amministrativo controverso. La recente riforma della *Lex Propria* della Segnatura accresce la possibilità di reiezione *in limine* del ricorso, prevedendola ad opera del solo Segretario (art. 76); in tale modo aumentano le possibilità *ex lege* di impedire la conoscenza giudiziale del conflitto amministrativo. Un'applicazione eccessiva di tale facoltà implicherebbe un cedimento indebito alla cultura esasperata della sola efficienza nell'attività di governo che, in ambito secolare, si adduce a giustificazione delle limitazioni a un solo controllo giudiziale degli atti della pubblica amministrazione[41].

Apollinaris, vol. LXXXII (2009), pp. 201–225.

[40] Cfr. C. Gullo, *Il ricorso gerarchico: procedura e decisione*, in Aa.Vv., *La giustizia amministrativa nella Chiesa*, Libreria Editrice Vaticana, Città del Vaticano 1991, pp. 85–96; M. Marchesi, *I ricorsi gerarchici presso i dicasteri della Curia Romana*, in *Ius Ecclesiae*, vol. VIII (1996), pp. 69–97.

[41] Che la Segnatura possa trattare solo la questione della legittimità fu oggetto di interpretazione autentica, cfr. Pontificia Commissio Decretis Concilii Vaticani II Interpretandis, *Responsum circa competentiam et modum procedendi Signaturae Apostolicae*, 11.1.1971, in *AAS*, vol. LXII (1971), p. 330. La distinzione tra legittimità e opportunità non sempre sarà evidente se un atto amministrativo viola le norme di equità canonica; è riduttivo

2.6. Considerazioni conclusive sulla finalità e metodologia dei processi canonici

L'obiettivo di assicurare con norme idonee la funzione veritativa dell'attività processuale, soprattutto delle norme sull'acquisizione e valutazione delle prove, è aspirazione che per la dottrina più accreditata dovrebbe guidare l'amministrazione di giustizia in ogni società giusta[42]. Detta funzione è irrinunciabile nella comunità ecclesiale, dove il compito di giudicare secondo verità è parte integrante della missione essenziale della Chiesa: rendere testimonianza alla verità[43]. Trattandosi di missione comune, testimoniare la verità supera il confine dell'etica (della mera proibizione di dire il falso), mentre deve essere ritenuto compito dalla portata ecclesiologica, con proiezione cioè nella struttura dei rapporti tra i fedeli. Ciò offre fondamento alla necessità di intendere i rapporti processuali in termini di "corresponsabilità" nella ricerca della verità[44].

Il processo giudiziale, perché fondato nell'individuazione della verità sulla base della proposizione dialettica dei fatti e delle circostanze da parte dei diretti interessati, si deve ritenere metodo di accertamento preferibile nelle controversie ecclesiastiche. Alcune urgenze attuali inducono spesso a cercare altre strategie processuali presuntivamente più efficaci e meno esposte alle paralisi cui si ritiene possa condurre il pieno contraddittorio. È pero riduttivo intendere il principio del contraddittorio come un mezzo per assicurare enfatizzate esigenze di garanzia difensiva, anziché come garanzia epistemologica per la determinazione della verità[45].

In ogni caso, non si può confondere il servizio di amministrare giustizia con altri modi di intervenire autoritativamente sui vari con-

ritenere simile atto viziato solo nel merito (quindi escluso dal controllo della Segnatura), visto il rilievo dato dall'ordinamento all'equità e ai principi generali del diritto canonico; cfr. A. Iaccarino, *Il principio di equità nel diritto amministrativo della Chiesa*, a cura di E. Baura–J. Canosa, *La giustizia nell'attività amministrativa della Chiesa: il contenzioso–amministrativo*, Giuffré, Milano 2006, pp. 459–473. La ECHR, in sentenza del 23.6.1981 *Albert and Le Compte* vs. *Belgium* (N. 6878/75, citata in molte sentenze successive) esprime che non è violazione dell'art. 6 CEDU il solo fatto che la trattazione del conflitto sia fatta non *before tribunals*.

42 Cfr. M. Taruffo, *La semplice verità. Il giudice e la costruzione dei fatti*, Laterza, Bari 2009, p. 82.

43 Cfr. M.J. Arroba Conde, *Risultati della prova e tecnica motivazionale nelle cause matrimoniali. Casi pratici di prima istanza*, Lateran University Press, Città del Vaticano 2013, p. 5.

44 Cfr. M.J. Arroba Conde, *Conoscenza e giudizio nella Chiesa*, in *Apollinaris*, vol. LXXXIV (2011), p. 513.

45 Cfr. J. Ferrer Beltran, *La valutazione razionale della prova*, Giuffré, Milano 2012, p. 82; l'autore critica l'idea che siano ammissibili prove sacrificando il contraddittorio in nome della ricerca della verità.

flitti che affliggono la Chiesa; modi che, per quanto si ritengano giustificati, implicano altre metodologie nell'accertare i fatti e nel decidere su di essi[46]. Sarebbe un paradosso che nel sistema giuridico di una comunità così saldamente ancorata al valore della verità, la risoluzione autoritativa dei conflitti non fosse ispirata alla ricostruzione veritiera dei fatti, si modulasse sul pregiudizio delle presuntivamente inevitabili distorsioni dei singoli[47] o si adeguasse al solo obiettivo di minimizzare gli errori[48].

[46] Cfr. M.J. Arroba Conde, *Diritto processuale*, cit., pp. 51–54. Sulla portata strutturale della differenza tra processi extragiudiziali e giudiziali nel trattare la nullità matrimoniale, Id., *Apertura verso il processo amministrativo*, cit., pp. 745–777. Per l'ambito penale, cfr. M. Riondino, *Giustizia riparativa e mediazione*, cit., pp. 32–39; 50–53; 57–60; 178–184.

[47] Da prospettiva opposta parte chi esamina le novità del CIC 1983 sul valore delle dichiarazioni delle parti sottolineando la loro insufficienza per la prova piena; per una critica a tali posizioni, cfr. M.J. Arroba Conde, *Le dichiarazioni delle parti nelle cause di nullità matrimoniale*, a cura di J.E. Villa e C. Gnazi, *Matrimonium et Ius. Studi in onore del Prof. Avv. S. Villeggiante*, Libreria Editrice Vaticana, Città del Vaticano 2006, pp. 219–225. Sul rischio di applicare le nuove norme con pregiudizi inaccettabili, cfr. A. Ripa, *La novità mancata. Il valore probativo delle dichiarazioni delle parti dal Codice del 1983 alla Dignitas Connubii; il contributo della giurisprudenza rotale*, Lateran University Press, Città del Vaticano 2010.

[48] Tale è la c.d. procedura decisionale per esclusione dove il pronunciamento si giustifica perché evita le lacune meglio di altri, cfr. R. Rumiati, *Decidere*, il Mulino, Bologna 2000. Sui limiti di tale prospettiva in ambito penale, cfr. C. Laudan, *Truth. Error and Criminal Law. An Essay in Legal Epistemology*, Cambridge University Press, Cambridge 2006.

Capitolo III

Organizzazione e competenza

Elemento indispensabile del giusto processo è l'affidamento delle controversie ad un organo costituito per legge, che ne determina la competenza. Nell'ordinamento canonico tale elemento si deve ritenere soddisfatto, ma la riflessione sul punto esige di riferirsi al tema della potestà ecclesiale e alle note giuridiche che esprimono le varie forme per il suo esercizio. In analogia con altri ordinamenti, nella Chiesa si deve intendere per potestà il potere giuridico di cui sono titolari alcuni tra i fedeli e che consiste nella capacità di vincolare altri fedeli, attraverso i propri comandi, a beneficio degli interessi generali. I titolari della potestà ecclesiale sono persone pubbliche, alle quali viene affidato in vario modo (proprio, vicario, ordinario, delegato, suddelegato) un ufficio ecclesiastico, in virtù del quale esercitano obbligatoriamente l'autorità[1]. L'obbligatorietà riguarda innanzitutto gli stessi titolari della potestà poiché non possono disertare l'esercizio di essa, né oltrepassarne i limiti[2]. Inoltre l'obbligatorietà riguarda i fedeli destinatari delle decisioni di autorità[3]. Processualmente ci in-

[1] Cfr. P.G. Marcuzzi, *Gli uffici ecclesiastici*, in Aa.Vv., *Il nuovo codice di diritto canonico. Novità, motivazione e significato*, Roma 1983, pp. 89–91. Il collegamento tra i concetti di potestà ecclesiastica e di ufficio ecclesiastico rimane anche nel caso della potestà delegata, sebbene in quel caso l'affidamento della potestà non è legato al conferimento di un ufficio stabile ma alla persona che con la delega riceve le funzioni proprie di un ufficio per un caso concreto (c. 131); sul punto cfr. M.J. Arroba Conde–M. Riondino, *Introduzione al diritto canonico*, cit., pp. 41–44.

[2] Tipico della posizione giuridica con categoria di potestà è la nota di obbligatorietà, nel doppio senso indicato, poiché si tratta di un insieme di poteri che il titolare possiede non per utilità propria ma per venir incontro agli interessi generali della comunità; cfr. G. Lumia, *Lineamenti di teoria e ideologia del diritto*, Giuffré, Milano 1973, p. 106. Nell'ordinamento canonico è ancora più sottolineata l'interdipendenza tra potestà e servizio alla comunità e come un carisma che non avrebbe senso se inteso come dignità personale (Mc 10, 42–45), senza riferimento all'intero corpo ecclesiale (1 Cor 12, 4. 31), cfr. G. Hasenhuttl, *Carisma, principio fondamentale per l'ordinamento della Chiesa*, Edizioni Deoniane, Bologna 1973. La nota di obbligatorietà della potestà si esprime nella clausola *modo iure praescripto* del c. 135.

[3] In senso giuridico la posizione attiva di potestà è corrisposta dalla posizione passiva denominata soggezione, intesa come necessità di agire secondo il disposto di chi gode di potestà, nelle materie e nell'ambito stabilito dal diritto. Nell'ordinamento canonico esistono ugualmente posizioni giuridiche passive configurabili come soggezione che non intaccano l'essenza comunitaria e l'uguale responsabilità di tutti i fedeli nel realizzare la missione; l'uguaglianza è anteriore a qualsiasi diversità tra i fedeli, cfr. *Responsabilità ecclesiale, corresponsabilità e rappresentanza. Atti della Giornata Canonistica Interdisciplinare*, a cura di P. Gherri, Lateran University Press, Città del Vaticano 2010.

teressa tale fenomeno giuridico presente nella Chiesa, in quanto realtà organizzata giuridicamente, cioè l'esistenza di un potere con categoria di potestà, e la corrispondente soggezione, pur essendo potestà e soggezione peculiari[4]. Previa provvisione di uffici ecclesiastici (potestà ordinaria) o per mandati ricevuti *ad casum* (potestà delegata) i fedeli di qualsiasi condizione possono essere chiamati ad esercitare funzioni con categoria di potestà, se l'oggetto di esse non esige l'esercizio anche dell'ordine sacro (c. 150). Il fondamento di tale possibilità è il *munus regendi* che riceve ogni battezzato e il significato radicale di servizio che deve caratterizzare ogni potestà ecclesiale. Così, per meglio provvedere all'utilità comune, tutti i battezzati hanno una radicale attitudine ad esercitare il *munus regendi* nella forma giuridica di potestà, ricoprendo alcuni uffici ecclesiastici per i quali abbiano le doti richieste; sono uffici con competenze vincolanti per gli altri[5]. Al contempo, non tutti gli ordinati *in sacris* sono titolari di potestà vera e propria, o almeno non in forza della sola ordinazione[6].

3.1. Il significato del concetto di giurisdizione nell'ordinamento canonico

Il concetto di potestà di giurisdizione abbraccia l'insieme dei poteri esistenti nella Chiesa che hanno senso strettamente giuridico, per avere cioè proiezione esterna e vincolante. La giurisdizione comprende qualsiasi potestà necessaria all'autorità della Chiesa per dirigere la comunità al suo fine; ciò significa che gli ordinamenti secolari e l'ordinamento canonico attribuiscono al termine giurisdizione significati diversi, attenendosi rispettivamente al significato primitivo e tardivo che aveva il concetto di *iurisdictio* nel diritto romano[7].

[4] Le peculiarità derivano dalla subordinazione di tutte le istituzioni ecclesiastiche alla vita e missione essenziale della Chiesa. Nel caso della potestà le peculiarità incidono specialmente nel modo di esercitarla, che non potrà contraddire la sua condizione di strumento della libertà acquisita nel battesimo e dell'uguaglianza comunitaria. Perciò Paolo VI mise in guardia sull'uso del termine suddito, preferendo quello di "collaboratore" dell'ordine giuridico, cfr. PAULUS VI, *Allocutio ad Auditores Sacrae Romanae Rotae*, 4.2.1977, in *AAS*, vol. LXIX (1977), pp. 147–153. L'obbedienza è un valore fondamentale per il cristiano (Mt 28, 18) che, come la potestà, deve essere vissuto nell'ambito della fede. Potestà e soggezione nella Chiesa, al di sopra degli aspetti giuridici, esigono di andare sempre alla ricerca di un modo cristiano di comandare e di obbedire, in continua purificazione.

[5] Opinione contraria mantengono gli autori della scuola sacramentale, cfr. E. CORECCO, *La «potestas sacra» e i laici*, in *Studi Parmensi*, vol. XXIX (1981), pp. 57–92. I *munera* ricevuti nell'ordinazione sono ontologicamente diversi, ma da ciò non si può concludere che ogni potestà ecclesiale abbia come fonte unica l'ordinazione, come si dimostra al c. 1421 prevedendo l'ufficio del giudice laico.

[6] Gli ordinati *in sacris* ricevono l'incarico cui va annessa la potestà tramite un atto giuridico diverso dell'ordinazione, la c.d. *missio canonica*.

[7] Infatti, *iurisdictio*, nel Diritto Romano primitivo, era una parte del più ampio potere di *imperium*, cioè un settore del supremo potere che inizialmente apparteneva al re, in epoca posteriore ai magistrati superiori, ed infine, all'imperatore. Questo *imperium* includeva il potere di giudicare, *ius dicere*, di pronunciare il diritto in caso di conflitto. Posteriormente, la *iurisdictio* non fu più intesa come parte o settore del potere di *imperium*, ma significò l'insieme del potere

Queste chiarificazioni permettono di affermare che la giurisdizione, come nozione canonica, riguarda il potere pubblico per mezzo del quale si regola la struttura organizzativa della Chiesa, così come l'attività dei fedeli in base al suo specifico fine comunitario, spirituale e apostolico. Si tratta quindi di una potestà di vincolare gli altri, per gli interessi generali della Chiesa che hanno proiezione esterna, stabilita e limitata gerarchicamente, a seconda dell'ufficio[8].

Il significato più vasto che, rispetto agli ordinamenti secolari, possiede la nozione di giurisdizione dell'ordinamento canonico, implica che il principio della separazione delle varie sfere della potestà abbia, nel caso della Chiesa, una applicazione solo secondaria. Infatti, la potestà di giurisdizione o regime, nella Chiesa ha un carattere personale e pieno, in quanto appartiene in modo "proprio" agli organi ecclesiastici capitali (Papa e vescovi nei rispettivi ambiti), anche se poi si esercita in modo vicario, ordinario e delegato[9]. Ciò significa che nella Chiesa non esistono tre poteri distinti tra loro, né tre organizzazioni separate. Tale potere, personale, pieno ed unico, è quello che opera oggi nell'ordinamento canonico, ritenendo che sia una traduzione giuridica adeguata della realtà ecclesiologica e ministeriale della potestà[10]. L'impostazione personale della potestà di giurisdizione rende impensabile un vero e proprio controllo vicendevole dell'esercizio del potere.

Tuttavia anche se non si conosce la tripartizione del potere, il c. 135 stabilisce la distinzione di funzioni legislativa, esecutiva e giudiziale, le quali hanno tra di loro un rapporto di moderazione che permette di affermare nella Chiesa il principio di legalità e l'esclusione dell'arbi-

giuridico su di un determinato territorio. Nel moderno diritto civile si conserva l'accezione primitiva romana, riferendosi al potere degli organi giudiziali. Invece, nel diritto canonico, si è conservata l'accezione romana posteriore, più ampia e tardiva (del periodo giustinianeo), e per giurisdizione s'intende tutto il potere di governo ecclesiale, non solo quello di giudicare.

[8] Il nuovo codice mantiene l'uso generico della nozione di potestà di giurisdizione, ma al c. 130 preferisce parlare di *potestas regiminis*, o potestà di governo. Solo in tre occasioni si usa il termine «giurisdizione» in senso coincidente con quello civile, cioè come potestà giudiziale (cc. 1417, 1469, 1512). Inoltre si evita l'uso improprio perché la potestà di giurisdizione si distingue da quella denominata «potestà di ordine» (c. 274), che in sé non è potestà giuridica; Al c. 129 si mantiene il termine *potestas iurisdictionis*, come nel codice precedente (c. 196 CIC 1917); l'introduzione della nuova terminologia (*potestas regiminis*) favorirà la chiarezza ed eviterà l'equivoco di riferire la giurisdizione alla sola sfera giudiziale.

[9] Il concetto di "capitalità" è relativo agli uffici che sono a capo di giurisdizioni autonome, cfr. J.I. Arrieta, *El pueblo de Dios*, in Aa.Vv., *Manual de derecho canónico*, Eunsa, Pamplona 1988, p. 136.

[10] Bisogna distinguere tra la natura personale della potestà, come realtà teologica che struttura la Chiesa, e le note giuridiche in cui, a livello organizzativo, si esplica tale potestà. La teologia distingue tra «struttura» (gli aspetti divini e immutabili della dimensione ministeriale della Chiesa) e «organizzazione» (le forme storiche in cui tale dimensione si è concretizzata), cfr. Y. Congar, *Proprietà essenziali della Chiesa*, in *Mysterium Salutis*, vol. IV/ 1, Queriniana, Brescia 1973, pp. 608–609.

trarietà[11]. La moderazione non è tanto radicale da poter essere considerata un vero controllo tra i poteri, in quanto tutte e tre le funzioni hanno come titolare proprio uno stesso soggetto. La distinzione derivante dall'esercizio vicario delle singole funzioni favorisce però il rispetto della legalità e del diritto da parte dei fedeli e della stessa autorità. L'affermazione della legalità e l'esclusione dell'arbitrarietà sono compito specifico della potestà giudiziale ecclesiastica.

3.2. La potestà giudiziale: costituzione *ex lege* e limiti della sua delegabilità

La funzione giudiziale è quindi parte della potestà di giurisdizione; consiste nello *ius dicere*, cioè nel dichiarare il diritto in situazioni controverse, applicando il diritto stesso. Infatti, la potestà giudiziale si deve esercitare *modo iure praescripto*, cioè nel modo che il diritto stesso stabilisce. La risoluzione giudiziale è preceduta dall'accertamento compiuto sui fatti e sulla legge da applicare; da ciò la doppia dimensione della potestà giudiziale: la *potestas cognoscendi* (relativa all'istruzione della causa) e la *potestas definiendi* (relativa alla decisione) in ordine a garantire il principio di legalità nella comunità ecclesiale. L'esigenza di ripristino della legalità si attua tramite la rivendicazione dei propri diritti in foro ecclesiastico (c. 221). Tale rivendicazione non deve essere interpretata solo come finalizzata a scopi individualistici, ma come un modo di contribuire ad eliminare dall'ordine giuridico una situazione che, in coscienza, si ritiene estranea al patrimonio di valori che tutti hanno il dovere di difendere in modo corresponsabile (c. 208); l'attività giudiziale ricopre così un compito comunionale, consistente nel controllo di legittimità e giustizia da applicare alle situazioni controverse; non sono estranei al controllo giudiziale gli atti della stessa autorità (cc. 1400 §2 e 1445 §2)[12].

[11] La ragione risiede nel fatto che gli uffici ecclesiastici, tramite i quali si esplicano le diverse funzioni dell'unica potestà, devono essere esercitati *coram Domino*; ciò implica la primazia della responsabilità del titolare dell'ufficio anche nei confronti di chi glielo ha affidato (titolare della potestà in modo proprio); le esigenze della comunione impongono senz'altro la coordinazione, in modo che la responsabilità personale faccia vera la necessaria corresponsabilità ecclesiale.

[12] Il controllo giudiziale degli atti della potestà amministrativa non contraddice il principio della unicità della potestà ecclesiastica, anzi aiuta ad assicurare il primato della grazia (quale carisma comune) e l'indole ministeriale della funzione di autorità, che come tutti i carismi è dato per l'edificazione del corpo di Cristo; i processi amministrativi servono a risolvere i disturbi di funzionalità ed efficienza provenienti da un esercizio dell'autorità non consono alla sua indole ministeriale, cfr. Z. Grocholewski, *Aspetti teologici dell'attività giudiziaria della Chiesa*, in Aa.Vv., *Teologia e diritto canonico*, Libreria Editrice Vaticana, Città del Vaticano 1987, p. 199.

Alla potestà giudiziale ecclesiastica si affida la definizione dei diritti controversi e la dichiarazione autoritativa dei diritti violati in ordine alla irrogazione delle pene. In quanto parte della potestà personale e piena di governo, la potestà giudiziale appartiene in modo proprio agli organi gerarchici capitali (Papa e vescovi diocesani). Tuttavia, in quanto è una delle tre funzioni in cui si distingue la potestà di governo, per un più adeguato controllo, la potestà giudiziale si esercita normalmente in modo vicario attraverso uffici e strutture stabilmente costituite (Tribunali) per un determinato ambito territoriale o personale (ambito di competenza). È vero che l'annuncio della Giustizia è parte integrante della missione della Chiesa, e che gli ultimi responsabili nel proporre il suo valore spirituale sono il Papa e il Vescovo nei rispettivi ambiti; devono però farlo in condizioni che possano suscitare una gioiosa accoglienza, come buona novella, da parte delle persone. Per questo non conviene che il Papa e i vescovi intervengano direttamente nei pronunciamenti di giustizia tipici dei processi, in quanto sottoposti maggiormente ad errore e all'incomprensione inevitabile da parte dei destinatari.

La potestà giudiziale vicaria prevista nel diritto rispetto ai vari uffici deputati al suo esercizio, con mansioni diverse (come accade per gli uffici di vicario giudiziale, giudice diocesano, uditore) riceve la denominazione di potestà giudiziale, non solo vicaria ma ordinaria. Godono in modo ordinario di questa potestà i giudici e i collegi giudicanti, che non possono delegarla, eccetto per gli atti preparatori (rogatorie, notifiche, …) della sentenza (c. 135 §3). Esiste la possibilità di esercizio delegato della potestà giudiziale quando il Papa o il Vescovo affidano ad un Tribunale una causa che per legge (nel caso del Papa, cc. 1405 §1 e 1442; nel caso del Vescovo c. 1683) o per averla riservata (nel caso del Papa c. 1417, e del Vescovo c. 1419), è di loro competenza[13].

3.3. Strutture previste per le varie istanze

Il potere giudiziale è organizzato secondo la costituzione tipica della Chiesa come comunità gerarchica. Perciò, una prima peculiarità culturale deriva dalla riferita inesistenza di separazione radicale dei poteri; fermo restando che unici titolari della potestà giudiziale propria sono gli uffici personali di responsabilità capitale (il Papa per la Chiesa universale; il Vescovo per la Chiesa particolare), l'esigenza di esercitare ogni autorità nel quadro della legalità è alla base dell'obbligata erezione delle strutture vicarie (i Tribunali) e del conferimento degli uffici con

[13] Quanto detto nel Proemio n. I del m.p. *Mitis Iudex* induce a ritenere non conforme alla *mens legislatoris* che il Vescovo deleghi ad altri la decisione in quelle cause di nullità matrimoniale che, nella recente riforma, si consente di trattare secondo il c.d. processo *brevior*.

potestà vicaria e ordinaria di giudicare (vicario giudiziale e giudici diocesani), che agiscono in nome dei titolari propri. Da questa peculiarità culturale derivano altre rispetto alla gerarchica tra i Tribunali. Infatti, l'organizzazione e le strutture che l'ordinamento canonico prevede per risolvere le controversie, secondo il tipo di processo dato per ogni situazione, hanno corrispondenza adeguata con i due livelli essenziali sui quali si innesta la costituzione della Chiesa quale comunione gerarchica: il livello della Chiesa particolare (le diocesi, come circoscrizione tipo, o altre equiparate); il livello della Chiesa universale (la Sede Apostolica)[14].

Ciascun livello è affidato alla cura ultima di un ufficio personale, investito di potestà propria: il Vescovo diocesano, per la Chiesa particolare; il Papa, per la Chiesa universale. Oltre che Pastori e Superiori il Vescovo e il Papa sono anche giudici propri ai quali la legge affida certe cause e permette loro di riservare a sé il giudizio di quelle che ritengano opportuno. In forza della più ampia responsabilità pastorale che gli compete, l'istruzione *Dignitas Connubii* indicava espressamente come fatto non opportuno che il Vescovo faccia uso della facoltà di riservare a se le cause per esercitare personalmente la potestà giudiziale (DC 22). In qualsiasi caso, ogni Vescovo ha l'obbligo di erigere il proprio Tribunale diocesano o di provvedere ad assicurare l'amministrazione di giustizia unendosi ad altri vescovi nell'erezione di un Tribunale comune (interdiocesano). I Tribunali della Sede Apostolica sono la Rota Romana, la Segnatura e il Tribunale presso la Congregazione della Dottrina della fede per le cause penali su delitti riservati[15].

Ai riferiti livelli essenziali (diocesi e Sede Apostolica) si aggiungono altre strutture non di natura costituiva essenziale ma organizzativa, seppur rispondenti all'obiettivo anche costitutivo ed essenziale di servire adeguatamente ai fedeli, predisponendo mezzi comuni tra Chiese particolari vicine; tra questi mezzi, afferenti ai vari raggruppamenti di Chiese particolari, sono rilevanti in ambito processuale, per la prima istanza, il Tribunale interdiocesano creato da diocesi vicine, della stessa o di diversa provincia ecclesiastica; per il secondo grado sono raggruppamenti rilevanti la provincia ecclesiastica (con il Tribunale metropolitano competente per ricevere gli appelli dei Tribunali delle diocesi suffraganee) e la conferenza episcopale (alla quale spetta erigere Tribu-

[14] Sui concetti teologici e giuridici di "struttura essenziale e costitutiva" e di "struttura solo organizzativa" nella costituzione gerarchica della Chiesa, cfr. M.J. Arroba Conde–M. Riondino, *Introduzione al diritto canonico*, cit. pp. 69–82.

[15] All'elenco deve aggiungersi la Penitenzieria Apostolica, organismo con competenze solo per il foro interno, ma annoverato espressamente tra i tribunali della Santa Sede (PB 117–120).

nali locali per il secondo grado con criteri territoriali diversi dall'appartenenza a una medesima provincia ecclesiastica)[16].

Il punto culturalmente più significativo è l'inesistenza di una reale gerarchia oggettiva tra i Tribunali. Così, il doppio grado di giurisdizione dei sistemi civili, che include l'esistenza di una carriera giudiziale, che prevede l'intervento del Tribunale superiore solo su iniziativa della parte che impugna la sentenza del Tribunale inferiore, e che si conclude con una decisione sostitutiva della prima, non ha nel sistema canonico piena accoglienza, risultando unico suo significato quello di garantire una seconda visione della causa. In tal senso, i tentativi di allungare il peso della giurisprudenza e delle funzioni di vigilanza che spettano ai Tribunali apostolici dovrebbero essere corrisposti dall'oggettiva maggior qualificazione dei suoi membri, come accade nell'ambito della giustizia civile, senza enfatizzare in eccesso il fatto che a tali incarichi si acceda in forza della fiducia del Papa quale giudice proprio della Chiesa Universale[17].

In termini simili si deve ragionare rispetto ai Tribunali territoriali di secondo grado atteso che, dopo la riforma recente dei processi di nullità matrimoniale, le loro decisioni debbono essere intese come sostitutive delle sentenze di primo grado, e non solo in aggiunta ad esse ai fini dell'esecutività, per ottenere la quale è ora stata eliminata l'esigenza di ottenere due decisioni conformi, lasciando però integro il diritto di appello[18].

[16] Il m.p. *Mitis Iudex* sottolinea il criterio di vicinanza tra le parti e il Tribunale, ma non cambia le norme del CIC sulla prima istanza; la sola novità è la menzione di un'eventualità già promossa dalla Segnatura: che un Vescovo privo di risorse per il servizio giudiziale acceda al Tribunale di una diocesi vicina, senza costituire un Tribunale interdiocesano (c. 1673 § 3). Lo stesso si dica per la seconda istanza, per cui colpisce che il Proemio n. V si riferisca a un "ripristino" della Sede Metropolitana; il c. 1673 § 6 rimanda al CIC (cc. 1438–1439 e 1444). Il principio di vicinanza si può soddisfare nei modi già consentiti dalle norme sull'attività istruttoria, senza compromettere la qualità del servizio.

[17] In realtà le norme rotali vigenti emanate nell'anno 1994 prevedono ancora che i giudici di detto Tribunale apostolico di appello abbiano quelle conoscenze del diritto civile che garantisce il titolo in *utroque iure* e non solo la licenza o dottorato in diritto canonico (art. 3), seppure tale previsione non sia di fatto rispettata; altre disposizioni affidano alla rota compiti che, pur sempre e solo giudiziali, esigono maggior qualifica. Rispetto ai membri del Supremo Tribunale della Segnatura, la nuova legge propria ha eliminato il requisito del titolo in *utroque iure* (previsto all'art. 4 delle norme emanate da Paolo VI nel 1968) riducendolo al dottorato in diritto canonico (art. 1 della *Lex propria* vigente), titolo stabilito per la maggior parte degli operatori di qualsiasi Tribunale ecclesiastico.

[18] La riforma dei processi di nullità matrimoniale, derogando l'obbligo della doppia conforme e mantenendo integro il diritto di appello, avvicina la disciplina delle impugnazioni al doppio grado di giurisdizione, eccetto sulla qualifica oggettiva del Tribunale di appello, stabilito in base a criteri territoriali, estranei all'esigenza di maggior qualifica. In tal senso, riducendosi l'appello a un'eventuale mera ripetizione di un giudizio ordinario, la vicinanza può suggerire di organizzarsi secondo il modello del Vicariato di Roma, dove oltre al Tribunale di

Oggi, per il secondo grado, attesa la mancanza di carriera giudiziale e la riferita distinzione tra strutture essenziali e strutture meramente organizzative, la previsione è doppia: la Rota Romana quale Tribunale Apostolico di Appello; il Tribunale di appello locale. La decisione di appellare alla Rota Romana sin dalla seconda istanza deve essere indicata espressamente; in caso contrario l'appello si presume posto presso il Tribunale locale previsto. A ogni Tribunale territoriale di prima istanza corrisponde un solo Tribunale locale di appello.

L'unico Tribunale di terza e ulteriore istanza previsto nella legge universale della Chiesa latina è la Rota Romana che è competente a trattare, in un turno di giudici rotali diversi, anche gli appelli contro sentenze emesse dal turno rotale precedente[19]. Per legge particolare o privilegio esistono Tribunali di terza e ulteriore istanza in alcune nazioni, così come accade nelle Chiese Patriarcali orientali. Altre possibilità di intervenire in terza istanza derivano dalla commissione *ad casum* di competenza assoluta da parte della Segnatura in favore di un Tribunale[20]. Non sono mancate proposte di erigere altri Tribunali territoriali di terza istanza a oltre a quelli già esistenti per privilegio, intendendo così dare risposta alle necessità delle chiese particolari[21]. Nella riforma dei processi di nullità matrimoniale si affida in via esclusiva ai Tribunali di terza istanza la trattazione della *nova causae propositio* anche nel caso di sentenza diventata esecutiva in una sola istanza, quindi senza che si sia mai celebrato un giudizio in secondo grado (can. 1681). È auspicabile che ogni Tribunale autorizzato a trattare le cause in terzo grado sia effettivamente composto da giudici in possesso di una oggettiva maggior qualifica giuridica e tecnica.

Le funzioni affidate ai Tribunali apostolici circa gli indirizzi giurisprudenziali e sulla vigilanza nell'amministrare giustizia non hanno altro valore che quello che consente la ragionevole coerenza tra queste funzioni e le disposizioni codiciali sull'interpretazione delle norme canoniche. All'uopo è rilevante il c. 16, dove si stabilisce che il valore interpretativo che possiedono le sentenze si limita al caso concreto; ad esso però deve aggiungersi il c. 19, dove si include tra i vari criteri di diritto suppletorio stabiliti per i casi di *lacuna legis* quello inerente alla

prima istanza esiste un Tribunale di appello con personale diverso.

19 Cfr. M.J. Arroba Conde, *Diritto processuale*, cit., p. 162.

20 Sulle ragioni che indussero alla creazione temporanea di Tribunali di terza istanza territoriali, cfr. Z. Grocholewski, *Linee generali della giurisprudenza della Segnatura Apostolica relativamente alla procedura nelle cause matrimoniali*, in *Monitor Ecclesiasticus*, vol. CVII (1982), pp. 251–252.

21 Sull'idea di erigere Tribunali di terza istanza nelle chiese locali, cfr. J.L. Mendez Rayon, *Normativa procesal y tercera instancia*, in *Revista española de derecho canónico*, vol. LII (1995), pp. 593–655.

prassi comune e costante della Curia Romana, nella quale deve ritenersi incluso l'orientamento che possano esprimere in maniera comune e costante le sentenze rotali; infine, rispetto ai compiti di vigilanza che spettano alla Segnatura, è necessario richiamarsi a un significato che sia coerente con la potestà e responsabilità di vigilanza di ogni Vescovo diocesano sul proprio Tribunale, fermo restando l'importante limite stabilito al c. 87, che annovera le leggi processuali tra quelle la cui dispensa è sottratta alla capacità dei vescovi.

Questa appare l'interpretazione corretta dell'articolo 126 §1 della *Pastor Bonus* che annovera tra le funzioni della Rota Romana vegliare per l'unità della giurisprudenza. Non essendo la Rota un dicastero con competenze esecutive, ma soltanto un Tribunale con competenze esclusivamente giudiziali, la vigilanza sull'unità della giurisprudenza deve intendersi come una sua funzione di garanzia interpretativa, non obbligatoria, in quanto ogni Tribunale è indipendente nelle proprie decisioni. Atteso che nell'operato della Rota è dato intravvedere da sempre linee giurisprudenziali diverse, talvolta anche contrastanti (non di rado anche in capo a sentenze aventi per autore lo stesso giudice ponente), questa funzione è da intendersi come una sfida che incombe, in via principale, sugli stessi giudici rotali, ai quali si chiede un maggiore sforzo nell'elaborare linee di interpretazione condivise dall'intero collegio rotale, anche in forza della speciale natura collegiale che dovrebbe caratterizzare l'operato di questo Tribunale. Non ci sono spazi reali per applicare alla cultura giudiziale canonica quella anglosassone dello *stare decisis*[22].

3.4. La competenza come mezzo per favorire l'accertamento veritativo

Per stabilire l'esercizio legittimo della potestà nella Chiesa l'ordinamento canonico si avvale dell'istituto della competenza. La competenza si può definire come l'attribuzione e distribuzione della potestà per l'ambito concreto del suo esercizio[23]. Come in altri sistemi, la disciplina sulla competenza è costituita dai requisiti presi in considerazione per l'abilitazione degli organismi giudiziali a trattare le cause secondo criteri ritenuti rilevanti in ragione delle persone, della materia, del grado del processo e del territorio. Una combinazione adeguata di tali criteri provvede a stabilire i titoli o fori di competenza e ad organizzare i suoi

[22] Per una interpretazione convincente di questa funzione del tribunale della Rota Romana, cfr. C. Begus, *L'armonia della giurisprudenza canonica*, Lateran University Press, Roma 2002.

[23] Cfr. J. Ochoa, *I titoli di competenza*, in Aa.Vv., *Il processo matrimoniale canonico*, Libreria Editrice Vaticana, Città del Vaticano 1994, pp. 135 ss.

vari ambiti. In modo simile si provvede nelle cause affidate a potestà ecclesiastiche non investite dell'ufficio giudiziale.

Per i valori ultimi del diritto della Chiesa e per il significato radicale di servizio (e non di mera prerogativa) che possiede ogni potestà ecclesiastica, non è coerente considerare i fori di competenza una "misura della giurisdizione" che appartiene a ciascun ambito, come se l'obiettivo da assicurare tramite i titoli previsti fosse solo quello di stabilire (al pari di quanto accade in altri ordinamenti) i confini e limiti interni. Nell'ordinamento canonico i fori di competenza si debbono intendere come la "giurisdizione in concreto": un mezzo per individuare quale sia, in astratto, l'ambito più idoneo tramite il quale interviene l'intera Chiesa nell'imprescindibile impegno di accertare la verità reale nelle singole cause[24].

Nel caso della competenza giudiziale, a tale impegno si unisce l'altrettanto imprescindibile esigenza di garantire il diritto dei fedeli a una giustizia rapida e di qualità[25]. Detto orientamento si evince chiaramente dalla rigidità e contemporanea flessibilità con cui si disciplina la questione dei titoli di competenza assoluta e relativa, attesa la diversità di effetti previsti in caso di incompetenza dell'una o dell'altra natura.

Con i titoli di competenza assoluta la legge attribuisce in modo inderogabile una categoria di cause a un tipo di Tribunale[26]. La competenza assoluta viene attribuita dalla legge in base a criteri provenienti dal diritto pubblico; infatti, i limiti rigidamente previsti rispondono alla preoccupazione di rispettare alcuni principi di bene comune, relativi alla materia delle cause oggetto del processo, alle persone e alla struttura derivante dalla *communio hierarchica* che incide nella previsione di una buona amministrazione della giustizia attraverso l'accesso ordinato ai diversi gradi del giudizio previsti dall'ordinamento (criterio funzionale)[27]. I tre fori o tipi di Tribunali presi in considerazione sono quello

[24] Sul rapporto tra competenza e verità, cfr. P.A. Bonnet, *Giudizio ecclesiale e pluralismo dell'uomo. Studi sul processo canonico*, Giappichelli, Torino 1998, p. 30.

[25] La celerità dei processi è stata una tra le esigenze che hanno indotto Papa Francesco a riformare il processo canonico, come si afferma nel Proemio del m.p. *Mitis Iudex.*

[26] Il termine "tipo" è utile per riferirsi alle diverse specie di Tribunali (per il loro grado e per il loro ambito personale, territoriale o apostolico). Per tipo di cause intendiamo quelle che formano una categoria tipica stabilita dalla legge *ratione materiae,* sul possibile oggetto del contraddittorio. In questo senso si attuano i principi di "accentramento" e "decentramento" che danno forma al sistema giudiziario canonico. La valorizzazione del ruolo giudiziale del Vescovo nella recente riforma dei processi di nullità matrimoniale induce qualche autore a ritenere che la centralizzazione normativa che ha caratterizzato l'attività giudiziale rispetto alla sua organizzazione e le strutture, sia stata sostituita da una logica di flessibilizzazione; cfr. M. Del Pozzo, *Il processo matrimoniale più breve davanti al Vescovo*, Edusc, Roma 2016, pp. 57–59.

[27] Cfr. M.J. Arroba Conde, *Diritto processuale*, cit., p. 116–117; nella comunione è essenziale l'ambito della Chiesa particolare al quale sono vincolati i Tribunali di primo grado.

del Papa (foro pontificio), cui vengono riservate le cause indicate al c. 1405 §1; quello dei Tribunali della Curia Romana (foro apostolico), cui sono riservate le cause del c. 1405 §3 e quello del rispettivo grado del processo (foro funzionale). Quando una causa non rientra tra quelle riservate al Papa o alla Rota, la legge richiede ancora in modo assoluto che la causa sia tratta in prima istanza da un Tribunale di primo grado, e successivamente (se necessario) da un Tribunale di grado superiore per garantire un esercizio ordinato del diritto di appello[28].

Gli effetti dell'incompetenza assoluta, si riflettono nella situazione giuridica che si crea nella persona del giudice, nella materia oggetto dell'eventuale decisione, e nelle parti. Il primo effetto deriva dal carattere inabilitante (c. 10) delle norme che regolano questa categoria di competenza giudiziale, e consiste nel rendere il giudice assolutamente incompetente a conoscere e decidere la causa validamente, anche se chiamato dalle parti. L'incompetenza assoluta deve essere sollevata d'ufficio dal giudice appena ne sia edotto[29]; può essere eccepita dalla parte interessata in ogni momento del processo; l'eventuale sentenza emessa dal giudice assolutamente incompetente è comunque affetta da nullità insanabile[30], senza che si possa applicare l'istituto della sanazione, né ritenere la materia prodotta (prove, atti giudiziali, ecc.) minimamente valida o utilizzabile in un altro processo. L'unica via per superare con efficacia l'incompetenza assoluta del Tribunale al quale la parte, per cause giuste, insista nel voler rivolgersi è la "commissione" di competenza, un provvedimento di grazia che spetta concedere alla Segnatura Apostolica valutando i motivi addotti[31].

Con i titoli di competenza relativa la legge determina ulteriormente il foro dove, in astratto, appare più agevole l'obiettivo di accertare la verità dei fatti controversi. La competenza relativa viene distribuita

[28] Non applichiamo il concetto di tipo di Tribunale alla Segnatura Apostolica, in quanto le sue competenze strettamente giudiziali (c. 1445 §1) non riguardano il merito ma le impugnazioni attinenti la legittimità delle decisioni rotali e i conflitti di competenza tra Tribunali che non hanno lo stesso Tribunale di appello; su tali questioni la Segnatura è l'unico Tribunale competente. La Segnatura è l'unico Tribunale con competenza a trattare il processo contenzioso–amministrativo (c. 1445 §2 e *Pastor Bonus*, art. 123; *Lex Propria* art. 34). Sul tipo di Tribunale competente per le cause di nullità dell'ordinazione, cfr. c. 1709 e il *motu proprio Quaerit semper* art. 2 §3 che abroga l'art. 68 della *Pastor Bonus*. Vi è anche riserva assoluta, attribuita alla Congregazione per la Dottrina della Fede, per trattare alcuni delitti gravi contro la fede, i costumi o in occasione della celebrazione dei sacramenti, si veda sul punto PB 52, nonché il riordino compiuto con l'ultima edizione del m.p. *Sacramentorum Sanctitatis Tutela*.

[29] Cfr. c. 1461.

[30] Cfr. c. 1620, 1.

[31] La commissione di competenza ai Tribunali locali (privi cioè di competenza assoluta) da parte della Segnatura non è prevista nel testo del c. 1445 §3, 2 e nemmeno nell'art. 124, 3 della *Pastor Bonus*; questa eventualità era comunque possibile in virtù di un rescritto pontificio del 26.3.1974. Ora è prevista all'art. 115 della *Lex Propria*.

tra Tribunali di una stessa categoria, prevedendo una molteplicità di titoli che rispondono ad una ragione generica di diritto pubblico: giovare all'amministrazione della giustizia costituendo più Tribunali di uno stesso tipo e limitando la loro competenza al proprio territorio. La previsione del limite territoriale obbedisce quindi a valori pubblici, come quello di garantire un accesso alla giustizia ordinato ed equilibrato, facilitare la difesa del convenuto, agevolare l'acquisizione delle prove e mantenere l'unità di riferimento al medesimo titolare proprio delle diverse sfere della giurisdizione[32]. La legge parte dalla prevalenza per il foro del convenuto (*actor sequitur forum rei*)[33], la cui verità non è ancora nota al momento di accettare la causa, diversamente di quanto accade con la verità dell'attore. Non si tratta di determinazione e di prevalenza rigide; l'istituto della competenza relativa nel diritto canonico si caratterizza in primo luogo per la previsione di una molteplicità di fori, con un diversificato legame rispetto al convenuto, tra i quali l'attore può scegliere dove introdurre la causa; la seconda caratteristica è la maggior flessibilità con cui si disciplinano gli effetti. Le leggi riguardanti la competenza relativa infatti non sono leggi inabilitanti, in quanto non prevedono espressamente l'inabilità del giudice che non possieda un titolo di competenza relativo riguardo ad una determinata causa. Perciò, il giudice che fosse soltanto relativamente incompetente, giudica validamente ma illecitamente (c. 10).

Gli atti illeciti in diritto canonico, a differenza degli ordinamenti statuali, non sono sempre invalidi, in quanto considerati frutto di disubbidienza ad un divieto di legge al quale il legislatore non attribuisce sufficiente gravità da comportare la nullità dell'atto, pur potendo costituire uno tra i delitti previsti nell'esercizio della potestà giudiziale[34]. Gli atti processuali compiuti da un giudice solo relativamente incompetente, possono essere oggetto di sanazione, e diventare validi per effetto della legge stessa. Rimane per il giudice il divieto di accettare la causa se è al corrente della sua incompetenza, pur solo relativa; rimane il diritto della parte interessata ad evitare il suo intervento di presentare eccezione di incompetenza relativa; dovrà farlo però prima della *litis contestatio*, atto che conclude la fase iniziale del processo, al quale la legge attribuisce l'effetto di sanare l'incompetenza relativa non tempestivamente

[32] Cfr. M.J. Arroba Conde, *La competenza (artt. 8–21)*, in Aa.Vv., *Il giudizio di nullità matrimoniale dopo l'istruzione Dignitas Connubii. Parte Seconda: La parte statica del processo*, Libreria Editrice Vaticana, Città del Vaticano 2007, pp. 36–39.

[33] È un principio del Diritto Romano, recepito nel *Corpus iuris canonici*, cfr. C. III, q. 6, c. 16.

[34] Si tratta della fattispecie prevista dal c. 1457 §1. L'appropriazione indebita delle cause, senza comportare nullità del processo, può dar luogo a sanzioni per il giudice, anche dopo la sentenza.

eccepita; la sentenza sarebbe valida, fermi restando gli eventuali delitti di appropriazione indebita, da parte del giudice (can. 1457), o di frode nell'eludere le norme sulla competenza, da parte dell'avvocato (can. 1488 § 2). Escluse le vie di fatto, l'unica via lecita per far valere la volontà di introdurre una causa presso un Tribunale senza titolo di competenza relativa è sollecitare dalla Segnatura la proroga di competenza[35].

3.5. Qualificazione e qualità dell'autorità decidente

In relazione ai valori del giusto processo, è da tempo che gli ordinamenti processuali secolari si sono evoluti, risultando il più comune criterio di qualità dell'organo giudicante per le cause contenziose e amministrative non suscettibili di soluzioni conciliative (e in certi casi anche per queste) quello riferito ai titoli richiesti per accedere all'ufficio di giudici. Nelle cause penali invece, con diversa intensità, alcuni ordinamenti secolari prevedono l'intervento del giudice popolare. Nell'ordinamento canonico non esiste il giudice popolare; i titoli richiesti per poter ricevere l'ufficio di giudice, in ogni genere di causa, sono il dottorato o la licenza in diritto canonico o in *utroque iure*[36].

Rispetto alla qualificazione personale dei fedeli ai quali conferire gli uffici di potestà giudiziale, nonché alla qualità del loro operato, si deve segnalare un lento adeguamento dell'ordinamento canonico ai criteri di natura tecnica comunemente seguiti in altri ordinamenti, limitando il peso di criteri riguardanti la vocazione alla presidenza della comunità, tipica dei vescovi e dei presbiteri. Così, anche i diaconi (che rientrano nella categoria dei chierici) e i laici possono ricevere l'ufficio di giudice; i laici possono riceverlo per esercitarlo come membri di un collegio, insieme ai chierici (c. 1421 §2), ma anche per esercitarlo come istruttori o uditori (c. 1428 §2). Nella recente riforma dei processi matrimoniali è stata valorizzata (rispetto al CIC) la possibilità di conferire ai laici l'ufficio giudicante, permettendo ora che siano due laici membri del collegio, presieduti da un chierico (presbitero o diacono, c. 1673 § 3). Nel caso della funzione decisionale quindi, la potestà del giudice laico è quindi di natura integrativa, esercitabile solo all'interno di un collegio.

[35] Sulle facoltà della Segnatura in materia di competenza, cfr. M.J. Arroba Conde, *La competenza di grazia in materia giudiziaria*, in Aa.Vv., *La Lex Propria del S. T. della Segnatura Apostolica*, Libreria Editrice Vaticana, Città del Vaticano 2010, p. 328.

[36] Il titolo di licenza o dottorato in *utroque iure* è rilasciato esclusivamente dall'*istitutum utriusque iuris* della Pontificia Università Lateranense; il piano di studi, insieme ai corsi di storia del diritto, di diritto civile comparato e internazionale, prevede l'intero programma dei corsi di diritto canonico.

Nel caso della funzione istruttoria, le decisioni dell'istruttore laico, pur solo personali, hanno ugualmente valore vincolante[37].

La valorizzazione del ruolo autonomo del Vescovo nel provvedere al suo Tribunale operata nella recente riforma dei processi di nullità matrimoniale non ha comportato modifiche in materia dei titoli, rimanendo fermo il disposto del can. 87, che sottrae ai vescovi la dispensa dalle leggi processuali, ivi inclusa quella sui titoli richiesti. È un progresso che ora si possa conformare il collegio giudicante con due giudici laici, quindi provvisti di titolo, evitando il moltiplicarsi di richieste di dispensa in favore di chierici senza il titolo[38]. Si è persa l'occasione per modificare con chiarezza una delle più vistose lacune del CIC rispetto alla qualità che, in astratto, imporrebbe la volontà di non separarsi troppo dai criteri richiesti per un giusto processo. Si tratta dei titoli di chi svolge l'istruttoria, oggi affidata anche a un uditore senza titolo accademico (c. 1428). Il m.p. non fa menzione degli uditori ma solo degli istruttori, qualificazione che nella prassi (ma non per derivazione di una norma universale chiara) si riserva solo a giudici (in possesso quindi dei titoli). Le esigenze del giusto processo suggeriscono di interpretare il requisito della "buona dottrina" richiesta soprattutto agli uditori, ma anche agli assessori del giudice monocratico, non solo nei termini di dottrina giuridica generale (come si fa al c. 1673 § 4) ma come dottrina canonica, secondo la mente espressa nelle due assemblee sinodali, quando si sono riferite al bisogno di preparare più persone, chierici e laici[39].

L'ideale è che la facilitazione per conseguire i titoli accademici, oltre che a giudici, difensori del vincolo, promotori di giustizia e patroni, raggiunga ai notai e ad alcuni di coloro ai quali si intende affidare il ruolo di assessori nella fase di investigazione previa, così valorizzata ora. Oltre che per la conoscenza che si richiede in questa fase, in vista dell'inizio eventuale della causa, la convenienza di affidarla anche a persone qualificate in diritto canonico deriva dalla necessità di documentare quanto raccolto in tale indagine, se si vuole che sia poi utile durante il processo (*Normae* art. 3).

La rilevanza dei titoli e qualificazioni in diritto canonico può sembrare poco coerente con il ruolo dei vescovi nel processo più breve di

[37] In entrambi i casi, l'esercizio "cooperativo" della potestà presuppone che il laico possiede vera potestà giuridica; in realtà qualunque giudice coopera con il giudice proprio.

[38] Ritengo anche giusto affidare la questione al Vescovo e non alla conferenza episcopale. Non ci sono invece ragioni per spiegare che possano essere solo due i laici nel collegio, né per giustificare che la "presidenza" si debba affidare a un chierico. Se ci sono ragioni queste saranno di altro genere, non quindi annesse ai valori del giusto processo, dove la qualità dei giudici si rapporta esclusivamente alla conoscenza oggettiva del Diritto che sono chiamati ad applicare.

[39] Sul punto si vedano il n. 48 della *Relatio Synodi* dell'assemblea del 2014 e il n. 82 della *Relatio Finalis* dell'assemblea del 2015.

nullità matrimoniale previsto nella recente riforma. Molti dei vescovi non hanno titolo né conoscenze in diritto canonico; la non preparazione canonica, insieme ai tempi lunghi dei processi e al rischio di compromettere il ruolo di Pastore dei due coniugi, era considerata nella dottrina tradizionale ragione per giustificare un esercizio delegato della potestà episcopale giudiziale quando le circostanze (per es. la ricusazione di tutti i suoi giudici) costringessero all'esercizio personale di essa[40]. Oggi è meno plausibile l'esercizio delegato della potestà episcopale nel processo più breve, sia perché la *mens legislatoris* è esplicita in senso opposto alla delega (Proemio III), sia perché i tre inconvenienti riferiti non sussistono. In effetti, i tempi processuali per il Vescovo si limitano a i tempi della decisione; il superiore ruolo pastorale non è compromesso, visto il presupposto di concordia tra le parti che si richiede per poter seguire questa via (c. 1683); infine, l'imperizia canonica del Vescovo si compensa con l'obbligo di consultare l'istruttore e l'assessore (c. 1687 § 1).

Tra le garanzie di qualità dell'operato dei Tribunali l'ordinamento canonico prevede la conformazione collegiale dell'organo giudicante, insieme alla facoltà di ricorrere ad assessori nelle cause trattate da un giudice unico o monocratico, per diminuire i rischi di soggettivismo nel giudicare e assicurare meglio il principio di legalità. Il codice prevede che alcune cause specialmente gravi siano giudicate da un collegio di tre giudici (le cause di nullità dell'ordine e del matrimonio; le cause per infliggere la scomunica o la dimissione dallo stato clericale, c. 1425); a tale previsione si aggiunge come clausola di protezione la riprovazione espressa di ogni consuetudine contraria; per altri casi, a giudizio del Vescovo, si prevede che il collegio possa essere formato da cinque giudice; nelle cause trattate dalla rota si prevede l'intervento dell'intero collegio rotale (quindi trattate *videntibus omnibus*).

La riforma del processo di nullità matrimoniale conferma che la collegialità sia garanzia ordinaria di qualità, non perché il c. 1673 ribadisca sostanzialmente per la prima istanza quanto stabilito al c. 1425, né perché si indichi in modo espresso la forza irritante del requisito di collegialità in seconda istanza (norma specifica finora presente solo nella istruzione *Dignitas Connubii*). La ragione di maggior peso per trarre tale deduzione è quanto si afferma nel Proemio n. II; in effetti, avvertendo che ora spetta al Vescovo (senza più bisogno di permesso della conferenza episcopale) decidere se affidare a un solo giudice le cause in prima istanza, si aggiunge che in tal caso al Vescovo stesso urge la responsabilità di evitare lassismo. L'unione tra rischio (pur involontario) di lassismo e formazione solo monocratica dell'organo giudiziale, con

[40] Cfr. J. Llobell, *La delega della potestà giudiziaria nell'ordinamento canonico*, in *Ius canonicum*, vol. speciale (1999), p. 469.

la corrispettiva maggiore qualità che si presume nel giudice collegiale, giustifica che l'impossibilità di formare il collegio rimanga ancora come presupposto necessario dell'eventuale affidamento della causa al giudice unico (c. 1673 § 4).

Nell'interpretare tale impossibilità si deve tener presente che nella riforma, superando la precedente normativa, si stabilisce che alla formazione del collegio possano concorrere due giudici laici (c. 1673 § 3). In ogni caso, della bontà dell'agire collegiale nel giudicare una materia tanto delicata come la validità del matrimonio, sono traccia le disposizioni che, in sostanziale continuità con il CIC, suggeriscono di affiancare al giudice monocratico due assessori (c. 1673 § 4).

Non può essere considerata una smentita dell'ordinaria preferenza per la collegialità il fatto che la riforma affidi al Vescovo la decisione nel processo più breve (c. 1687 § 1). In primo luogo perché si tratta di procedura straordinaria, viste le circostanze non abituali di certezza previa che permettono di seguirla; inoltre, la traccia di preferenza per la collegialità è più forte in questo tipo di processo visto che, a differenza di quanto accade rispetto all'eventuale giudice monocratico di prima istanza nel processo ordinario, l'intervento dell'istruttore e di un assessore nel processo più breve non è suggerito ma obbligatorio (c. 1685), cosi come è obbligatorio che il Vescovo consulti loro nel decidere (c. 1687 § 1)[41].

I rischi di soggettivismo che la norma canonica provvede a diminuire affiancando all'autorità decidente la figura degli assessori sono particolarmente accentuati nei processi extragiudiziali penali. Per tale ragione l'art. 21 del m.p. *Sacramentum Sanctitatis Tutela* prevede che per i delitti più gravi si debba svolgere un processo giudiziale, riservandosi la stessa congregazione la possibilità di consentire all'ordinario di seguire la via extragiudiziale; per irrogare poi una pena espiatoria perpetua in questi casi è necessario che la stessa congregazione dia all'ordinario un apposito mandato[42]. La norma che consente al Vescovo diocesano, in

[41] Stupisce piuttosto che per le decisioni affidate al Vescovo in grado di appello nel processo più breve (il rifiuto dell'impugnazione o il rinvio della causa a ordinario esame, c. 1687) non si preveda specifica consulenza in quella fase; è conveniente che la consulenza obbligatoria in prima istanza sia fatta per scritto, in modo che di essa si possa avvalere il Vescovo che interviene in secondo grado. Il rigetto dell'appello affidato al decano della Rota rompe con la tradizione di assoluta collegialità del Tribunale apostolico nelle questioni di merito, finora salvaguardata; le norme rotali affidano il rigetto di un libello al decano non per ragioni di merito ma per evidente incompetenza del Tribunale rotale e, in ogni caso, previa consultazione obbligatoria dei due giudici rotali seniores.

[42] Lo stesso art. 21 prevede comunque che la congregazione possa differire direttamente alla decisione del Sommo Pontefice in merito alla dimissione dallo stato clericale insieme alla dispensa dalla legge del celibato, i casi più gravi, quando consta manifestamente il compimento del delitto, dopo che sia stata data al reo la facoltà di difendersi.

presenza di giusta causa di imporre la sanzione tramite decreto penale extragiudiziale dispone che l'ordinario competente si avvalga di due assessori nel valutare le prove e gli atti. La recente riforma sui processi penali più gravi, pur ampliando la possibilità di provvedere per via extragiudiziale all'imposizione delle pene, conferma che nel processo l'ordinario si debba avvalere di due assessori.

3.6. Principio di legalità e competenze di grazia della Segnatura Apostolica

Le peculiarità dell'ordinamento canonico sono costituite in gran parte dalla presenza sin dalle origini di numerosi istituti di flessibilità delle norme positive. Tra questi rientrano i provvedimenti di grazia, cioè le dispense, gli indulti, le sanazioni, le supplenze, i privilegi. Nonostante si tratti di misure in contrasto col principio di uguaglianza tra i fedeli, si ritengono giustificate per la finalità ultima della Chiesa, la *salus animarum*, al cui servizio sono l'ordinamento giuridico e l'esercizio della potestà. Così, si può sostenere che le grazie, in quanto provvedimenti favorevoli non esigibili, siano soprattutto riflesso dell'orientamento personalistico e antropocentrico del diritto canonico; le norme positive sono salvaguardia della missione, alla cui identità essenziale, la centralità della persona non può essere ritenuta di ostacolo o minaccia[43].

Meno chiaro è il precedente ragionamento in relazione al settore processuale, eccetto quando si tratta di processi dove l'atto risolutivo dell'autorità decidente ha, a sua volta, natura di grazia; in essi, in effetti, si potrebbe ravvisare il fondamento della flessibilità, sia nel merito che nel rito, nella centralità del bene della persona purché non appaia incompatibile (nelle due dimensioni indicate) col bene della comunità.

Molto più discutibili sono le misure di flessibilità nei processi che hanno per oggetto l'imposizione di pene, dove protagonisti della controversia sono il fedele autore di un delitto e la comunità, come vittima diretta o indiretta del medesimo; non mi riferisco alle grazie poste a beneficio del reo, fondate sempre nel bene della persona, nei cui confronti l'intervento penale canonico è predisposto in termini di *extrema ratio*; mi riferisco alle concessioni rilasciabili a beneficio dell'autorità che tratta e risolve la causa, permettendo di agire in modalità diverse da quelle abitualmente previste. A fondamento di esse sono addotte esigenze della comunità, ritenute ineludibili e superiori alle garanzie

[43] Le riflessioni successive sono un riassunto di quanto già espresso altrove; cfr. M.J. Arroba Conde, *La competenza di grazia in materia giudiziaria*, cit., pp. 315–335; *Legittimazione e limiti dei provvedimenti di grazia nell'ordinamento giudiziale canonico*, a cura di G.L. Falchi–A. Iaccarino, *Legittimazione e limiti degli ordinamenti giuridici*, Lateran University Press, Città del Vaticano 2012, pp. 337–343.

che, per l'accusato, rappresentano le norme positive, consentendo di superare queste ultime, sia in relazione ai difetti avveratisi nel rito (con dispense e sanazioni a posteriori), sia in relazione ai limiti normativi sul merito (con facoltà speciali per provvedere oltre).

In ogni tipo di processo, comunque, appare a prima vista inammissibile qualsiasi genere di disparità di trattamento, non solo tra le parti in causa, ma anche tra i destinatari delle norme universali. Perciò, su tale settore non sono convincenti il generico e ambiguo riferimento al bene personale o alla finalità pastorale dell'attività giudiziale. Le misure di grazia in materia giudiziaria sono di competenza della Segnatura Apostolica, Dicastero che, tra le altre, svolge funzioni simili a un Ministero di Grazia e Giustizia. Nella nuova *Lex Propria*[44] sono stabiliti, in maniera più ordinata, tali competenze.

Si tratta di provvedimenti spettanti il Dicastero, globalmente riconducibili alla sua missione di vegliare per la retta amministrazione della giustizia. La vigilanza ben intesa, come si avvertiva in una circolare della stessa Segnatura (la lettera *Inter Cetera*[45]), è orientata a offrire aiuto ai Tribunali e, per il loro tramite, ai fedeli. In questo orizzonte di sostegno ai Tribunali delle Chiese particolari, e per il loro tramite ai fedeli stessi, si collocano le competenze di grazia[46] che non rientrano nell'attività giudiziale della Segnatura quale Supremo Tribunale della giustizia ordinaria e unico Tribunale della giustizia amministrativa[47].

44 La denominazione di *lex propria* corrisponde all'art. 125 della *Pastor Bonus*.

45 Cfr. Signatura Apostolica, *Litterae Circulares ad Praesides Conferentiarum Episcoparum de statu et activitate Tribunalium ecclesiasticorum "Inter Cetera"*, 28.12.1970, in *AAS*, vol. LXIII (1971), p. 482. Scopo essenziale della Curia Romana è il bene delle anime da procurare come bene primario e da svolgere in spirito di servizio; di ciò sono prova gli istituti giuridici (dispense, indulti, supplenze, privilegi ecc.) affidati a ciascun dicastero nei vari settori cfr. A. Gutierrez, *La Curia Romana*, in Pontificium Consilium de Legum textibus interpretandis, *Ius in Vita et in Missione Ecclesiae*, Città del Vaticano 1994, pp. 293–307.

46 Sull'utilizzo del termine grazia nel CIC 1983 e nel *CCEO*, e la necessità di riferirlo solo ai provvedimenti favorevoli e non esigibili, cfr. J. Canosa, *El derecho al buen gobierno como factor delimitante del concepto canónico de grazia*, in *Ius canonicum*, vol. speciale (1999), pp. 395–406. Non sono provvedimenti di grazia due tra le competenze di vigilanza stabilite all'art. 35 della *Lex propria*: gli avvertimenti ai ministri del Tribunale e ai patroni (n. 1), perché privi di significato favorevole per il destinatario, come ben dimostra G.P. Montini, *In advocatos vel procuratores, si opus sit, animadvertere (art. 121, 1 Pastor Bonus). Un aspetto della vigilanza della Segnatura Apostolica sulla retta amministrazione della giustizia*, a cura di J.E. Villa e C. Gnazi, *Matrimonium et Ius*, Libreria Editrice Vaticana, Città del Vaticano 2006, pp. 31–48; le attribuzioni rispondenti agli accordi tra Santa Sede e Stati (n. 6, sviluppato agli artt. 119–121), perché riguardano aspettative esigibili. Ferma restando la differenza tra l'oggetto della decisione (la dichiarazione di nullità matrimoniale, che se fondata, è diritto esigibile) e la forma del provvedimento (decreto extragiudiziale, in sé non esigibile), la competenza di cui all'art. 118 include una misura di grazia.

47 Le precedenti norme della Segnatura (cfr. *Normae Speciales in Supremo Tribunali Signaturae Apostolicae ad experimentum servandae*, 25.3.1968, in X. Ochoa, *Leges Ecclesiae III*, Ediurcla, Roma 1972, n. 3636) includevano la missione di vigilanza all'art.

Per tale ragione, tra i provvedimenti strettamente amministrativi in materia giudiziaria, di cui all'art. 35 *Lex propria*, meritano particolare attenzione quelli stabiliti ai nn. 2–5 insieme alle norme procedurali di cui al titolo V, agli artt. 106–109 e, in modo specifico, al cap. IV, art. 115–117.

I riferiti provvedimenti riguardano la modifica dei presupposti giurisdizionali, esaminando le richieste per ottenere la commissione di competenza per una causa in favore della rota romana o di un Tribunale locale privo di competenza assoluta. Nello stesso solco si colloca la concessione di prorogare la competenza in favore di Tribunali privi di competenza relativa. Come competenza stabilita per la prima volta in modo espresso la *Lex propria* attribuisce alla Segnatura la capacità di dispensare dalle leggi processuali avvertendo al contempo dell'impossibilità di dispensare dagli elementi essenziali del processo. Con la dispensa si permette a priori di non osservare una legge processuale, aggiungendosi la possibilità di sanare a posteriori le violazioni di dette leggi, anche tramite la sanazione di atti nulli, purché il riferito provvedimento di favore non incida nella questione di merito oggetto del processo. Altri provvedimenti di grazia riguardano l'approvazione di alcune strutture giudiziarie quando queste superano l'ambito di competenza di un singolo Vescovo diocesano.

Al di là dei singoli provvedimenti di grazia stabiliti nella nuova *Lex propria* della Segnatura è interessante riflettere sui principi che sono a fondamento di questo genere di competenze. Partendo dal dato legislativo, fino a risalire ad altri principi più generali, il fondamento di queste competenze della Segnatura risiede nella riserva alla Sede Apostolica di ogni intervento sulle leggi processuali, non espressamente affidato dal diritto ad altre autorità[48]. Il concetto di grazia, ai sensi del c. 59 *CIC* e

17, lo stesso in cui erano elencate le competenze strettamente giudiziali, ma era "ovvio che le decisioni rilasciate in virtù del compito di vigilanza sono decisioni amministrative ..., (e che) le competenze amministrative riguardanti il foro giudiziario *(cf. art. 18)* appartengono alla vigilanza rettamente concepita", Z. Grocholewski, *Linee generali della giurisprudenza della Segnatura Apostolica*, cit. p. 239. L'autore afferma che, nello svolgimento delle funzioni strettamente amministrative, la Segnatura ha compiti analoghi ai ministeri di giustizia che, in certi Stati, sono significativamente denominati di grazia e giustizia, cfr. Id., *La Segnatura Apostolica nell'attuale fase di evoluzione*, a cura di Z. Grocholewski e V. Cárcel Ortí, *Dilexit iustitiam*, Libreria Editrice Vaticana, Città del Vaticano 1984, p. 226.

[48] PB 124 n. 2 è il primo testo con forza di legge che stabilisce la potestà ordinaria vicaria della Segnatura di concedere grazie in materia giudiziaria, diverse dalla proroga di competenza e dell'approvazione di Tribunali (di appello la cui approvazione sia riservata alla S. Sede, e quelli interdiocesani). Il c. 1603 par. 2 CIC 1917 (in seguito *Codex*) includeva *ex potestate delegata* la commissione di cause alla Rota, su richieste rivolte dai fedeli al Papa; sia tale commissione che la prassi di concedere altre grazie, di cui all'art. 86 *Normae Speciales* (fatte poi consistere all'art. 88 par. 1 nel decidere se deferire o no al Pontefice la relativa richiesta), erano competenza della Segnatura solo in forza di facoltà speciali attribuite dal Papa. Il *CIC* non

del c. 1510 par. 2, 3 *CCEO*, comprende ogni provvedimento in favore del destinatario delle leggi, permettendo di superare i loro margini con opportune modifiche, o con il rilascio dei permessi che le stesse leggi esigono. Le grazie sono concesse in genere su richiesta dell'interessato, senza escludere provvedimenti *motu proprio*, e solo su materie per le quali la Chiesa ritiene di averne la possibilità, valutando discrezionalmente le circostanze che rendono legittima la concessione[49].

Le leggi processuali in se sono meramente ecclesiastiche[50], rientranti quindi nella suddetta disponibilità della Chiesa, fermo restando che sono radicate nell'esercizio del diritto naturale di difesa[51] e che si presume siano la traduzione più ragionevole, efficace ed adeguata, nella generalità dei casi, delle capacità umane di conoscere la verità in situazioni controverse[52], in vista a realizzare la Giustizia con la maiuscola. Perciò, senza indugiare in eccesso nel dibattito sul fondamento del diritto e del processo canonico, non possono essere trascurati nella nostra riflessione, alcuni tra i risultati più convincenti formulati in questi anni sulle peculiarità del fenomeno processuale nella Chiesa.

Tra questi, nel delicato rapporto tra disposizione di legge e provvedimento di grazia, meritano menzione tre presupposti, oggi comunemente condivisi, nonostante sembri non spegnersi mai (specie tra i non addetti ai lavori) il tentativo di stabilire contrapposizioni tra la finalità pastorale del diritto (alla quale sarebbe connessa la concessione di grazie) e le norme processuali (a volte considerate di ostacolo alla suprema finali-

fece menzione della commissione alla Rota di cui al *Codex* (nemmeno *ex potestate delegata*), né tantomeno della generica facoltà di concedere altre grazie, di cui alle *Normae Speciales* date *ad experimentum*, includendo al c. 1445 par. 3 solo due tra le grazie ivi specificate (all'art. 18 nn. 3 e 6); cfr. G.P. Montini, *La prassi delle dispense da leggi processuali del Supremo Tribunale della Segnatura Apostolica (art. 124, n. 2, 2° parte, cost. ap. Pastor Bonus)*, in *Periodica*, vol. XCIV (2005), p. 43–117.

49 Cfr. J. Canosa, *op. cit.*, pp. 396 ss, dove avverte che anche la licenza si considera grazia al c. 1510 par. 2, n. 3 *CCEO*. Ad essa sono assimilabili le approvazioni previste dalla legge.

50 Ai sensi del c. 11 *CIC* e del c. 1490 *CCEO*.

51 Da ciò l'ambiguità di considerare le leggi processuali, in generale, come leggi formali, categoria valida solo per le leggi *mere procesuales* (come si deduce dal c. 1445 par. 2, n. 4 *CIC*), cfr. M.J. Arroba Conde, *Diritto processuale*, cit., pp. 15–16. Tale radice nel diritto naturale rende dubbia la riduzione del diniego del diritto di difesa alla sola negazione delle facoltà riconosciute nelle norme processuali positive, cfr. Id., *La nullità insanabile della sentenza per un vizio attinente al procedimento (can. 1620, n. 7)*, a cura di P.A. Bonnet e C. Gullo, *La "querela nullitatis" nel processo canonico*, Libreria Editrice Vaticana, Città del Vaticano 2005, pp. 145–166. Tale riduzione è più dubbia rispetto alle facoltà concernenti la raccolta della prova, espressione del diritto ad essere ascoltato, elemento essenziale (insieme al diritto ad essere informato) del diritto di difesa, cfr. Id., *Prova e difesa nel processo di nullità del matrimonio canonico. Temi controversi*, Eupress FTL, Lugano 2008, pp. 29–40.

52 Cfr. M.J. Arroba Conde, *Verità e principio della doppia sentenza conforme*, a cura di P.A. Bonnet e C. Gullo, *Verità e definitività della sentenza canonica*, Libreria Editrice Vaticana, Città del Vaticano 1997, pp. 69–70.

tà). Ancora nella fase postcodiciale, il magistero ha sentito il bisogno di affermare più volte che le manifestazioni tipiche della giuridicità (tra cui il processo) sono intrinsecamente pastorali[53].

Il primo presupposto utile da ricordare è l'impossibilità di ricondurre il diritto alla sola legge positiva, perché il suo ultimo fondamento è la Giustizia, la cui realizzazione richiede mezzi idonei ad attuarla nel caso concreto. Perciò, non sarebbe esatto intendere le grazie come strumenti per affievolire il rigore del diritto, ma solo della sua espressione generale, cioè della legge; se si preferisce, grazie e dispense sono strumenti per meglio assicurare il diritto, vale a dire, ciò che è giusto fare nella Chiesa, e quindi anche nel suo processo[54].

Il secondo presupposto attinente è l'altrettanta impossibilità di riscontrare con leggerezza dicotomie tra diritto e legge, nel nostro caso, tra l'obiettivo di fare giustizia nei casi controversi e la norma processuale. Da ciò i richiami fatti in dottrina tesi ad interpretare l'accoglimento nel processo canonico delle dinamiche che caratterizzano il fenomeno processuale in qualsiasi sistema giuridico (sia sui presupposti, sull'organizzazione che sullo svolgimento), come una manifestazione della stima e dell'autonomia delle realtà temporali nell'opera di evangelizzazione, vista la suprema finalità di salvezza in esse iscritte[55].

Terzo e ultimo richiamo, specialmente incidente sulle leggi processuali, deriva dalla ragione ultima dell'esistenza del diritto nella Chiesa, cioè la missione affidataLe da Cristo, quale comunità, nei confronti del mondo[56]. La missione, e la comunione su cui si sorregge, ingenerano rapporti interpersonali di giustizia, cioè diritti, col conseguente dovere di giustizia di rispettarli e la necessità di accertarli in situazioni di conflitto, secondo le norme date per il bene della comunità, pur applicate con la dovuta equità[57]. Non è convincente intendere le misure volte ad accertare meglio la giustizia del caso come mera conseguenza dell'eser-

[53] Si pensi ai richiami dei Papi su questo aspetto nei discorsi alla Rota, non solo all'epoca del c.d. antigiuridismo (della quale si segnalano i discorsi del 1969, 1970, 1971 e 1979) ma anche dopo l'entrata in vigore dei due codici postconciliari (specialmente nel discorso del 1990); per una facile consulta, cfr. G. Erlebach, *Le allocuzioni dei Sommi Pontefici alla Rota Romana (1939–2003)*, Libreria Editrice Vaticana, Città del Vaticano 2004.

[54] Cfr. E. Baura, *Pastorale e diritto nella Chiesa*, in Pontificio Consiglio per i testi legislativi, *Vent'anni di esperienza canonica (1983–2003)*, Libreria Editrice Vaticana, Città del Vaticano 2003, pp. 161–180.

[55] Cfr. J. Llobell, *I principi del processo canonico: aporia, mimetismo o esigenza ecclesiale?*, in *Il Diritto Ecclesiastico*, vol. I (1996), pp. 129 e 135.

[56] Sulla *norma missionis* cfr. P. Gherri, *Lezioni di teologia del diritto canonico*, Lateran University Press, Roma 2004; M.J. Arroba Conde, *Basi ecclesiologiche e limiti intrinseci di una rinnovata produzione normativa locale*, in *Folia Canonica*, vol. 10 (2007), pp. 153–166.

[57] Cfr. F.J. Urrutia, *Aequitas canonica*, in *Periodica*, vol. LXXIII (1984), pp. 57 ss; R. Coppola, *Epikeia et aequitas canonica: sources materielles de l'ordre juridique canonique*, in *Studia Canonica*, vol. XXXIII (1999), pp. 113–124.

cizio del potere sacro, cioè della struttura gerarchica, prospettata nella Chiesa come un'unica attività di governo affidata in modo proprio ai medesimi titolari nella sfera legislativa, giudiziale e amministrativa. Anzi, poiché il diritto canonico non si fonda nella struttura gerarchica, ma nella missione della comunità ecclesiale, quale fonte di relazioni di giustizia tra i fedeli, le concessioni di grazie, in materia giudiziaria, non sono intese come strumenti che autorizzano a prescindere dei soggetti della relazione controversa; perciò, come richiede l'esatta comprensione di ogni manifestazione ordinamentale dell'equità canonica, le autorità concedenti debbono agire con prudenza e attenzione esplicita ad ogni soggetto coinvolto, nonché a tutto ciò che sia richiesto dall'identità della missione della Chiesa.

I principi indicati mostrano che non c'é alcuna incoerenza tra l'esistenza nell'ordinamento canonico di strumenti di flessibilizzazione della legge e il rispetto del diritto, nemmeno nel settore processuale[58]. In fase di revisione del codice, sotto la spinta conciliare e la conseguente valorizzazione del ministero episcopale, tra i principi di ricognizione fu formulato quello della sussidiarietà, con l'auspicio di ampliare la potestà dei vescovi di dispensare dalle leggi universali[59]. Da tale potestà però, adducendo proprio che sono leggi incidenti in relazioni di giustizia, poste a tutela del diritto di difesa dei fedeli, già Paolo VI stabilì che le leggi processuali non rientrano nelle facoltà episcopali di dispensa, sicché il c. 87 *CIC* e il c. 1537 *CCEO* rispondono a questa impostazione[60].

Nella dottrina postconciliare, pur minoritari, non mancarono orientamenti di segno opposto che, reclamando maggiore spazio di sussidiarietà, enfatizzarono la coincidenza tra l'essenza della potestà giudiziaria

[58] Sulle ripercussioni principali degli strumenti di flessibilizzazione nel diritto processuale canonico, cfr. P. A. Bonnet, *op. cit.*, p. 10 ss. Sulla loro generale portata e coerenza con il diritto, cfr. H. Pree, *Le tecniche canoniche di flessibilizzazione del diritto: possibilità e limiti ecclesiali di impiego*, in *Ius Ecclesiae*, vol. XII (2000), pp. 375–418; E. Baura, *La dispensa canonica della legge*, Giuffré, Milano 1997.

[59] È il n. 5 tra i *Principia* approvati dal Sinodo del 1967, cfr. *Communicationes* 1, 1969, pp. 79–83; il suo fondamento è la dottrina conciliare sulla piena potestà dei vescovi in seno alle loro Chiese Particolari (*Sacrosantum Concilium* n. 22; *Christus Dominus* nn. 8 e 38; *Lumen Gentium* n. 27).

[60] Cfr. Paulus PP. VI, *De episcoporum muneribus*, 15.6.1966, in *AAS*, vol. LVIII (1996), pp. 467–472, n. IV, par. 3: "*Leges ad processus spectantes, cum ad iurium defensionem sint constitutae, et dispensatio ab iis bonum spiritualem fidelium directe non respiciat, non sunt obiectum facultatis, de qua agatur in Decreto 'Christus Dominus' n. 8b*". Nel *CIC* nessun problema rappresenta la dispensa da parte del Vescovo delle norme processuali particolari la cui emanazione sia affidata, dalla legge universale, a lui stesso o alla conferenza episcopale. Nel *CCEO* il divieto di dispensare le leggi processuali non è incluso al c. 1538 (sulle dispense episcopali, parallelo al c. 87 *CIC*) ma al c. 1537, dove sono indicate le leggi la cui dispensa non è permessa a qualsiasi altro soggetto diverso dal legislatore che le ha promulgate; cfr. G.P. Montini, *La prassi delle dispense,* cit. pp. 60 e 66.

(e della sentenza canonica) e quella della *sacra potestas*, con il rischio di trascurare l'importanza delle garanzie formali attraverso le quali si esercita ogni potestà[61]. Nella sfera giudiziale tali garanzie riguardano la partecipazione dei fedeli coinvolti nel conflitto, ricercando la verità secondo norme sicure, che sottraggano la risoluzione di ogni crisi dell'esperienza giuridica, dal rischio di un volontarismo autoritario e arbitrario[62]. Ciò è compatibile con l'attribuzione di alcune misure di favore (come per es. affidare le cause a un numero di giudici diverso da quello stabilito) ad altre autorità (la conferenza episcopale, o il Patriarca, se si tratta di numero inferiore di giudici) o al Vescovo stesso (se si tratta di numero superiore).

La dottrina prevalente valuta positivamente che le leggi processuali esulino dalla potestà di dispensare del Vescovo diocesano[63]. La sua condizione di giudice proprio non è di ostacolo sul punto, perché la concessione di grazie non rientra nella funzione di giudicare. Il Vescovo è anche il titolare proprio delle altre funzioni della potestà di governo, tra cui quella deputata a concedere grazie; perciò, dalla natura non giudiziale della concessione di grazie non deriva necessariamente che l'ordinamento abbia precluso di affidarle al Vescovo.

Così, il motivo di maggior rilievo addotto per giustificare la centralizzazione normativa in materia processuale è il diritto di appello, indispensabilmente incluso nel diritto alla tutela giudiziale, per la fallibilità delle sentenze[64]. L'appello, con la conseguente molteplicità di istanze e l'interdipendenza tra Tribunali, richiede di assicurare strutturalmente l'armonia delle leggi e della loro applicazione[65], evitando che l'orga-

[61] Un tale indirizzo è ravvisabile in R. Bertolino, *La tutela dei diritti nella Chiesa. Dal vecchio al nuovo codice*, Giappichelli, Torino 1983, pp. 100 ss, dove l'autore si mostra critico col limite di dispensa delle norme processuali in capo ai vescovi; ulteriore enfasi sul fatto che il Vescovo è il titolare proprio della potestà giudiziale è posta da E. Corecco, *La sentenza nell'ordinamento canonico*, in Aa. Vv., *La sentenza in Europa. Metodo, tecnica e stile*, Cedam, Padova 1988, pp. 269–290.

[62] Cfr. M.J. Arroba Conde, *Apertura verso il processo amministrativo*, cit., pp. 745–777, dove mi sono riferito alle proposte fatte durante la preparazione dell'istruzione sulle cause matrimoniali che propugnavano modifiche della legge, aventi in comune la diminuzione delle garanzie di partecipazione delle parti; Id., *Corresponsabilità e Diritto processuale canonico*, cit., pp. 201–225, dove propongo il principio di corresponsabilità come mezzo, tra le altre cose, per superare il rischio di ridurre la partecipazione delle parti nel processo ad un intervento solo formale ed inefficace.

[63] Sui punti più discussi e i relativi autori, cfr. G.P. Montini, *La prassi delle dispense*, cit., pp. 60–64.

[64] Sul riferito fondamento del diritto ad avvalersi dei mezzi di impugnazione, con diversificati limiti e obiettivi tra il sistema canonico e degli Stati, cfr. M.J. Arroba Conde, *Diritto processuale* cit., pp. 529 ss.

[65] Cfr. J. Llobell, *Centralizzazione normativa processuale e modifica dei titoli di competenza nelle cause di nullità matrimoniale*, in *Ius Ecclesiae*, vol. III (1991), pp. 431–477.

nica coincidenza nello stesso ufficio di tutte le sfere di potestà, diventi motivo per considerare arbitrario l'esercizio della potestà giudiziale[66]. Ciò unisce la ragione derivante dal diritto di appello alla costituzione della Chiesa, che anche in ambito giudiziario è riflesso della normale relazione di comunione gerarchica tra le due strutture essenziali costitutive[67].

Infine, ma non per ultimo, a fondamento delle competenze di grazia sta la condizione di testimone della Giustizia che qualifica la missione della Chiesa nei confronti del mondo. In ambito giudiziario, gli strumenti di grazia servono a testimoniare il valore reale della Legalità, manifestando sollecitudine per evitare il legalismo che imprigiona la Giustizia, se non è applicata con amore ed equità[68].

[66] Sul rischio di arbitrarietà inerente all'enfatizzazione della radice organica comune alla potestà giudiziale e amministrativa (perché entrambe affidate in modo proprio allo stesso titolare), se si dimenticano le loro differenze strutturali (che impongono l'esercizio vicario diversificato), cfr. M.J. ARROBA CONDE, *Apertura verso il processo amministrativo,* cit., pp. 747–754.

[67] Come avvertito in precedenza, strutture ecclesiali essenziali sono la Chiesa Particolare (Vescovo) e Universale (Papa). Invece, il rapporto tra Tribunali locali collegati dall'appello corrisponde a strutture non essenziali ma solo organizzative (provincia ecclesiastica, conferenza episcopale), pur sorte per finalità essenziali alla vita della Chiesa, come facilitare la missione, di cui è parte il servizio di amministrare giustizia, cfr. M.J. ARROBA CONDE, *Diritto processuale*, cit., p. 116. Alle origini della Segnatura si trova la prassi di rivolgersi al Papa per le concessioni di grazie, anche in materia di giustizia, cfr. V. CÁRCEL ORTÍ, *Il Supremo Tribunale della Segnatura Apostolica. Cenni storici*, a cura di Z. Grocholewski e V. Cárcel Ortí, *Dilexit iustitiam*, cit., pp. 175–179.

[68] In realtà, l'intera attività giudiziale nella Chiesa è espressione di amore, in quanto nell'esercitarla "il giudice resta a servizio dell'amore, sottomesso al diritto divino, attento ad ogni consiglio o perizia", GIOVANNI PAOLO II, *Allocuzione al Tribunale della Rota Romana,* 28.1.1982, in *AAS*, vol. LXXIV (1982), p. 453. Si può affermare che gli strumenti di grazia in materia giudiziaria, affidati alla Sede Apostolica, anziché rischio contro il principio di uguaglianza dinanzi alla legge, sono ulteriore garanzia di una retta applicazione della legalità e della giustizia nell'orizzonte della Carità verso ciascuna persona e verso la comunità; su questo significato della formazione alla legalità, cfr. CEI. COMMISSIONE GIUSTIZIA E PACE, Nota Pastorale: *Educare alla legalità*, 4.10.1991, n. 18°, in *Notiziario della CEI*, vol. VIII (1991), pp. 194–212.

Capitolo IV

Azione, eccezione e pubblico intervento

La tutela dei diritti controversi o violati tramite l'esperimento di un giusto processo non è in contrasto con l'esistenza di requisiti per poter adire gli organi di giustizia. Come altri ordinamenti processuali, anche l'ordinamento canonico stabilisce alcuni requisiti volti ad assicurare l'adeguata condizione di parte in causa, tanto in relazione con la posizione attiva (dell'attore) come con quella inizialmente passiva (del convenuto). L'obiettivo è evitare processi temerari, sia perché già in partenza non corrispondenti ad aspirazioni di giustizia meritevoli di intervento della potestà giudiziale ecclesiastica, sia perché derivanti da aspirazioni che potrebbero non essere state maturate adeguatamente da chi le formula; altri requisiti servono ad agevolare lo svolgimento del processo stesso. Gli interessi della comunità sono rappresentati dall'intervento delle parti pubbliche.

4.1. Interesse ad agire: la tutela contro processi temerari

Per garantire la reale utilità e la non temerarietà nell'avviare l'attività processuale che si prospetta nei singoli casi, l'ordinamento canonico prende in considerazione in primo luogo il requisito dell'interesse ad agire, concetto rapportabile alla materia oggetto del processo e all'effettiva incidenza che, da quanto risulta in limine litis, potrebbe avere la decisione pretesa nella posizione giuridica delle parti. La titolarità di tale interesse preliminare si ricava dai vincoli stabiliti dalla legge tra la posizione attuale delle parti e le circostanze addotte a sostegno della tutela pretesa. La natura dell'atto introduttivo della causa, in quanto sottoposto a previo esame di ammissione da parte del giudice, non può essere inteso in termini di atto di citazione ma di postulazione, nonostante il giudice non possa estendere l'oggetto dell'esame previo dell'atto introduttivo fino a compromettere il diritto fondamentale al processo (c. 221)[1].

Ci sono cause in cui la legge canonica limita preventivamente l'interesse ad agire riconoscendolo solo a soggetti specifici. Nelle cause penali l'interesse ad agire è pubblico e, come in altri ordinamenti, il

[1] Cfr. M.J. Arroba Conde, *Diritto processuale*, cit., pp. 340–348.

titolare di detto interesse è una parte pubblica denominata promotore di giustizia; alla vittima del delitto si riconosce interesse ad intervenire nel processo per la riparazione dei danni[2]. Nelle cause amministrative l'interesse si riconosce solo al destinatario dell'atto controverso; sono stati sollevati in dottrina e nella prassi molti ostacoli per dare ingresso nell'ordinamento canonico a concetti tali come l'interesse diffuso o altre aspettative riconosciute in altri sistemi di giustizia amministrativa; identica difficoltà si è riscontrata nel riconoscere l'interesse dell'autorità amministrativa inferiore a ricorrere contro la riforma di un suo atto da parte dell'autorità superiore[3].

Nelle cause di nullità matrimoniale l'interesse spetta solo ai coniugi, ma ad esso si aggiunge, quando la nullità è divulgata (e non si può convalidare il matrimonio), un interesse pubblico affidato al promotore di giustizia[4]. Si cerca di limitare il più possibile l'esercizio della giurisdizione solo al matrimonio in sé, rappresentando questo un valore che interessa tutelare alla Chiesa. Ciò comporta limitazioni delle richieste di nullità *post mortem* tese ad ottenere indirettamente obiettivi non canonici. È però possibile che terzi accusino la nullità di un matrimonio già sciolto per morte se si dimostra che dalla dichiarazione di nullità può dipendere un'altra controversia, anche civile[5].

4.2. Azione: perseguimento del bene della persona e del bene comune

Ulteriore garanzia della reale utilità che può portare alle persone e alla comunità la pretesa attività processuale proviene dall'istituto della "azione"[6] tramite il quale, come in altri ordinamenti, anche in quello della Chiesa si delimita ancora l'oggetto del processo, qualificandolo

[2] Il c. 1718 raccomanda comunque di fare il possibile per comporre la questione dei danni fuori dal processo, in via conciliativa.

[3] Per uno studio delle principali difficoltà che rappresenta la ricezione in ambito canonico delle categorie secolari in materia di giustizia amministrativa, cfr. AA.VV., *La giustizia nell'attività amministrativa della Chiesa: il contenzioso amministrativo*, a cura di E. Baura e J. Canosa, Giuffré, Milano 2006.

[4] Cfr. M. MIELE, *Il promotore di giustizia nelle cause di nullità del matrimonio*, a cura di S. Gherro, *Studi sul processo matrimoniale canonico*, Cedam, Padova 1991, pp. 133–178.

[5] Il nuovo c. 1674 § 2 riproduce il precedente c. 1675, evitando la redazione preferita in DC 93, che omette l'iniziale proibizione di impugnare il matrimonio già sciolto per morte. Tale proibizione è opportuna per assicurare al massimo che le materie di cui si occupa la Chiesa siano solo quelle spirituali di cui al c. 1401 e per evitare la strumentalizzazione della giurisdizione ecclesiastica per altri fini. L'interesse ad iniziare la causa dopo la morte dei coniugi (azione postuma) si distingue dall'interesse a proseguirla se il coniuge muore nel corso del processo (c. 1518).

[6] Cfr. M.J. ARROBA CONDE, *Diritto processuale*, cit., pp.258–266.

giuridicamente e disciplinando la sua perseguibilità secondo la considerazione che si debba attribuire al fattore temporale. Così, le azioni riguardanti lo stato delle persone, appartenenti al bene pubblico, non sono soggette a prescrizione temporale; in esse prevale, su ogni altro valore, quello di ritenere l'azione espressione delle convinzioni di coscienza[7]. Non sono mancati tentativi di limitare l'esercizio dell'azione in rapporto agli anni di convivenza, cedendo alla cultura del matrimonio come fatto e abbandonando quella del matrimonio come atto, la cui validità (per le gravi e personalissime conseguenze che ne derivano) non può non dipendere se non da un libero ed effettivo consenso. Il peso degli anni di convivenza ora è indiziario e di segno opposto[8], ma non sono mancati tentativi di introdurlo come limite dell'azione e come motivo per un giudizio di appello obbligatorio presso la Rota romana.

Altre azioni contenziose su diritti materiali delle persone fisiche sono soggette alla prescrizione stabilita nell'ordinamento civile del luogo. In questi casi, appartenenti al bene privato, si canonizza una legge non canonica ma si esige la buona fede durante il tempo di prescrizione. Ciò risulta l'aspetto culturalmente più significativo, non distante dall'idea di intendere l'azione come strumento per dar corso nel foro esterno alle convinzioni di coscienza dei fedeli; è quindi adeguato sostenere tale impostazione dell'azione anche nelle cause in cui non è in gioco il bene pubblico.

Rispetto all'azione penale, le questioni culturalmente più impegnative riguardano la questione della prescrizione dei reati più gravi e il principio di non stretta legalità positiva. Vista la complessità di obiettivi delle sanzioni canoniche, specialmente l'affermazione dell'identità essenziale della Chiesa e il bene delle vittime, la prescrizione dell'azione penale è stabilita in modo articolato: tre anni dalla commissione o cessazione del delitto, per la generalità dei casi, poiché, trascorso questo periodo dal giorno in cui è stato commesso il delitto, si considera inutile applicare la pena[9]; cinque anni per alcuni delitti di maggiore ripercussione[10]; un tempo superiore stabilito nelle norme apposite per i delitti riservati alla Santa Sede, concretamente per il delitto di abuso sessuale dei minori da parte di un chierico. La riforma in questo tipo di cause è

[7] Per es. il nuovo c. 1681 permette di riaprire il processo di nullità matrimoniale, anche quando la sentenza sia divenuta esecutiva, sempre che ci siano nuove e gravi prove o argomenti.

[8] Così si evince dall'art. 14 §1 delle Norme procedurali che accompagnano il m.p. *Mitis Iudex*.

[9] La dichiarazione e irrogazione delle pene in campo canonico hanno senso subordinato al ravvedimento della persona e alla riparazione del male; si presume che passati tre anni dal fatto delittuoso nessuna delle due finalità sia necessariamente perseguibile.

[10] Si tratta della violazione della legge sul celibato da parte di un chierico o di un religioso che abbia pronunciato i voti perpetui (c. 1394); il delitto di concubinato del chierico (c. 1395); il delitto di omicidio e rapimento (c. 1397); delitto di procurato aborto (c. 1398).

consistita nella modifica della norma del codice, stabilendosi ora che la prescrizione inizia dal compimento della maggiore età della vittima, ha la durata di venti anni e potrebbe essere derogata se il mancato intervento penale, a causa della prescrizione, non avesse permesso ancora di raggiungere la complessità di obbiettivi di cui al can. 1341. La valorizzazione della tutela della vittima e la visione più integrale degli elementi in gioco in questo tipo di delitti, meritavano questa misura, mentre prevedere per legge l'assoluta non prescrizione del delitto avrebbe comportato, in termini culturali, un imbarbarimento del sistema[11].

Il principio di non stretta legalità (o riserva di legge) nella previsione dei delitti, deducibile dal disposto del c. 1399, risponde all'esigenza culturale di rifuggire da positivismi anche in materia penale; ciò non significa che si possa ritenere secondario o insignificante lo sforzo di tipizzare con precisione i delitti, anche per non confondere situazioni e per orientare bene l'oggetto del processo. Si pensi ai confini tra diffamazione e calunnia, ciascuno dei quali richiede un tipo di indagine processuale del tutto diversa. Il valore del non pieno positivismo non elimina però il rischio di utilizzare la sanzione per comportamenti non tipizzati nella legge positiva come un mero strumento di governo o di pressione, per comportamenti della cui non legittimità (antigiuridicità o antiecclesialità) si possa in qualche caso dubitare[12].

L'azione contro le decisioni di governo di un'autorità ecclesiastica (per un conflitto amministrativo) viene posticipata al previo esperimento di un ricorso presso il superiore gerarchico (dell'autorità che ha emanato l'atto controverso), nel corso del quale si può discutere, oltre all'illegittimità dell'atto amministrativo, l'eventuale inopportunità (o ingiustizia) dello stesso. Nel valutare il ricorso gerarchico il superiore raccoglie le informazioni secondo il procedimento che lui stesso ritenga opportuno, senza una discussione analoga a quella prevista nei processi giudiziali; si tratta piuttosto di nuovo esame in vista di un ripensamento. La decisione può essere di conferma o sospensione dell'atto amministrativo, ma anche di modifica, non esclusa quella peggiorativa[13]. I termini dei ricorsi sono molto ristretti, come accade in altri ordinamenti, per impedire che i ricorsi tardivi con effetti sospensivi possano paralizzare l'azione di governo.

Solo quando il ricorso gerarchico si è esaurito (nella catena della gerarchia ecclesiastica, l'ultimo anello è costituito dai dicasteri della Curia Romana, con potestà amministrativa vicaria, esercitata in nome del Papa), senza aver ricevuto l'accoglimento desiderato, il fedele può

[11] Così dispone l'art. 6 del m.p. *Sacramentorum Sanctitatis Tutela*.

[12] Cfr. F. Caponnetto, *Il diritto del fedele alla legalità della pena*, cit. pp. 246–248.

[13] Cfr. C. Gullo, *Il ricorso gerarchico: procedura e decisione*, cit., pp. 85–96.

proporre l'azione contenzioso–amministrativa presso il Supremo Tribunale della Segnatura Apostolica, dove si svolge un vero processo giudiziale. Il ricorso non si interpone presso un superiore con potestà amministrativa, ma presso un Tribunale, con potestà giudiziale in materia amministrativa. Con la nuova *Lex propria* della Segnatura è stato ampliato a 60 giorni il termine utile previsto per presentare il ricorso.

La Segnatura è competente per trattare i ricorsi ad essa legittimamente deferiti (c. 1445 §2). Attualmente la legittimità richiede di esaurire prima la via del ricorso gerarchico che si concluderà con la decisione del dicastero competente (PB 123). Come avvertito in precedenza, la funzione giudiziale su materia amministrativa che spetta alla Segnatura consente di trattare solo l'illegittimità dell'atto amministrativo controverso, per eventuale violazione *in procedendo* o *in decernendo*, non avendo competenza diretta in punto di merito[14]. La ragione di tale limite è che l'ufficio della Segnatura in questa materia non può essere compreso come responsabilità superiore nell'azione di governo (una sorta di super Vescovo) che arrivi a sovrastare l'azione legittimamente posta in essere dall'autorità inferiore (il Vescovo diocesano o il superiore religioso autore dell'atto in questione).

4.3. Eccezione: strumento processuale di parte e proposizione di ufficio

Il mezzo stabilito dall'ordinamento per opporsi all'iniziativa processuale di colui che esercita l'azione è la "eccezione", strumento di tutela delle situazioni giuridiche di fatto esistenti, rafforzandosi in tal modo la presunzione che siano giuste e legittime. Per eccezione si intendono tutte le affermazioni del convenuto prodotte per opporsi alla pretesa dell'attore e non solo le sue risposte iniziali. Tuttavia, l'eccezione non spetta soltanto al convenuto ma anche al giudice, il quale può opporre personalmente eccezioni per evitare una sentenza gravemente ingiusta (c. 1452) supplendo così la negligenza delle parti. Nelle cause di nullità del matrimonio e dell'ordine, seppur con il dovere di farlo *rationabiliter*, interviene il difensore del vincolo con la funzione di far valere l'eccezione derivante dalla presunzione di validità, fino a prova contraria, di entrambi i sacramenti.

Le eccezioni sono per loro natura perpetue, non soggette quindi a prescrizione. Allora, anche se il convenuto deve sempre rispondere alla

[14] Si ricordi quanto indicato al cap. II sulla difficile distinzione tra legittimità e opportunità dell'atto amministrativo in ambito canonico, in forza del rilievo che in esso hanno l'equità e i principi generali del diritto, cfr. A. Iaccarino, *Il principio di equità nel diritto amministrativo della Chiesa*, cit., pp. 459–473.

citazione del giudice (c. 1476) potrà sempre disporre dell'eccezione per difendersi processualmente. Tuttavia, a seconda del grado di opposizione all'azione che comporti il singolo fatto sollevato come eccezione, alcune di esse debbono essere presentate prima della *litis contestatio* e trattate prima di stabilire l'oggetto della controversia; è il caso delle eccezioni meramente dilatorie, riguardanti le persone e le modalità degli atti del processo (come la ricusazione o l'eccezione di incompetenza relativa), che tendono soltanto a dilazionare nel tempo l'esercizio dell'azione, senza opporsi direttamente al merito di essa. Invece, se il fatto addotto comporta la nullità della sentenza, come accade con l'eccezione di incompetenza assoluta, si può sollevare in ogni momento del processo, sia dalle parti che dal giudice.

Debbono essere presentate durante (in) la *litis contestatio* anche le eccezioni perentorie se i fatti perentori addotti non possono essere provati con documenti inoppugnabili in quanto queste eccezioni non hanno forza per impedire il processo (c. 1462 §2). Tuttavia, tali eccezioni debbono essere ammesse quando si propongono tardivamente, condannando il convenuto alle spese. Le eccezioni perentorie tendono a dimostrare che l'attore non è abilitato ad esercitare l'azione in questione. Si chiamano perentorie di lite finita (c. 1462 §1) quelle in cui l'opposizione all'attore si fonda nell'esistenza di una decisione giudiziale o extragiudiziale sulla stessa questione, o poggia su fatti documentabili in modo giuridicamente inoppugnabile (per es. il pagamento o il perdono del debito; la dispensa dell'impedimento matrimoniale), che impediscono la lite; si tratta di una opposizione o difesa radicale, poiché con l'eccezione perentoria di lite finita si afferma che l'attore non potrà esercitare l'azione né ora né poi, perché è stata esercitata in altre occasioni, con la lite ormai finita e la causa passata in giudicato, o perché è cessato il fatto in cui si fonda il diritto preteso dall'attore.

Altre eccezioni sono quelle negative. Si tratta del caso più comune e consiste semplicemente nel negare la pretesa dell'attore adducendo fatti contrari a quelli da lui addotti e contraddicendo le sue affermazioni, opponendosi alle sue rivendicazioni; alcuni autori non considerano le negazioni come eccezioni vere e proprie poiché non fanno riferimento diretto ed esplicito ad un diritto[15]; ma la possibilità di contraddire fondatamente le affermazioni dell'attore è il modo più comune di eccepire ed, in qualche modo, include l'affermazione di propri diritti.

Da ultimo le eccezioni riconvenzionali (c. 1463). Con queste eccezioni, il convenuto diventa anche lui parte attiva in quanto esercita una azione tendente a neutralizzare la pretesa dell'attore, presentando

[15] Cfr. J.J. GARCIA FAILDE, *Nuevo derecho procesal canónico*, Publicaciones Universidad Pontificia, Salamanca 1995, p. 17.

anche lui nuove pretese e rivendicazioni connesse o meno con quella principale. La riconvenzione, proprio per questa posizione attiva viene chiamata azione riconvenzionale, poiché con essa il convenuto non solo si difende dalla pretesa dell'attore ma lo attacca chiedendo al giudice che intervenga dichiarando l'estinzione del diritto allegato dall'attore.

4.4. Assenza dal giudizio: dalla contumacia alla rinuncia all'esercizio della difesa

La mancata comparizione delle parti nel processo non è considerata nell'ordinamento canonico vigente come un delitto di disobbedienza, con la corrispondente dichiarazione di contumacia disciplinata nel CIC 1917. L'impostazione attuale è piuttosto nel solco di una rinuncia all'esercizio del diritto di difesa o al proseguimento dell'istanza (nel caso di assenza dell'attore). Le norme prevedono una dichiarazione di assenza emessa dal giudice; nel caso della parte convenuta non è necessario ripetere la citazione, seppure è necessario accertarsi che questa fu notificata legittimamente. Nel caso dell'attore è obbligatorio provvedere ad una seconda citazione non potendosi presumere che chi ebbe l'iniziativa processuale abbia tacitamente rinunciato ad essa (cc. 1592–1595). Gli effetti della dichiarazione di assenza sono stabiliti dalla legge a tutela dei diritti della parte che partecipa al processo, e sono riconducibili alla non necessità di notificare alla parte assente i successivi atti processuali eccetto la sentenza. Si favorisce comunque la partecipazione al processo facilitando la presentazione di istanze e di prove in caso di tardiva comparizione, senza escludere la possibilità di esperire querela di nullità contro la sentenza se la parte dimostra di essere stata impedita a partecipare al processo per un motivo legittimo, e che non ha potuto informare tempestivamente il Tribunale (c. 1622, 6)[16].

Nella recente riforma dei processi di nullità matrimoniale si favorisce la partecipazione di ambo le parti al processo tramite le attività ora regolate circa la fase di preparazione della causa, con l'indagine processuale e pastorale. Il principale frutto di questa nuova disciplina dovrebbe essere la diminuzione dei processi canonici celebrati in assenza di uno dei coniugi molto spesso dovuta alla mancanza dell'informazione adeguata sul senso del processo. Il c. 1676 stabilisce l'obbligata citazione formale alla parte convenuta e nelle norme procedurali si avverte che la mancata risposta ad una seconda citazione sarà interpretata come mancanza di opposizione all'iniziativa dell'attore. La parte convenuta può manifestare che non si oppone alla causa dichiarandosi favorevole; può anche rimettersi alla giustizia del Tribunale; non opporsi non

[16] Cfr. M.J. Arroba Conde, *Diritto processuale*, cit., pp. 396–401.

significa necessariamente concordare con la versione dei fatti proposta dall'attore; tale differenza è ancora più chiara rispetto a quella non opposizione alla causa dedotta dalla mancata risposta del convenuto ad una seconda citazione[17].

4.5. L'ufficio di pubblico ministero nell'ordinamento canonico

L'ufficio di pubblico ministero nell'ordinamento canonico include le figure del promotore di giustizia e del difensore del vincolo. In ambedue i casi, si tratta di un ufficio ecclesiastico che perciò dipende dalla potestà di governo ecclesiastica. Il loro protagonismo processuale colloca gli uffici di pubblico ministero in posizione giuridica passiva, cioè tra i soggetti passivi della giurisdizione. Perciò, pur essendo ufficio pubblico, rimane integrato nel concetto giuridico di parte in causa. Interessa porre in rilievo gli elementi comuni a questi uffici, per poi indicare la normativa specifica che riguarda ciascuno di essi.

Il promotore di giustizia ed il difensore del vincolo, pur essendo due uffici ecclesiastici diversi, hanno un'identica fisionomia che permette di inquadrare la natura della loro funzione in un concetto giuridico più generale, che è quello rappresentato dal pubblico ministero, espressione inusuale nel campo giuridico canonico[18]. Tenendo però conto che si tratta di uffici ecclesiastici, si può affermare che il promotore ed il difensore esercitano un pubblico *munus*; del carattere pubblico dei loro uffici danno prova la legittima designazione dei titolari e le funzioni di tutela del bene comunitario o pubblico; del carattere ministeriale di questi uffici è prova evidente il fatto che i titolari sono assolutamente sprovvisti di potestà giudiziale[19].

In alcuni ordinamenti statuali, pur con varietà di configurazioni, si può affermare che il pubblico ministero rappresenta il potere esecutivo nel processo penale, come potere diverso da quello giudiziario[20]. Il carattere personale ed unitario della potestà di governo ecclesiale non consente però di considerare il pubblico ministero come rappresentante

[17] Questa è l'ipotesi di cui tratta l'art. 11 §2 delle Norme procedurali poste a continuazione dei canoni riformati con il m.p. *Mitis Iudex*.

[18] La denominazione è propria degli ordinamenti civili, ma spesso usata dai canonisti, cfr. J. Dahyot–Olivet, *Le ministère public*, Lateran University Press, Città del Vaticano 1974, p. 15.

[19] Ogni potestà ecclesiastica è ministeriale, ma in senso giuridico si traduce nella capacità di vincolare gli altri con i propri comandi che non appartiene agli uffici del promotore di giustizia e difensore del vincolo.

[20] Per un'analisi dell'origine della figura, dal punto di vista storico cfr. G.M. Usai, *Il promotore di giustizia ed il difensore del vincolo*, in Aa.Vv., *Il processo matrimoniale canonico*, Libreria Editrice Vaticana, Città del Vaticano 1988, pp. 135 ss.; J. Dahyot–Olivet, *op.cit.*, pp. 15 ss.

della potestà esecutiva[21]. Come qualsiasi altro ufficio ecclesiastico, il pubblico ministero rappresenta soltanto se stesso e risponde alla propria coscienza[22].

Possiamo affermare che ci sono elementi che permettono di attribuire un carattere misto a questi uffici. Tale commistione può ricavarsi dallo studio della loro struttura e funzione nel processo. Sono strutturati come uffici ecclesiastici presso i singoli Tribunali. La loro funzione consiste nella salvaguardia dell'ordinamento giuridico, attraverso la tutela del bene pubblico. In questo coincidono con il giudice. Tuttavia nella ricerca del bene pubblico agiscono come parti nel processo, avendo come compito specifico quello di chiedere al giudice l'applicazione esatta della legge. Tale compito conferisce al pubblico ministero poteri di controllo e di iniziativa che si concretizzano nella possibilità di esprimere il proprio parere e nell'esercizio dell'azione e dell'impugnazione[23].

Il promotore ed il difensore hanno in comune con il giudice il fatto di essere pubblici ufficiali, persone pubbliche legittimamente designate per il loro ufficio pubblico. Nella riforma sui processi di nullità matrimoniale non si riscontra alcun cambiamento normativo circa il loro ruolo in quel tipo di cause. La struttura è quindi quella di un ufficio ecclesiastico costituito a norma di legge. A norma del c. 1435, gli uffici del promotore di giustizia e difensore del vincolo sono di nomina episcopale. Trattandosi di uffici ecclesiastici, quindi stabilmente costituiti (c. 145 §1), i titolari sono nominati dal Vescovo (ed equiparati, compreso l'amministratore diocesano c. 381 §2) per svolgere le funzioni che il diritto assegna a questi uffici nei Tribunali diocesani (c. 1435; DC 34). Nei Tribunali interdiocesani la nomina spetta al giudice proprio, a norma del documento di erezione[24]. Nella Rota Romana e nella Segnatura la nomina spetta al Papa[25].

[21] La distinzione di funzioni (legislativa, esecutiva e giudiziale) prevista al c. 135 non assume il carattere di divisione. Inoltre non spetta al pubblico ministero in campo canonico vegliare sulla retta amministrazione della giustizia, compito affidato al Vescovo e alla Segnatura Apostolica (c. 1445 §3). Per l'ordinamento anglosassone, cfr. G.M. Usai, *op. cit.*, p. 136.

[22] Si tenga presente la necessaria autonomia degli uffici ecclesiastici, che mette al primo posto l'esercizio di essi *coram Domino*; cfr. J. Hervada, *Diritto costituzionale canonico*, Giuffré, Milano 1989, p. 244.

[23] Usai ritiene che i compiti di controllo e iniziativa si riscontrino in maniera più completa e organica nella figura del promotore di giustizia, che in quella del difensore del vincolo, cfr. G.M. Usai, *op. cit.*, p. 135.

[24] L'importanza del documento di erezione si evince dal c. 1423 §1 che prevede la possibilità di affidare le funzioni del Vescovo diocesano sul proprio Tribunale o al Vescovo moderatore o al collegio di vescovi che integrano il Tribunale interdiocesano, ma in caso urgente può provvedere il moderatore (DC 34 §2).

[25] Si tratta di Tribunali apostolici; perciò la provvisione degli uffici ad essi appartenenti spetta al titolare dell'ufficio apostolico di giudicare, cioè al Romano Pontefice come dispongono

La permanenza nell'ufficio è regolata dalle norme generali. La scadenza del tempo di titolarità può provocare la necessaria successione nel processo, dovendo subentrare il nuovo titolare legittimo dell'ufficio (c. 1518). Non viene stabilito espressamente che la durata dell'incarico debba essere definita temporalmente, ma la temporaneità è conveniente per analogia con gli altri uffici del Tribunale (c. 1422). La rimozione dall'ufficio spetta a chi lo ha conferito, se esiste una giusta causa (c. 1436 §2; DC 53 §4), incluso l'amministratore diocesano (c. 427 §1), osservando le formalità stabilite dal diritto (cc. 192, ss.).

Il c. 1435 stabilisce le qualità delle persone che ricevono la nomina per l'ufficio di promotore di giustizia e difensore del vincolo. I titolari dell'ufficio possono essere chierici o laici[26]. Devono avere i titoli accademici di dottore o almeno di licenza in diritto canonico, ottenuto presso una facoltà eretta od approvata dalla Sede Apostolica (c. 817). La *Dignitas Connubii* ordina inoltre (come nel caso dei giudici), che abbiano cura della loro formazione permanente, specialmente nel settore matrimoniale, processuale e nella giurisprudenza rotale (DC 35). Le norme, oltre all'integra fama, aggiungono due qualità: la provata prudenza e la sollecitudine per la giustizia.

Ai sensi del c. 1436 (DC 53 §3) si può affermare che gli uffici di promotore e difensore non sono intrinsecamente incompatibili, perché entrambi tutelano il bene pubblico e la legge e, quindi, si possono accumulare nella stessa persona. Sono però incompatibili processualmente: la stessa persona non può svolgere le due funzioni nella stessa causa[27]. Se non si rispettasse questa norma, la sentenza sarebbe insanabilmente nulla in quanto una parte mancherebbe della capacità di stare in giudizio (c. 1620, 5).

L'assegnazione della causa agli uffici del pubblico ministero spetta al vicario giudiziale. Questi assegnerà le cause scegliendo tra i promotori di giustizia e difensori del vincolo costituiti nel Tribunale. Può tuttavia esserci una designazione *ad casum* (c. 1436 §2; DC 53 §2), deputando una persona come promotore di giustizia o difensore del vincolo per una causa concreta, senza essere titolare dell'ufficio nel tribunale. La designazione *ad casum* non conferisce stabilità (c. 145 §1); nonostante ciò deve essere fatta dal giudice proprio (DC 34 al quale rimanda l'art. 53 §2); il vicario giudiziale, tramite decreto, all'inizio del processo o

le vigenti norme rotali agli artt. 1 e 13, e la *Lex propria* della Segnatura agli artt. 1 e 4.

[26] L'affidamento dell'ufficio ai laici è una delle novità di maggior rilievo rispetto al c. 1589 CIC 1917.

[27] Si pensi per es. al caso in cui il promotore sia attore in una causa di nullità del matrimonio (c. 1674, 2), e impugni quindi la validità del matrimonio, il che impedisce che possa agire contemporaneamente come difensore della validità di esso (a modo di convenuto) nel ruolo di difensore del vincolo.

nel corso del medesimo (quando si presenti la necessità), può dare un sostituto al difensore del vincolo o al promotore di giustizia, ai quali era stata assegnata la causa, nel caso questi siano impediti; dovrà però sceglierlo tra quelli costituti, stabilmente o *ad casum*, dal giudice proprio (DC 55)[28].

Il promotore di giustizia ed il difensore del vincolo hanno in comune con le parti il fatto di essere soggetti passivi, e non attivi, della potestà giudiziale. La loro missione nel processo consiste nel «chiedere, sollecitare, opporsi od eccepire»; non consiste mai nel giudicare. Non sono tuttavia una parte privata, che si trova in giudizio per difendere i propri diritti soggettivi o interessi individuali. Il loro interesse è quello proprio dell'ufficio pubblico di cui sono titolari e che consiste nella tutela del bene pubblico, sociale e giuridico che deriva dalla retta interpretazione ed applicazione della legge. Perciò sono parti pubbliche, così come è pubblica la legge che difendono, e si trovano nel processo quando la legge diventa parte, in quanto violata o non rettamente applicata[29].

L'equiparazione tra le parti pubbliche e private nel processo viene affermata dal combinato disposto dei cc. 1433–1434. Ci riferiamo ad una equiparazione che non risolve la questione dottrinale circa la vera natura di questi uffici[30]. Le affermazioni di queste norme riguardano la posizione processuale del pubblico ministero durante il processo. In questo senso possiamo dire con certezza che il pubblico ministero nel processo può e deve avvalersi dei mezzi e strumenti tipici delle parti. Perciò, pur essendo parte pubblica nel processo, ha tutti gli obblighi e i diritti che spettano per legge alle parti private. Questa equiparazione è radicale in tre campi. Il primo riguarda la citazione: qualora, dovendo intervenire nel processo, il promotore e il difensore non vengano legittimamente citati, o non intervengano di fatto, o almeno non abbiano avuto modo di vedere gli atti della causa prima della sentenza, il processo è nullo (c. 1433; DC 60)[31], così come è nullo quando le parti private non

[28] La norma corrisponde alla funzione amministrativa del vicario giudiziale nell'assegnare le cause al difensore del vincolo e al promotore di giustizia, di cui in realtà non si fa menzione nei canoni, anche se si poteva dedurre dall'esplicita previsione di assegnare le cause ai giudici (c. 1425 e DC 48), nonché della mancata elencazione di questo compito tra i ventitré affidati al presidente del collegio (DC 46).

[29] In tal senso stanno in giudizio difendendo un interesse proprio, anche se pubblico e non privato (cfr. M.J. Arroba Conde, *El principio dispositivo en el proceso contencioso canónico*, Ediurcla, Roma 1989, p. 27.

[30] Cfr. G.M. Usai, *op. cit.*, p. 139. La difficoltà era aumentata con l'istruzione *Dignitas Connubii* che in molte occasioni si esprime con la locuzione «le parti ed il difensore del vincolo» laddove il CIC si limita, nonostante sia coinvolto il difensore del vincolo, ad utilizzare la locuzione «le parti».

[31] Se si confronta questo canone con il precedente c. 1587 CIC 1917 si percepisce una certa semplificazione, tesa ad assicurare che il promotore e difensore siano in grado di svolgere il proprio *munus*, cfr. G.M. Usai, *op. cit.*, p. 140. Sul difensore del vincolo però,

vengono citate o almeno non intervengono spontaneamente (c. 1511). Il secondo riguarda la presentazione o richiesta di pareri: ogni qual volta la legge chiede che siano ascoltate le parti, o una di esse, devono essere ascoltati il promotore ed il difensore, se intervengono nel processo, a meno che la legge disponga espressamente altro (c. 1434, 1; DC 59, 1). Il terzo riguarda l'istanza: quando la legge impedisce al giudice di definire o decidere qualsiasi questione senza essere stato interpellato a ciò dalle parti, l'istanza del promotore di giustizia o del difensore del vincolo ha lo stesso valore di quella della parte privata (a meno che la legge non lo impedisca espressamente, c. 1434, 2; DC 59, 2).

Malgrado l'equiparazione di cui sopra, tra le parti pubbliche e private si verificano alcune distinzioni processuali che a volte limitano o privilegiano l'agire del pubblico ministero. Rispetto alla distinzione limitativa, lo stesso c. 1434 mette in evidenza la fonte di limitazione. Infatti la clausola *nisi aliud expresse caveatur* fa capire che ci sono diritti riconosciuti alle parti private di cui non godono le parti pubbliche. La parità precedentemente esaminata fa riferimento agli atti cosiddetti di «impulso», cioè agli atti da cui dipende l'andamento del processo, una volta introdotta la causa. Tale parità non si verifica riguardo agli atti cosiddetti di «iniziativa», poiché la legge riconosce solo alle parti private il diritto di iniziare il processo contenzioso. Fanno eccezione le cause penali (c. 1721) e quelle di nullità matrimoniale quando la nullità è divulgata e non è possibile convalidare il matrimonio (c. 1674). Queste cause devono o possono (rispettivamente) essere iniziate anche dal promotore[32]. L'atto introduttivo del processo in primo grado esula, logicamente dalle facoltà del difensore del vincolo, così come qualsiasi altra iniziativa circa la materia del processo (per es. l'ampliamento del dubbio) che abbia come presupposto agire implicitamente a favore della nullità (DC 56 §5).

Ci sono però alcune facoltà concesse alle parti pubbliche che dimostrano una certa superiorità di trattamento, in virtù del loro ufficio

l'istruzione *Dignitas Connubii* contiene molte disposizioni per assicurare che adempia l'ufficio diligentemente, cfr. C. Peña, *La instrucción Dignitas Connubii y su repercusión en las causas canónicas de nullidad matrimonial,* in *Estudios Eclesiásticos*, vol. LXXX (2005), p. 669; non è coerente sostenere che sia sufficiente qualsiasi intervento del difensore del vincolo (DC 56 §2); stupisce quindi che ai fini di supplire la citazione formale, l'intervento di fatto continui ad essere previsto, addirittura senza costituire eccezione (che renda obbligatoria la citazione formale, per assicurare l'inizio dell'istanza, DC 129) il caso in cui ambo le parti presentino il libello congiuntamente, perché concordi sulla richiesta di nullità (DC 102); cfr. M.J. Arroba Conde, *La primera instancia en la instrucción Dignitas Connubii: novedades, concrecciones e innovaciones*, in Aa.Vv., *Los procesos de nulidad de matrimonio canónico hoy,* Dikynson, Madrid 2006, pp. 56–57.

32 Sulla distinzione tra gli atti di iniziativa e impulso cfr. M.J. Arroba Conde, *El principio dispositivo*, cit., pp. 44–70.

pubblico. Tra queste, due meritano speciale rilievo: innanzitutto la possibilità di assistere agli interrogatori e di esaminare gli atti del processo prima della loro pubblicazione (c. 1677); tale facoltà è concessa anche ai patroni delle parti, ma non alle parti direttamente, e ciò può provocare disparità di trattamento nei casi in cui la parte scelga l'autodifesa. Rispetto alla presenza agli interrogatori, la disparità di trattamento grava anche sulla parte che sia costituita nel processo con patrono, in quanto solo nei suoi confronti (e non più nei confronti del difensore del vincolo), il giudice ha la facoltà di disporre che l'interrogatorio si svolga senza la loro presenza (DC 159 §1, 1)[33]. In secondo luogo, alle parti pubbliche viene concessa l'ultima parola nella fase di discussione, riconoscendo diritto di replica alle risposte delle parti private (c. 1603 §3). D'altronde solo il promotore di giustizia è titolare dell'azione penale (c. 1721).

4.5.1. Il promotore di giustizia

Il promotore di giustizia è la persona pubblica, costituita dalla società, per tutelare il bene pubblico che deriva dalla giustizia contenuta nella legge. Il c. 1430 dichiara come dovere del promotore di giustizia la tutela del bene pubblico. Essendo di natura pubblica, l'ufficio supera il versante privato del titolare. Esiste in quanto la società ha diritto alla difesa del bene comune che deriva dall'osservanza della legge, al di là delle considerazioni soggettive. La tutela del bene pubblico rende difficile l'individuazione della competenza del promotore di giustizia, se non si procede per esclusione della tutela affidata al difensore del vincolo[34].

Il bene pubblico e la giustizia difesi dal promotore sono quelli che risultano dalla retta applicazione della legge. La giustizia legale, però, non sempre coincide con la giustizia oggettiva e soggettiva, scopo ultimo del processo canonico (c. 1752). Tale giustizia è oggetto dell'operato e dell'accertamento del giudice[35].

[33] L'equiparazione tra parti pubbliche e patroni delle parti private era stata una delle conquiste del nuovo codice più elogiate in dottrina, cfr. C. Peña, *La función del defensor del vínculo en la prueba*, a cura di A. Pérez Ramos e L. Ruano, *La prueba en los procesos de nulidad matrimonial*, Publicaciones Universidad Pontificia, Salamanca 2003, pp. 49–87. Quanto stabilito in DC 52 era un passo indietro, che giustamente non è stato ripreso nella recente riforma dei processi matrimoniali, cfr. M.J. Arroba Conde, *Sub c. 1677*, a cura di A. Benlloch, *Código de derecho canónico*, cit., p. 727.

[34] La sua funzione è più ampia di quanto suggerisce il solo concetto di bene pubblico, cfr. M. Cabreros De Anta, *op. cit.*, p. 282; per comprendere questo ufficio si debbono collegare le sue funzioni a una presunzione generale: che l'osservanza stretta e letterale della legge sia in astratto un bene comune, secondo quanto la natura e la definizione della legge (*ordinatio rationis ad bonum commune*) suggeriscono.

[35] La giustizia reale del caso il giudice deve pronunciarla tenendo conto dell'insieme di elementi che risultano dall'unione tra la legge positiva e i principi generali del diritto, tra cui

L'ufficio di promotore di giustizia è obbligatorio e necessario, e perciò deve essere costituito e ricoperto permanentemente dal suo titolare presso tutti i Tribunali. Non solo, l'espressione *constituatur in dioecesi* indica la necessità di costituirlo anche in quelle diocesi che non abbiano strutture giudiziarie, perché è stato costituito un Tribunale interdiocesano con competenza generale. La ragione deriva dal fatto che al promotore di giustizia diocesano vengono affidati compiti di tutela del bene pubblico che si trovano fuori del campo strettamente giudiziale.

L'intervento del promotore di giustizia è necessario in tutte le cause penali che, dopo l'indagine preliminare (che lo vede già coinvolto), hanno inizio con il libello di accusa presentato proprio da lui (c. 1721). Per quanto riguarda le cause contenziose, il principio generale è che il promotore deve intervenire in queste cause quando sia in pericolo il bene pubblico (c. 1430). Tale stato di pericolo viene definito con tre criteri:

Quando la legge lo prescrive espressamente: si tratta di un criterio del tutto oggettivo e immediato; la legge ordina l'intervento del promotore di giustizia nelle cause contenziose di separazione coniugale (c. 1696), nelle cause di nullità matrimoniale, sia per presentare egli stesso il libello, se la nullità è già divulgata (c. 1674, 2; DC 57 §1; 92, 2)[36], sia su richiesta delle parti o del difensore del vincolo, per tutelare la legge processuale, specialmente se l'intervento è richiesto per trattare la nullità degli atti o le eccezioni (DC 57 §2). Deve intervenire in grado di appello se è intervenuto nell'istanza precedente (c. 1431 §2; DC 57 §3).

Quando l'intervento si rende evidentemente necessario per la natura della cosa: si tratta di criterio meno immediato, ma ancora oggettivo; solo il giudice potrà valutare nelle singole cause l'evidente necessità, quando è in discussione l'esistenza, l'interpretazione e l'applicazione di una legge (cause incidentali, restituzione *in integrum*, ...)[37].

l'equità e la *salus animarum* quale *suprema lex* (c. 1752); al promotore di giustizia spetta invece solo uno di quegli elementi, cioè la retta applicazione della giustizia legale, presumendo a priori che ciò sia un bene e che astrattamente coincida con la giustizia reale. Tale presunzione, pur dovendo fare i conti con ogni singolo caso e vicenda processuale, è imprescindibile, perché se la lettera della legge dovesse risultare costantemente disgiunta dalla realtà dovrebbe essere seriamente ed efficacemente messa in discussione; sull'esigenza che grava sul giudice di incarnare in ogni singola causa e momento del processo lo «spirito» della legge, cfr. M.J. Arroba Conde, *La nullità insanabile*, cit., pp. 152–154.

[36] In tal caso gode degli stessi diritti dell'attore, a meno che la legge o la natura della cosa suggeriscano altrimenti (DC 58).

[37] Un criterio di concretezza lo si può ricavare da DC 57 §2 senza fare cioè dipendere l'intervento del promotore di giustizia rispetto delle eccezioni, delle eventuali nullità degli atti e, in generale, delle difficoltà inerenti l'applicazione di una regola processuale, dalla richiesta del difensore del vincolo o delle parti; sulle cause incidentali il suo intervento è solo suggerito da DC 223.

Quando lo decida il Vescovo diocesano: si tratta di un criterio troppo soggettivo; il Vescovo potrà sentire il parere del giudice e del promotore per decidere se il bene pubblico sia in pericolo in una causa contenziosa e quindi se debba essere tutelato direttamente dal promotore di giustizia. Il soggettivismo di questo criterio è pericoloso, perché il mancato intervento del promotore può provocare la nullità degli atti (c. 1433)[38].

Il promotore di giustizia, in quanto parte può e deve agire allo stesso modo delle parti private, specialmente per tutto ciò che si riferisce alle prove. Tuttavia per la sua condizione di parte pubblica, si possono individuare due aree specifiche di intervento processuale. Una prima è costituita dagli *strumenti di controllo*: il promotore di giustizia può e deve esprimere il proprio parere circa la causa concreta che si sta trattando quando il giudice, anche su istanza delle parti, glielo chieda. La sua risposta al quesito sottopostogli dal giudice è un voto *pro rei veritate* o *iuxta legem*. Tale controllo cela la sua condizione di parte, perché spesso gli vengono sottomesse le questioni preincidentali, che può valutare a sostegno della richiesta dell'attore. Tuttavia rimane parte perché il suo parere non è mai vincolante per il giudice[39]. Ad essa si aggiunge quella rappresentata dagli *strumenti di impugnativa*: come parte in senso pieno il promotore di giustizia potrà esercitare l'azione penale, quella contenziosa di nullità matrimoniale che il diritto gli consente di introdurre, e impugnare la sentenza del giudice in tutte le cause in cui sia intervenuto come parte, potendo quindi introdurre l'appello.

4.5.2. Il difensore del vincolo

Il difensore del vincolo è una specie di promotore di giustizia per la materia specifica del vincolo dell'ordinazione e del matrimonio. È persona pubblica costituita dalla società per attuare la difesa processuale dei vincoli, quando si discute circa la loro validità. La rilevanza pubblica dei vincoli giustifica il suo intervento per tutelare la legge specifica che presume validi l'ordinazione ed il matrimonio, quando la celebrazione esterna fu fatta in conformità al diritto (c. 124 §2).

La costituzione stabile di questo ufficio è obbligatoria soltanto nelle diocesi in cui esiste un Tribunale per giudicare le cause di nullità matrimoniale. Il suo compito è a volte più ampio dell'ambito strettamente giudiziale, poiché deve intervenire in cause in qualche modo amministrative (per es. dispensa super rato, c. 1701 §1). Non è necessaria la sua costituzione quando la diocesi è integrata in un Tribunale interdio-

[38] Cfr. M.J. Arroba Conde, *El principio dispositivo*, cit., pp. 108–110.

[39] In effetti, nel controllare l'applicazione della legge il promotore ha a sua disposizione soltanto gli strumenti tipici della parte, cioè chiedere e sollecitare al giudice che la legge concreta che ritiene inosservata o che incide nella controversia sia applicata al caso.

cesano con competenza per giudicare le cause di nullità matrimoniale, perché la competenza relativa alla nullità di ordinazione e alle cause *super rato*, può essere affidata ad un difensore *ad casum*, volta per volta, tenendo conto della abbondanza o scarsità di questo tipo di cause.

L'ufficio del difensore consiste nel cercare, proporre e presentare al giudice tutti gli argomenti, diretti o indiretti, che ragionevolmente possano servire per dimostrare che l'ordinazione o il matrimonio sono validi. Tale esigenza di ragionevolezza (c. 1432; DC art. 56 §5) è una novità delle norme attuali, con conseguenze concrete rispetto al parere conclusivo nella fase di discussione (prima della sentenza), nonché rispetto al comportamento da seguire (riguardo all'appello) in caso di sentenza affermativa[40]. L'esigenza di ragionevolezza permane anche nel caso in cui il difensore possa dimostrare che esiste un dubbio in merito, sempre che si tratti di dubbio positivo e fondato negli atti e nelle prove raccolte, tenuto conto che egli potrà proporre che siano raccolte altre prove non proposte dalle parti, se dalle risultanze deduce che sussistono (DC 56 §3)[41].

Invece, se non esiste alcun elemento a favore del vincolo, né idoneo a porre un dubbio positivo e fondato negli atti, che contraddica la pretesa della dichiarazione di nullità, le norme limitano il dovere di tutela che spetta al difensore che, in quelle circostanze, potrà e dovrà onestamente ammetterlo, senza formulare obiezioni artificiose, che contraddirebbero l'esigenza di salvare la verità dei fatti (DC 56 §3). Non dovrà mai chiedere esplicitamente la nullità; ma dato che è di interesse pubblico difendere il vincolo soltanto quando il vincolo effettivamente esiste, non dovrà creare dubbi infondati. Processualmente la sua posizione, in mancanza di elementi *pro vinculo* è quella di rimettersi alla giustizia del Tribunale, come fanno a volte le parti private (DC 56 §5)[42].

[40] Cfr. D. Vajani, *La cooperazione del difensore del vincolo alla ricerca della verità per il bene della Chiesa*, Lateran University Press, Città del Vaticano 2003, pp. 37–42, dove si propongono tre livelli di lettura dell'avverbio *rationabiliter*: la non artificiosità; la coerenza con il bene della comunità (espresso nelle sue leggi e che implica sollevare obiezioni sui dati raccolti solo secondo le regole di valutazione del c. 1572) e la razionalità dialogica (che obbliga a distinguere l'esigenza di porre in evidenza gli elementi esistenti contro la nullità dal giudizio finale conclusivo che induce a opporsi alla dichiarazione di nullità o a rimettersi alla giustizia del Tribunale).

[41] Cfr. C. Peña, *La función del defensor del vínculo en la prueba*, cit., pp. 49 ss.

[42] La DC perfeziona così il codice, anche in riferimento alla parte convenuta (art. 134 §2) inserendo questa specifica posizione processuale presente nelle Norme rotali (art. 60 §2); non è corretto che il difensore chieda (come se fosse l'attore) la nullità; ciò però non impedisce che egli stesso affermi nelle sue osservazioni (perché affermare non è chiedere) gli elementi contrari alla validità del matrimonio, dato che a lui spetta difendere l'esistenza del vincolo solo quando c'è veramente; DC 56 §5 si esprime in maniera guardinga, considerando come circostanza rara (*in casu aliquo*) che non ci siano obiezioni alla dichiarazione di nullità; si deve però ricordare il magistero di Pio XII per il quale il difensore del vincolo deve avere la

Strumenti di controllo: il difensore deve esprimere il proprio parere sempre come parte in causa, perciò potrebbe sembrare meno evidente la sua funzione di controllo processuale per la quale il giudice può sempre sollecitare l'intervento del promotore di giustizia, anche nelle cause di nullità matrimoniale. Il voto del difensore del vincolo viene chiamato «osservazioni». A norma di legge deve emetterlo dopo aver esaminato le risultanze processuali nella fase di discussione. Soprattutto nel momento di scrivere il suo voto il difensore del vincolo è tenuto a porre in rilievo tutte le prove e gli elementi che giovino a sostenere la validità del vincolo, o il dubbio fondato in merito, e a confutare le prove *pro nullitate matrimonii*. Altri controlli, stando alle norme del codice, sarebbero abusivi, mentre appaiono giustificati a tenore di certe disposizioni della *Dignitas Connubii*, che sembra assegnare al difensore del vincolo un ruolo di assessore del giudice rispetto all'ammissione del libello (DC art. 119 §2) e la perizia (DC art. 56 §§3–4)[43].

Strumenti di impugnativa: l'iniziativa processuale del difensore del vincolo è più limitata rispetto a quella di ambo i coniugi, in quanto non gli è riconosciuta la possibilità di introdurre la causa né di chiedere che siano formulati nuovi capitoli di nullità. Parte della dottrina, specialmente nel caso in cui nessuno dei coniugi si opponga alla nullità, intende la sua posizione come quella di parte convenuta[44]; in ragion di essa ha iniziativa per presentare eccezioni e prove e potrà sempre impugnare la sentenza affermativa, proponendo l'appello. Il CIC soppresse l'appello obbligatorio del difensore del vincolo contro le sentenze affermative di nullità matrimoniale[45].

coscienza di essere al servizio della verità già esistente, senza sentirsi condizionato a sostenere una tesi artificiale, cfr. Pius Papa XII, *Allocuzione al Tribunale della Rota Romana*, 2 ottobre 1944, in *AAS*, vol. XXXVI (1944), p. 289.

[43] Alla dottrina non è sfuggito questo slittamento di ruoli, cfr. C. Peña, *La instrucción Dignitas Connubii y su repercusión en las causas canonicas de nullidad matrimonial*, cit., pp. 669–670; concordo con l'autrice nella critica alla norma che sull'opportunità che il giudice consulti il difensore del vincolo prima di ammettere il libello, e sull'affidamento a questi del controllo del questionario da proporre al perito; tra l'altro ritengo assurda l'insistenza sulla legittimità del questionario, che cioè non si chieda al perito nulla che ecceda le sue competenze. Dissento invece da C. Peña circa il controllo dei criteri antropologici della perizia, che lei ritiene concordi con il ruolo del difensore del vincolo; a mio avviso, la correttezza antropologica della perizia (cfr. C. Izzi, *Valutazione del fondamento antropologico della perizia*, Lateran University Press, Città del Vaticano 2004) è interesse di tutti i partecipanti al processo, anche di colui eventualmente favorito, nella sua tesi processuale, da un parere peritale assiologicamente non corretto, cfr. M.J. Arroba Conde, *La primera instancia en la instrucción Dignitas Connubii*, cit., p. 56.

[44] Una impostazione originale sostiene che il difensore del vincolo è rappresentante dell'autorità amministrativa della Chiesa (vero convenuto nel processo), cfr. Z. Grocholewski, *Parte convenuta nelle cause di nullità matrimoniale*, a cura di D.J. Andrés, *Vitam impendere magistero*, Roma 1993, pp. 41–53.

[45] La non obbligatorietà dell'appello del difensore cambiò radicalmente la natura del

Con la riforma dei processi matrimoniali, atteso che si stabilisce in essa la possibile esecutività delle sentenze che per la prima volta dichiarano la nullità del matrimonio, si potrebbe pensare erroneamente che sono state aumentate le responsabilità del difensore del vincolo in relazione all'impugnazione della sentenza. In realtà, nulla si è normativamente modificato, in quanto già prima della riforma, il corretto svolgimento della funzione di difensore del vincolo obbliga ad appellare le sentenze affermative fondate su atti e prove che, in termini giuridici fondati, potessero essere ritenute non sufficientemente dimostrativi della nullità del matrimonio. Rispetto alla sentenza affidata al Vescovo nel nuovo processo *brevior* si potrebbe pensare, sempre erroneamente, che sia difficile la proposta di appello da parte del difensore del vincolo, per il fatto che il Vescovo, autore della sentenza, sia la stessa autorità che gli conferì l'ufficio; si tratta di ragionamento da considerare inammissibile, atteso il significato che possiede ogni ufficio ecclesiastico e la responsabilità strettamente personale ad esso annessa nel suo corretto svolgimento.

Il difensore del vincolo, oltre ad appellare la sentenza affermativa, potrebbe presentare querela di nullità della sentenza in tutte le ipotesi stabilite ai cc. 1620 e 1622, non esclusa quella della negazione del diritto alla difesa del vincolo (c. 1620, 7) che egli deve realizzare[95]. Il difensore del vincolo di secondo grado, prima che il Tribunale decida se ratifica la sentenza per decreto, è obbligato a presentare le osservazioni in difesa del vincolo, pur potendo fare riferimento a quelle fatte dal difensore del vincolo nel primo grado (DC 56 §6).

secondo grado di giudizio, non essendo concepibile un'impugnazione della decisione di primo grado realizzata dallo stesso giudice che l'ha pronunciata; con tale esonero dell'obbligatorietà dell'appello, la figura del difensore del vincolo subì una modifica che incide nel proprio ruolo processuale, che non è tanto addurre ragioni contro la nullità (malgrado sia questa l'espressione del c. 1432) quanto la tutela del bene pubblico che deriva dalla legge che presume validi i matrimoni celebrati in conformità al diritto. Per una comparazione con il CIC 1917 cfr. J. Burke, *The defender of the bond in the new code*, in *The Jurist*, vol. XLV (1985), pp. 210–229.

Capitolo V

Diritto di difesa e difesa tecnica

Contenuto pacifico dell'ideale del giusto processo è il diritto a esercitare le facoltà di difesa secondo le modalità e solennità previste dall'ordinamento, sia nella dimensione riferita al diritto ad essere informato, sia in quella riferita al diritto ad essere ascoltato. Pur non essendo identificabili il diritto alla difesa e il diritto a un difensore, al concetto di giusto processo si ritiene appartenga ugualmente il diritto alla difesa tecnica, che comporta la possibilità che le parti siano assistite da un difensore di loro fiducia.

5.1. I vari livelli della capacità processuale

Oltre all'interesse ad agire, i requisiti riguardanti la posizione di parte in causa, che mirano ad assicurare la rilevanza canonica sottostante all'aspirazione di giustizia formulata con l'azione, nonché l'adeguatezza della decisione di farla valere avviando il processo, sono riconducibili al concetto di "capacità processuale". Detto concetto riguarda, in primo luogo, la "capacità giuridica", esigendosi quindi di possedere quella soggettività canonica che permette di essere titolare di diritti nell'ordinamento canonico. Rispetto alle persone fisiche, l'ordinamento riconosce soggettività ai battezzati che mantengono la comunione ecclesiale (cattolici) e che non ne siano stati privati a causa di una sanzione[1].

Anche gli acattolici e i non battezzati godono della soggettività richiesta per essere parte in un processo. Il c. 1476 estende la capacità di essere parte anche ai non battezzati e, a fortiori, ai battezzati non piena comunione o acattolici. Detta capacità non è più una derivazione logica della capacità giuridica generale, della quale i non battezzati e gli acattolici sono privi[2]. Si tratta di una eccezione al c. 96, quando tali soggetti

[1] Infatti il c. 96 attribuisce ai battezzati in quanto sono nella comunione ecclesiastica la qualifica di membro della Chiesa riconoscendo la personalità giuridica. Tale personalità comporta il riconoscimento dei diritti propri del fedele cristiano nei cui confronti incombono gli obblighi meramente ecclesiastici (c. 11).

[2] In questo senso non mi sembra del tutto corretta l'interpretazione di Ricciardi (cfr. G. Ricciardi, *La costituzione del curatore processuale*, in Aa.Vv., *Il processo matrimoniale canonico*, Libreria Editrice Vaticana, Città del Vaticano 1994, p. 406) e penso si debba intendere

siano inscindibilmente legati ad un battezzato e ritengano di aver sofferto un'ingiustizia degna di tutela in campo canonico. In questo caso basta la loro considerazione come persone umane per riconoscere la capacità giuridica di essere parte[3]. Pertanto anche gli acattolici e i non battezzati possono essere parte in un processo se l'oggetto di esso sono i loro rapporti giuridici con un cattolico o se ciò che si propongono è degno di tutela *coram Ecclesiae*. Tale impostazione evita di strumentalizzare i Tribunali ecclesiastici per scopi estranei alle materie spirituali o annesse, uniche sulle quali la Chiesa afferma di avere giurisdizione propria ed esclusiva (c. 1401). Godono anche della capacità giuridica di essere parti le persone giuridiche legittimamente erette (c. 114), che la eserciteranno tramite il loro legittimo rappresentante (c. 1480). La facoltà di rappresentare le persone giuridiche nel processo, concessa al Vescovo (c. 1480 §2) è suppletiva e sussidiaria, cioè solo nelle due ipotesi previste dal canone: che non ci sia rappresentate o che sia negligente. La negligenza del legittimo rappresentate della persona giuridica dovrà essere valutata dallo stesso Vescovo. Tale facoltà si limita alle persone giuridiche sottomesse alla sua potestà, unicamente per le questioni soggette al proprio Vescovo diocesano.

Alla capacità giuridica si aggiunge, nel caso delle persone fisiche, la "capacità di agire": quella di decidere in nome proprio e autonomamente di avviare il processo e di prendervi parte[4]. L'ordinamento canonico fa dipendere tale requisito dal raggiungimento della maggiore età (diciotto anni) e dal possesso di una capacità mentale adeguata a discutere di fatti che riguardano da vicino la propria persona. In cause riguardanti i propri interessi spirituali o i propri delitti, la capacità di agire viene stabilita ai quattordici anni. In mancanza dell'età richiesta per ciascun tipo di causa, e quando la parte risulti carente (totalmente o solo in parte) dell'adeguata salute mentale, l'ordinamento non riconosce la capacità di agire in nome proprio, ed esige l'intervento (in nome dell'incapace ad agire) dei genitori, dei tutori o dei curatori, sia quelli già esistenti in ambito civile, sia un curatore espressamente dato all'incapace da parte del giudice ecclesiastico.

il c. 1476 come una eccezione al c. 96, nella linea di altri autori (per es. cfr. J.J. García Failde, *Nuevo derecho procesal canonico*, cit., p. 33).

[3] Si tratta quindi di una capacità indiretta, mediata dal rapporto con un battezzato, o comunque dall'interesse ad ottenere una risoluzione che abbia effetti giuridici nell'ambito dell'ordinamento della Chiesa, alla luce dei chiarimenti posti dalla *Dignitas Connubii* all'art. 3.

[4] Il codice si riferisce alla capacità di agire usando la formula persona *legitima standi in iudicio* (c. 1478). Tra gli autori classici il concetto tradizionale è quello di *legitimatio ad processum* (cfr. F. Roberti, *De processibus I*, cit. p. 510); Nella terminologia moderna si preferisce parlare di capacità processuale (cfr. G. Ricciardi, *La costituzione*, op. cit., p. 407).

Per lo svolgimento adeguato dell'attività processuale l'ordinamento disciplina la "capacità di postulare", concetto che si riferisce alla realizzazione tempestiva e coerente degli atti e solennità predisposti per la difesa. Non basta essere titolari del diritto ad essere parte e nemmeno la capacità di agire processualmente chiedendo in nome proprio l'intervento del giudice. È necessario poter realizzare tutti gli atti processuali e quindi poter personalmente, o tramite altri, svolgere le funzioni processuali a sostegno della propria tutela e difesa, una volta sollecitato l'intervento del giudice. Questo potere è strumentale (perciò è cedibile ed esercitabile tramite altri) rispetto alla capacità giuridica e alla capacità di agire, e consente di produrre durante il processo ogni atto che sia utile e non sia espressamente vietato dalla legge.

Nelle legislazioni civili le parti, anche se fornite di capacità di agire, a volte possono porre atti processuali soltanto tramite un procuratore legale. Nel diritto canonico, al c. 1481 si stabilisce che la parte in possesso della capacità di agire non solo possa stare in giudizio a nome proprio, ma può anche agire e rispondere per se stessa, senza bisogno di procuratore. Se la parte esercita personalmente la postulazione si parla di capacità di postulare diretta. Quando la esercita attraverso altri si tratta di capacità di postulare mediata. Tuttavia il codice esige di avvalersi dell'opera di un avvocato difensore nelle cause penali, in quelle riguardanti i diritti di un minore e in quelle che interessano il bene pubblico, eccetto nelle cause matrimoniali, dove la parte può decidere di difendersi da sola. Per decisione del giudice, o per previsione delle norme o regolamenti dei singoli Tribunali, la capacità di postulare immediata può essere limitata ancora, esigendosi alla parte di nominare un procuratore che la rappresenti nel processo e che riceva le notifiche che le spettano, e di scegliere un avvocato per gli atti della difesa[5].

5.2. I patroni: procuratori e avvocati difensori

Ferma restando l'abituale esigenza che il procuratore abbia domicilio nel territorio del Tribunale, la prassi più frequente è che una medesima persona, denominata patrono, assuma contemporaneamente le funzioni di rappresentanza e di difesa[6]. È un controsenso culturale, rispetto al concetto di giusto processo, favorire indirettamente la trattazione delle cause senza difensori. La Segnatura ha chiesto spiegazioni sul punto

[5] Le norme rotali (art. 53 §2) obbligano la parte attrice ad avere un patrono scelto dalle stesse o dato loro di ufficio, mentre per la parte convenuta si affida al Ponente la decisione, nel rispetto del c. 1481.

[6] L'esercizio della funzione di procuratore presso la Rota romana è ristretta dalle norme rotali (art. 48) a coloro che *Urbem continenter incolunt*.

a molti Tribunali nelle cui cause, sistematicamente, non intervengono avvocati, provocano non di rado la scarsa qualità del loro operato[7].

Nelle cause in cui la parte può prescindere per legge universale dall'assistenza di un difensore, la necessità di avvalersi dell'opera di un patrono per volontà del giudice o delle norme proprie del singolo Tribunale si avvera soprattutto in relazione all'attore, evitando di imporre gravami al convenuto. Per la legittimità del loro intervento i patroni debbono depositare mandato procuratorio legittimo, rilasciato dalla parte capace di agire o, in caso contrario, da chi ne faccia le veci a norma di legge. Si tratta di mandato *ad lites*, quindi specifico per il concreto processo di cui si tratta.

Per agire come procuratore nei Tribunali delle chiese locali il codice non esige altri requisiti che la maggiore età e la buona fama (c. 1483). Sul punto la cultura nei processi extraecclesiali è del tutto diversa, seppur si deve ritenere giustificato l'orientamento della disciplina canonica in forza della missione che in essa si affida al procuratore. Le norme dei Tribunali apostolici esigono requisiti relativi ai titoli e all'esperienza forense[8]. I regolamenti dei Tribunali solitamente includono il requisito del domicilio, essendo funzione principale del procuratore facilitare la comunicazione tra la parte e il Tribunale.

Nel caso dell'avvocato, gli ulteriori requisiti previsti nel CIC obbligano a interpretare la sua funzione come collaboratore alla realizzazione della giustizia nel foro canonico attraverso la difesa del proprio assistito; l'avvocato esercita tale funzione in nome proprio, essendo superata (anche negli ordinamenti processuali non canonici) l'idea di ridurre il suo operato a quello di mero *nuntius* della volontà della parte. Per tale ragione, oltre a essere dottore in diritto canonico, o almeno veramente esperto in tale disciplina, si aggiungono i requisiti della condizione di cattolico e dell'approvazione del Vescovo, che deve stabilire un elenco degli avvocati ammessi a patrocinare presso il suo Tribunale, fermo restando che chi possiede il diploma di avvocato rotale non ha bisogno di approvazione del Vescovo; questi però, per gravi ragioni (tra cui l'imperizia, gli abusi e la perdita della buona fama)[9] può vietare l'esercizio del patrocinio nel suo Tribunale ad ogni avvocato (DC 105

[7] A seguito del noto caso Pellegrini, in cui l'Italia fu condannata dalla ECHR per aver concesso la delibazione di una sentenza ecclesiastica che dichiarò la nullità matrimoniale in un processo documentale, la Segnatura inviò ai tribunali ecclesiastici nel novembre 2002 una Lettera Circolare avvertendo che non sarebbe stato concesso nel futuro il decreto di esecutività laddove non fossero stati garantiti il diritto all'informazione e all'assistenza tecnica.

[8] Le norme rotali (art. 48) esigono il dottorato in diritto canonico e il superamento degli esami dei due primi anni dello studio rotale. I titoli *in utroque iure* includono l'intero curricolo previsto per i rispettivi titoli in diritto canonico.

[9] DC 111 §2.

§2). In tal caso l'avvocato rotale, ma anche gli altri avvocati, potrà ricorrere alla Segnatura Apostolica. La condizione di cattolico è quindi una misura di prudenza ma anche di convenienza per l'adeguata difesa della parte. Il contenuto giuridico è l'appartenenza alla Chiesa cattolica e non riguarda altri gradi di religiosità[10]. Tuttavia, tale requisito può essere dispensato dal Vescovo diocesano che può, infatti, ammettere *ad casum* un avvocato non cattolico, in quanto i valori che si intendono tutelare con tale requisito (l'efficace conoscenza del diritto della Chiesa e la possibilità reale di essere un suo adeguato collaborare), si devono coniugare con un altrettanto imprescindibile valore: che la parte possa affidare la difesa a chi goda della sua fiducia. Il codice prevede la figura del patrono stabile, stipendiato dal Tribunale, specialmente per le cause matrimoniali. Si tratta di un ruolo utile, in maniera speciale per i compiti della pastorale giudiziale che si attua soprattutto tramite la consulenza previa.

Per le cause penali circa i delitti più gravi, il m.p. *Sacramentorum Sanctitatis Tutela* stabilisce che l'avvocato, oltre al titolo di dottore in diritto canonico, sia presbitero, sebbene permette l'intervento di chi non ne sia in possesso di questi requisiti, con dispensa della Congregazione per la dottrina della fede[11]. Per le cause amministrative da trattare presso i Dicasteri e presso la Segnatura, i patroni ammessi sono quelli integranti l'albo ristretto degli avvocati della Curia Romana, cui si accede dopo anni di esercizio della professione forense e a seguito di attenta valutazione compiuta da apposita commissione[12].

[10] L'istruzione *Provida Mater* all'art. 58 includeva come requisito la *religionis fama*. È inadeguato rapportare la buona fama di cui deve godere l'avvocato ad aspetti riguardanti la sua religiosità; il Vescovo che ammette a patrocinare dovrà valutare aspetti inerenti all'esercizio della professione, che incidono nella dimensione ecclesiale del loro compito (per es. le pretese economiche). Sull'ammissione di avvocati in situazione matrimoniale irregolare, cfr. Supremum Signaturae Apostolicae Tribunal, *Prot. N. 24339/93 VT*, in *Periodica*, vol. LXXXII (1993), pp. 699–700; il discernimento articolato sul superamento di certe forme di esclusione di questi fedeli e l'obiettivo di una loro maggior integrazione nella Chiesa, alla quale invita Papa Francesco nella recente esortazione postsinodale, *Amoris Letitia* (nn. 293–312), rendono non coerente con tale insegnamento l'idea di stabilire esclusioni *a priori* dalla funzione di avvocato, in forza di tale condizione familiare.

[11] Sui requisiti del patrono sono rilevanti l'art. 13 (dove si stabiliscono quelli inerenti ai patroni e avvocati che possono essere ammessi dal Presidente del collegio nelle cause trattate dal Tribunale Supremo della stessa congregazione), l'art. 14 (che stabilisce il dottorato in diritto canonico e il sacerdozio come requisiti per la validità dell'operato di Giudici, Notai, Promotori di giustizia e Patroni negli altri tribunali), e l'art. 15 (dove si prevede la possibilità che la Congregazione per la dottrina della fede dispensi tali requisiti).

[12] Le disposizioni vigenti furono stabilite da Giovanni Paolo II nel m.p. *Iusti Iudicis* del 28.6.1998, in *AAS*, vol. LXXX (1988), pp. 1258–1261; Segreteria di Stato, *Oridinatio ad exsequendas Litteras Apostolicas motu proprio datas "Iusti Iudicis"*, 23.7.1990, in *AAS*, vol. LXXXII (1990), pp. 1630–1634.

5.3. Deontologia dell'avvocato del foro matrimoniale ecclesiastico

Si può parlare di una deontologia forense dell'avvocato canonista unita alla visione istituzionale del processo, rapportabile come punti generali alle situazioni negative di imperizia, negligenza e abuso[13], e ai principi deontologici positivi di corresponsabilità istituzionale (soprattutto nella fase di preparazione della causa), di indipendenza nello svolgimento della causa rispetto al giudice e nei confronti del proprio assistito e di etica comunicativa rispetto all'altra parte, alla quale è possibile prestare assistenza in caso di azione congiunta, circostanza che si può dire auspicata nella riforma dei processi di nullità matrimoniale, sia per gli obiettivi di informazione che ora espressamente si prevedono nella fase preprocessuale, sia per il rilievo dato all'accordo tra le parti in vista della scelta della procedura più breve (c. 1683), fermo restando la natura strettamente giudiziale, non di volontaria giurisdizione, di ogni tipo di procedura per dichiarare la nullità matrimoniale.

Il primo e il terzo principio hanno sfumature culturali meno presenti nei codici deontologici dei collegi professionali di avvocati secolari[14]. I comportamenti illeciti espressamente codificati sono: la grave mancanza di rispetto al Tribunale nelle udienze (c. 1470 § 2); comprare la causa, pattuire una *quota litis* o un immodico emolumento (si tratta delle fattispecie previste al c. 1488 § 1); eludere la legge sulla competenza per introdurre la causa presso un Tribunale più favorevole (c. 1488 § 2); prevaricare dall'ufficio per regali o promesse, o per qualsiasi altro motivo (c. 1489); far perimere l'istanza colposamente (c. 1521) e fornire al giudice informazioni fuori dagli atti (c. 1604 § 1). A questi si potrebbe aggiungere il venir meno della buona fama o della condizione di cattolico, requisiti previsti per l'ammissione (c. 1483) ma esposti a successiva perdita o verifica al punto di poter indurre il Vescovo a ritirare l'approvazione di inclusione nell'albo[15]. Altri tipi di illeciti si possono dedurre dal generale rapporto tra "mandante" e "mandatario" dove si articola la

[13] Queste tre fattispecie sono comuni ad ogni funzione degli operatori del foro, per cui saranno riprese nel capitolo successivo, indicando un quadro complessivo della deontologia forense canonica.

[14] Farò riferimento al codice deontologico dell'avvocatura italiana; per uno studio più articolato del medesimo in rapporto alla deontologia dei difensori che intervengono nel processo matrimoniale canonico, cfr. M.J. Arroba Conde, *Principi di Deontologia Forense Canonica*, in Aa.Vv., *Il diritto di difesa nelle cause canoniche di nullità matrimoniale*, Libreria Editrice Vaticana, Città del Vaticano 2006, pp. 129–146.

[15] Non pare adeguato considerare la carenza dei requisiti per l'ammissione come una categoria di sanzioni disciplinari, come intende C. Palos, *Abogados y procuradores en la Curia Romana*, Roma 1996, pp. 117 ss. Una volta ammessi, la radiazione dall'albo si avvicina ad una sanzione, ma se dovuta al venir meno di uno dei requisiti ha una configurazione diversa e non richiede la reincidenza; la responsabilità dell'estromissione dall'albo spetta al Vescovo diocesano o all'autorità di governo cui fa riferimento il Tribunale.

funzione del patrono nel processo; tra questi merita attenzione il tema del segreto (non solo professionale) dovuto e l'attribuzione di responsabilità al mandatario in caso di dolo o colpa[16].

A ridimensionare l'impressione di vuoto normativo in tema di deontologia professionale contribuiscono le norme universali promulgate dopo il codice che, perciò stesso, e per riferirsi al ministero degli avvocati nella Curia Romana, sono di ausilio all'interpretazione delle norme del CIC[17]. Circa i requisiti, si provvede ad una meno scarna indicazione della condizione di vita cristiana dell'avvocato[18], mentre sui doveri e sanzioni si offre una dettagliata e più moderna tipizzazione.

L'orizzonte istituzionale presente nella dottrina del magistero e degli autori sottolinea il necessario impegno per la verità e la giustizia da parte degli avvocati, con una cogenza non assimilabile all'impegno richiesto in altri fori. Possono essere rapportati a tre gli elementi discendenti dall'unità di azione inerente la visione istituzionale del processo: "un unico scopo, un comune indirizzo di tutti verso questo scopo unico, un obbligo giuridico–morale di conservare un tale indirizzo"[19]. Alcune conseguenze di tale orizzonte sono la necessità di introdurre solo cause fondate, la proibizione di produrre prove false o di utilizzare mezzi illeciti, nonché l'obbligo di non patrocinare cause ingiuste.

5.3.1. Doveri di Verità nella fase preprocessuale delle cause matrimoniali

Alla base di qualsiasi funzione inerente l'amministrazione della giustizia e la soluzione delle controversie matrimoniali, ci deve essere una visione corretta della Verità sul matrimonio e del ruolo primordiale che spetta alla famiglia nella vita e missione della Chiesa. Si allargano così gli impegni etici del patrono in fase di studio della causa e prima

[16] Gli illeciti derivanti dal rapporto "mandante" e "mandatario" sono risolvibili con il ritiro della fiducia ad opera del primo, ma nel processo canonico (anche se si tratta di una norma giustamente criticata) è previsto il ritiro del mandato anche di ufficio (c. 1487); come nella radiazione dall'albo, tra ritiro del mandato e sanzione per comportamento illecito, intercorrono somiglianze, pur nella diversità di situazioni.

[17] Si tratta del m.p. *Iusti Iudicis* e della successiva *ordinatio* emanata dalla Segreteria di Stato (cfr. nota 12).

[18] Si prevede infatti l'esempio di vita cristiana, la partecipazione attiva alla comunità Ecclesiale e una congrua istruzione teologica; si stabilisce la sospensione dall'ufficio nel caso l'avvocato sia imputato in un processo penale ecclesiale o statuale e l'espulsione dell'albo per chi notoriamente abbandona la fede cattolica, vive in situazione matrimoniale irregolare e persevera in peccato grave, fa parte di associazioni che tramano contro la Chiesa, presta servizi o consiglia di agire secondo precetti civili contrari alle verità della fede e le leggi cristiane, e resiste ai precetti dottrinali e pastorali delle legittime autorità ecclesiastiche.

[19] J. Llobell, *Il patrocinio forense*, in Aa.Vv., *Il processo matrimoniale canonico*, Libreria Editrice Vaticana, Città del Vaticano 1994, p. 451.

di introdurla, se davvero questa funzione si prospetta come contributo corresponsabile ai fini generali dell'ordinamento (*salus animarum*). In tal senso, è limitante l'impostazione dell'art. 14 del codice deontologico che stabilisce per l'avvocato i c.d. "doveri di verità", ma incentra il problema nella sola conoscenza o ignoranza da parte dell'avvocato, imponendo l'obbligo che le dichiarazioni sui fatti obiettivi, di cui il patrono è al corrente, siano vere, vietando l'introduzione intenzionale di prove false. Nel processo canonico non basta proibire all'avvocato che il suo assistito o chi offre a questi sostegno probatorio producano falsità da lui conosciute. È necessario che l'avvocato, nello studio della causa, verifichi a sufficienza e responsabilmente la fondatezza dei fatti. Da ciò la necessità di approfondire l'unica fase di cui il codice non si occupa (anche se non mancano canoni orientativi), la fase cioè preprocessuale, ora molto sviluppata nelle Norme procedurali date a seguito della riforma dei canoni sui processi di nullità matrimoniale (artt. 1–5).

Tale fase richiede di garantire un approccio previo al processo teso ad evitare di considerare subito la persona nella veste di futuro cliente. Nella fase previa alla preparazione del libello ha notevole incidenza il *favor veritatis* e la dimensione pastorale del ministero dei patroni che, per contribuire ai fini generali dell'ordinamento, debbono possedere una chiara comprensione del rapporto specifico che l'eventuale processo stabilisce tra foro interno ed esterno. Ai cc. 1446 e 1675 sono richiamati come veri obblighi, precedenti ed alternativi ai processi, sia la riconciliazione tra le parti che la convalidazione del matrimonio. Ciò offre due spunti di deontologia strettamente canonica. Il primo riguarda la necessità per gli avvocati di progredire nella conoscenza delle tecniche di mediazione, viste oggi come alternativa progredita alla giustizia formalizzata[20], specialmente nel settore del diritto di famiglia e nel diritto minorile[21], non estranei alle cause canoniche di nullità matrimoniale. Il secondo sfocia nella necessità di avvertire il futuro attore sull'indole dichiarativa (non costitutiva, né tantomeno penale) del processo di nullità, sottolineando la secondarietà di altri scopi non canonici; avvertenza che succederà alla raccolta dei dati sulla fondatezza della causa e la possibilità di provare la nullità.

La dignità della persona è il cuore della missione e dell'ordinamento della Chiesa. Il fallimento coniugale mette a dura prova la dignità umana; se il patrono svolge il proprio ruolo nell'ottica della corresponsabilità ecclesiale e pastorale, cercherà di capire e far capire la radicalità o meno del

[20] In ambito penale, cfr. G. Mannozzi, *La giustizia senza spada*, Giuffré, Milano 2004.

[21] Su entrambi i settori consiglio i magnifici studi recentemente pubblicati da M. Riondino, *La mediazione familiare*, in *Commentarium pro Religiosis et missionariis*, vol. LXXXVI (2005), pp. 39–56; Id., *Il minore di fronte alla giustizia*, in *Commentarium pro Religiosis et missionariis*, vol. LXXXVI (2005), pp. 27–47.

fallimento, avvertendo la persona sulla necessità di badare ai presupposti e non solo all'insuccesso del matrimonio; valuterà poi le possibilità (che a volte sarà necessità) di affrontare il fallimento in prospettive diverse della dichiarazione di nullità proponendo la salvaguardia del matrimonio o avvertendo che l'esperienza della dignità cristiana nella Chiesa rimane aperta a chi, pur avendo celebrato un matrimonio valido, ha esperimentato in modo colpevole o incolpevole il suo naufragio[22].

5.3.2. Anamnesi del caso: doveri di conoscenza e vigilanza sulle leggi

Anche se il fallimento del matrimonio non costituisce in se prova della nullità, sarà il primo elemento significativo al riguardo. Perciò credo sia dovere deontologico dell'avvocato canonico provvedere, prima di iniziare la causa, ad un anamnesi accurata. Per tradurre in categorie giuridiche le manifestazioni della persona sulla sua esperienza di fallimento, anziché preoccuparsi subito delle abnormità del fidanzamento e dei possibili vizi del consenso, si dovrà iniziare in positivo, vale a dire, dal consenso realmente prestato e dal livello raggiunto nella realizzazione del matrimonio come progetto di donazione reciproca, considerando i dati emergenti sulle personalità, le discrasie percepite tra fidanzamento e convivenza, gli sforzi fatti dinanzi alle prime delusioni, per poi risalire al grado di convinzione e alle modalità con cui fu preparato il progetto interpersonale[23].

L'orizzonte istituzionale impone di tradurre gli aspetti del preambolo del codice deontologico sul bisogno di conoscere le leggi e di vegliare per la loro congruenza con le norme di rango superiore, quale via tramite la quale gli avvocati contribuiscono ai fini generali dell'ordinamento; più che vegliare sulla conformità delle leggi matrimoniali al diritto divino sulla Verità del matrimonio, l'avvocato dovrà assicurarsi che la causa serva a rendere più operativa la vocazione cristiana della persona conforme al diritto divino.

5.3.3. Diversificazione di ruoli: Indipendenza nella difesa della parte

L'unità di azione e di responsabilità nella ricerca della verità non sbiadisce il ruolo differenziato dell'avvocato nella difesa del proprio assistito. Si tratta di un ruolo che, in analogia con quanto afferma il preambolo

[22] Chi si rapporta alle persone solo nella veste di futuri clienti si aspetta subito dal loro racconto la costruzione di una ipotesi di nullità, pretendendo dalle risposte solo i dati giuridici di rilievo.

[23] Non si deve pensare che tale impostazione sia utile solo nei casi di incapacità che si rivela nel matrimonio *in facto esse*; le caratteristiche della convivenza sono anche rivelatrici delle disposizioni, almeno implicite, delle persone (che sono oggi contemplate come modi abituali in cui si avverano i vizi del consenso).

del codice deontologico, in campo canonico si deve prospettare con le note di autonomia ed indipendenza, anche se l'inviolabilità del diritto di difesa nel processo ecclesiale è di tale entità che coinvolge il giudice in modo diretto, in ipotesi cioè non sempre riconducibili al rifiuto delle istanze inoltrate dai patroni delle parti o da queste direttamente[24]. Il discorso di Giovanni Paolo II alla Rota nel 1989[25] sgombera il campo da qualsiasi dubbio sull'esistenza del diritto alla difesa nelle cause matrimoniali, nonostante la loro dimensione pubblica e l'accresciuto vincolo giuridico in esse esistente di agire processualmente nella verità[26].

Poiché la finalità pubblica non investe solo l'attività del giudice, ma anche quella delle parti, per la loro vocazione e dignità personale, è necessario che la decisione abbia un legame adeguato con il principio di uguaglianza radicale dei battezzati e di comune corresponsabilità nella missione. La corresponsabilità si attua anche attraverso la legittima rivendicazione dei propri diritti, quale modo di contribuire a salvaguardare il patrimonio comune di valori che incombe su tutti. L'integrazione di tutti in quell'unità di azione non è pensabile senza il rispetto del proprio ruolo processuale. Se al giudice spetta l'attività decisoria è compito delle parti disputarsi il beneficio della decisione, con l'attività probatoria e la discussione per cui, la finalità ultima del processo, specialmente cogente nelle cause di nullità matrimoniale, non permette metodi di partecipazione troppo diversi della difesa indipendente della propria visione delle cose in contraddittorio.

5.3.4. Autonomia e competenza rispetto al contraddittorio

Il contraddittorio svolto con indipendenza è la miglior via per accertare la verità, scopo altissimo ed irrinunciabile, che richiede però un approccio umile. Infatti, pur senza identificarsi con essa, la verità oggettiva è irraggiungibile se si prescinde da quella parte di verità di cui è portatore ogni soggetto coinvolto nella situazione, specialmente nei processi matrimoniali, attesa la natura fallimentare, personalissima ed interpersonale dei fatti oggetto di accertamento. È talmente importante la capacità di difendere tecnicamente la propria verità soggettiva che il nuovo codice, pur non avendo equiparato le facoltà concesse alle parti private con quelle riconosciute alle parti pubbliche, lo ha fatto nel caso dei patroni, anche

[24] Cfr. M.J. Arroba Conde, *La nullità insanabile della sentenza per un vizio attinente le parti (c. 1620, par. 7)*, in Aa. Vv., *La "querela nullitatis" nel processo canonico*, Libreria Editrice Vaticana, Città del Vaticano 2005, pp. 145–166.

[25] Cfr. Giovanni Paolo II, *Allocutio Romana Rota*, 26.1.1989, in *AAS*, vol. LXXXI (1989), pp. 922–927.

[26] Cfr. Dubbi sull'adeguatezza dell'espressione "diritto alla difesa" manifesta G. Mazzoni, *La procedura per la dichiarazione di nullità matrimoniale: ipotesi e prospettive*, in *Quaderni della Segreteria Generale CEI*, vol. III/4 (1999), p. 47.

se l'istruzione *Dignitas Connubii* (art. 159) predisponeva un'incomprensibile disparità sul diritto a presenziare gli interrogatori, non più ripresa nella recente riforma (c. 1677). La generale equiparazione tra patroni delle parti private e parti pubbliche dimostra la comprensione del ruolo degli avvocati nell'ottica del *favor veritatis*. Una prassi processuale corretta esige dagli operatori del diritto il reciproco credito su questo comune impegno[27], anche se svolto con indipendenza.

Perciò, le legittime strategie dei patroni nell'impostare la causa, sollecitare le prove e nello sviluppare il contraddittorio, in difesa dei loro assistiti, non possono essere oggetto di pressione alcuna, né di condizionamenti per finire piegandosi al gusto dell'organo giudicante. Tra i condizionamenti da evitare per impostare la causa nel modo più attinente si deve far menzione della pigrizia intellettuale, contraria al dovere di competenza. La mancanza della dovuta competenza rende vano il valore dell'indipendenza e da luogo a costruire la verità dei fatti addotti con la scusa di risolvere un matrimonio comunque nullo per altri capitoli. Sulle richieste incidentali, quali legittime ed indipendenti strategie di difesa predisposte dagli avvocati, non è ammissibile vedere automaticamente segni di un agire ostruzionistico, considerandole in partenza estranee allo scopo istituzionale del processo; ciò deve essere accertato in ogni vicenda. La presunzione anzi deve essere che le strategie dell'avvocato, nella sua indipendenza, obbediscono al dovere di agire con fedeltà e diligenza nella difesa del proprio assistito.

5.3.5. Doveri di fedeltà e diligenza: informazione e segreto

Quanto detto non è molto distante dai doveri di indipendenza, fedeltà, diligenza e competenza (di cui agli art. 10, 7, 8 e 12 del codice deontologico), tra loro molto vincolati e base per interpretare i doveri dell'avvocato nei confronti del proprio assistito (previsti agli art. 35–47) e dei colleghi (art. 22–34). Anche sul tenore di questi doveri si impongono alcune puntualizzazioni nel foro canonico.

Rispetto all'incompatibilità prevista, in forza dell'indipendenza, tra esercizio della professione e funzione di mediazione si tenga presente quanto detto in precedenza, in senso del tutto opposto. Interessa riflettere sul dovere di fedeltà agli interessi dell'assistito, che collima con la necessità di agire sempre nei limiti del mandato (art. 36), ma anche con l'obbligo, non solo di iniziare ma di mantenere come indirizzo gli scopi di verità. In tal senso, la fedeltà richiede creatività e tempestiva informazione tra avvocato e assistito, per non venir meno al divieto di compiere

[27] Per tutti, cfr. L. Musselli, *Il ministero degli avvocati tra difesa del cliente e fedeltà alla verità e alla giustizia*, in Aa.Vv., *La giustizia nella Chiesa: fondament divino e cultura processualistica moderna*, Libreria Editrice Vaticana, Città del Vaticano 1997, pp. 147–163.

atti contro i suoi interessi processuali, senza tradire allo stesso tempo gli unici interessi veri[28].

Se i fatti emergenti nell'istruttoria, nonostante gli accertamenti posti prima di iniziare la causa, inducono poi l'avvocato a ritenere improbabile la versione offerta dal proprio assistito, questi deve essere da subito interpellato, non certo per corrompere le prove ma per fare piú luce sulla propria veritá e correggerla se fosse il caso. In quest'ottica credo si dovranno anche arricchire la comprensione del dovere di informazione, che non si esaurisce all'atto dell'incarico (art. 40), il tema della possibile rinuncia al mandato, che il cdf stabilisce come diritto assoluto del patrono (art. 47) mentre la *Dignitas Connubii* (art. 110, 1) proibisce senza giusto motivo, e il dovere di segretezza, che oltre al segreto professionale include quello di sommario, eccezionale e di norma transitorio[29], senza che sia di ostacolo al proficuo raffronto di versioni o all'eventuale confessione[30].

[28] Anche in ambito civile non mancano spunti di riflessione sul modello che deve avere la professione legale volendo superare la vecchia prospettiva della deontologia e degli ordini professionali incentrata in una "protezione di classe" puntando invece a fondare la correttezza dell'esercizio professionale su uno standard qualitativo ed etico che sia sufficiente a tutelare il cliente; non solo, il vincolo tra questo modello professionale ed il valore della responsabilità sociale fa prevedere come dovere deontologico dell'avvocato non solo il promuovere la conoscenza delle leggi (come stabilisce il preambolo del codice deontologico) ma quello di essere "promotore di effettiva legalità", il che porta ad avere una certa posizione critica nei confronti del proprio assistito sul punto cfr. A. MARIANI MARINI, *Formazione, cultura, deontologia*, in *La previdenza forense*, vol. IV (2001), pp. 270–271.

[29] Non riguarda l'avvocato il concetto di "segreto di ufficio"; oltre al segreto professionale, l'unico segreto nei confronti del proprio assistito che risulta ipotizzabile in capo all'avvocato è il segreto di sommario, sia quello transitorio (c. 1445 §2; DC 167), con l'oggetto momentaneo di evitare l'inquinamento delle prove, sia quello assoluto circa l'atto che il giudice abbia potuto decidere di segretare per la parte in sede di pubblicazione, permettendo, sotto giuramento di segreto, che l'avvocato lo possa esaminare (DC 234, che ha corretto il c. 1598, laddove sull'atto non pubblicato stabilisce la condizione *nemini manifestandum*.

[30] Non condivido il cedimento tecnico che si ravvisa nell'art. 179 par. 2 della Dignitas Connubii sul concetto di confessione, che ritengo inutile anche nel caso fosse dovuto al desiderio di incrementare lo studio della giurisprudenza rotale (dove si utilizza il concetto di confessione in senso difforme al codice, c. 1535); penso anzi che sia un cedimento pericoloso e di ostacolo al miglioramento della conoscenza della materia più urgente e forse più sconosciuta, vale a dire, il diritto probatorio canonico, dove è necessario utilizzare senza ambiguità i concetti tecnici sul valore delle prove, superando la frequente impressione che il principio della libera valutazione altro non significhi che valutazione arbitraria e senza regole razionali; il concetto di confessione, insieme ai criteri di cui al c. 1572, contribuiscono al suddetto perfezionamento; sul punto rimando al mio articolo, *Il valore di prova delle dichiarazioni giudiziali delle parti nelle cause di nullità matrimoniale*, in Aa.Vv., *Matrimonium et Ius. Studi in onore del Prof. Avv. Sebastiano Villeggiante*, Libreria Editrice Vaticana, Città del Vaticano 2006, pp. 219–255; si veda anche lo studio svolto da E. DI BERNARDO, *L'accertamento razionale dei fatti nel diritto processuale canonico*, Roma 2004.

5.3.6. *Etica dialogica: razionalità del contraddittorio*

Quest'ultima annotazione ci apre le porte al terzo dei principi cardini: gli obblighi etici derivanti dalla relazione con la controparte, che il codice deontologico riduce a tre articoli (48–50), cui si debbono aggiungere alcune disposizioni sul rapporto con i colleghi (art. 23 e 27) ed il generale dovere di lealtà stabilito nei principi generali (art. 6); si tratta di concrezioni del presupposto (stabilito nel preambolo) sulla funzione dell'avvocato, vedendo questi coinvolto nel conseguire la regolarità del contraddittorio. Tale regolarità spetta in modo precipuo al giudice, al quale l'ordinamento affida non poche attribuzioni; queste sono giustificate perché a lui spetta garantire la correttezza dell'agire processuale, e perché la legittimità della strategia di difesa è a volte solo apparente, dando allora origine al rischio che lo *summum ius* diventi *summa iniuria*; tali attribuzioni non debbono però essere applicate a dismisura, impedendo sul nascere la discussione di questioni sollevate in modo legittimo[31].

Come in altre materie processuali, sui doveri deontologici dell'avvocato nei confronti dell'altra parte e del suo patrono è d'obbligo il richiamo all'orizzonte della comunicazione dialogica. Su tale chiave interpretativa basti ricordare che se il *favor veritatis* è incompatibile con una comprensione volontaristica della verità, ad opera dell'autorità, è anche chiara l'insufficienza di una visione solo soggettiva della verità, ad opera delle parti, specialmente di quella più abile o forte nel produrre le proprie ragioni. La partecipazione delle parti per garantire una decisione vera e razionale impone di ricorrere a un concetto di razionalità meno esposto alle distorsioni della verità derivanti da un utilizzo irrazionale del contraddittorio, che farebbe emergere la verità solo processuale. Il concetto di razionalità dialogica è ricco di significati per il processo canonico, perché consono alla pari dignità delle persone che vi intervengono e garante di una dinamica completa e simmetrica nell'esercizio del contraddittorio.

[31] Sul punto, cfr. M.J. Arroba Conde, *El principio dispositivo en el processo contencioso canonico*, cit. Sui poteri del giudice nello svolgimento del contradditorio, cfr. S. Villeggiante, *Le questioni incidentali*, in Aa.Vv., *Il processo matrimoniale canonico*, LEV, Città del Vaticano 1994, pp. 633–676. Sull'equilibrio del giudice nell'utilizzo delle sue facoltà, per evitare l'ostruzionismo dei difensori, cfr. C. Gullo, *Prassi processuale nelle cause canoniche di nullità del matrimonio*, Libreria Editrice Vaticana, Città del Vaticano 2001, pp. 201 ss. Nell'utilizzo delle sue attribuzioni il giudice dovrà quanto meno assicurare a chi si rivolge alla giustizia della Chiesa, che tutte le sue ragioni sono state considerate, pur quando non sono state accolte. Se le ragioni delle parti nell'ambito del contraddittorio scrupoloso assolvono l'imprescindibile funzione di premessa razionale della decisione, la generosità nell'applicare la dinamica del contraddittorio, assolve un compito di testimonianza già in sé rilevante.

Il vocabolo "dialogico" esprime una categoria formale di comprensione del processo e non una modalità materiale circa il suo concreto svolgimento. Tale concetto risale alle correnti di pensiero che sottolineano il carattere argomentativo, procedimentale, discorsivo e comunicativo della ragione, capace di raggiungere la verità tramite un confronto dialettico, sorretto però dall'impegno morale di collocarsi nella prospettiva dell'altro, specialmente del più debole, disposti a scoprire autocriticamente le distorsioni soggettive della propria versione dei fatti[32]. L'accertamento razionale dei fatti, in questa prospettiva della razionalità dialogica, risulta meno esposto alla distorsione individuale se ci si adopera verso una ricostruzione che, sulla scia delle regole del diritto probatorio in materia di valutazione, possa dirsi condivisa e riferita in modo ragionevolmente concorde da parte dei diretti interessati[33]. Ciò permette di intendere il contraddittorio come collaborazione alla ricerca della verità e non come contrapposizione di interessi. La dialettica processuale si giustifica, non per la proposizione di diverse verità ad opera delle parti, ciascuna intenzionata a far prevalere la propria, bensì in virtù della diversa relazione che ogni protagonisti stabilisce con i fatti che diedero origine ad un'esperienza fallimentare.

5.3.7. I doveri di lealtà e di colleganza

In questo orizzonte, che confida nel potere comunicativo della ragione, si debbono inserire le concrezioni sul dovere di lealtà che, in ambito canonico, è riduttivo interpretare come proibizione di agire in mala fede (art. 6), di minacciare la controparte (art. 48) o di proporre contro di essa azioni plurime non necessarie per la tutela dell'assistito. Il coraggio della verità richiede di attribuire potenziale credito alla versione della controparte, ritenendola meritevole di confronto con quella di chi si difende. L'avvocato non sposa la causa né diventa parte.

In tal senso, anche i rapporti diretti con la controparte (di cui all'art. 27) vanno distinti dai rapporti con il collega che eventualmente la difende, e che si debbono stabilire secondo l'insieme dei doveri di colleganza (22–34). Tra questi andrebbe puntualizzato l'obbligo di opporsi alle richieste processuali avversarie formulato in modo corretto nel codice deontologico (art. 23) ma di non semplice concrezione nel foro canonico, per la rara individuazione delle ipotesi di "irritualità" della richiesta, vista la flessibilità del nostro rito processuale; lo stesso si dica

[32] Sui principali autori che, in altri ambiti scientifici, hanno elaborato il concetto di razionalità dialogica, cfr. M.J. Arroba Conde, *Diritto processuale*, cit., p. 178, nota 16.

[33] Credo che in tal senso bisogna intendere la superiorità attribuita dall'attuale codice alla dichiarazione delle parti, nonché la possibilità che le dichiarazioni concordi, unite ad altri *adiuncta et elementa*, possano produrre la prova piena (cc. 1526 §2; 1536 e il nuovo c. 1678).

sulla possibilità di ritenere, con eccessiva facilità, le richieste endoprocessuali del tutto “ingiustificate”[34].

Sui rapporti con l’altra parte il codice deontologico si muove in un’ottica restrttiva, vietando contatti diretti senza il consenso del suo patrono (art. 27); è una misura prudente, ma non escluderei che, in ambito canonico, in certi casi, forse eccezionali, per il contatto diretto con l’altra parte, pur assistita da patrono, sia sufficiente l’informazione, senza necessità di consenso; tra l’altro, la frequenza di casi in cui la parte convenuta non ritiene di dover essere assistita da un legale, o prima ancora che decida di farlo nella risposta alla citazione, credo che non sia fuori della deontologia strettamente canonica che l’avvocato dell’attore avverta il futuro convenuto dell’eventuale processo, lo informi lealmente dei suoi diritti se questo si dovesse iniziare (tra cui il diritto di farsi assistere da un patrono) e, se condivide con l’attore l’obiettivo, possa fornire dati utili per integrare nel libello la relativa versione dei fatti[35]. La recente riforma valorizza la concordanza tra le parti e l’azione congiunta, anche in vista alla possibilità di seguire il processo *brevior*.

5.4. Il diritto al processo e gli atti introduttivi della causa

Negli atti introduttivi si riscontrano alcune peculiarità dell’ordinamento canonico che meritano un cenno breve: la parte privata può stare in giudizio da sola nelle cause in cui non è obbligata per legge o per decisione del giudice ad avvalersi dell’aiuto di un difensore; l’atto introduttivo è vagliato dal giudice, che esamina il libello; la citazione spetta solo all’autorità giudiziale con decreto, la quale deve interpretare adeguatamente la risposta del convenuto; rispetto ad essa il giudice potrebbe essere tenuto a coprire un ruolo di supplenza tecnica in modo da provvedere efficacemente alla *litiscontestatio*, vestigio del processo romano che la Chiesa mantiene per meglio definire l’oggetto della prova e della decisione.

L’atto introduttivo del processo prende il nome di libello. Si tratta di uno scritto breve di natura postulatoria, in quanto rivolto direttamente all’organo giudiziale e non alla parte convenuta, la cui citazione non è quindi opera diretta dell’attore, autore del libello, ma un ordine successivo del giudice dopo aver esaminato la richiesta attorea e averla

[34] Sulla motivazione delle richieste e dei provvedimenti interlocutori, cfr. P. Buselli, *Il sistema dei ricorsi nel processo canonico*, Lateran University Press, Città del Vaticano 2005.

[35] La condivisione di obiettivi (*petitum*) non sempre implica condivisione dei fatti alla base della richiesta di nullità (*causa petendi*), attesa la componente fallimentare precedente. È allora che si richiede, da parte del patrono, la creatività necessaria per far valere, anche di fronte alla prima persona che chiese i suoi servizi, la natura interpersonale del matrimonio, del processo e della verità da accertare.

ammessa per considerarla corrispondente a diritto. Nell'esaminare il libello però, il giudice, oltre ad accertare la sua competenza e la capacità di giudizio dell'attore, non può eccedere nella valutazione del suo contenuto: il diritto fondamentale al processo (c. 221) restringe la possibilità del giudice di respingere il libello solo ai casi di evidente infondatezza deducibile dallo stesso scritto, e solo se quanto in esso indicato esclude che nel prosieguo della causa possa emergere qualche fondatezza. Contro il rifiuto del libello da parte del giudice monocratico o del Presidente del Collegio, l'ordinamento prevede la possibilità di emendarlo con integrazioni, fermo restando il diritto dell'attore di presentare ricorso, rispettivamente, al Tribunale di appello o all'intero Collegio. Dopo la recente riforma, nelle cause matrimoniali ammette il libello il vicario giudiziale (c. 1676).

L'atto di citazione è contestuale all'ammissione del libello, nel senso che si tratta di un identico decreto nel quale, alla decisione di ammettere a trattazione la richiesta attorea, segue la citazione alla parte convenuta e ad eventuali terzi interessati. Nelle cause di nullità matrimoniale la citazione deve essere resa nota anche al Difensore del vincolo. La citazione è assolutamente necessaria come esigenza primordiale del diritto di difesa, consentendo un suo esercizio tempestivo nella sua doppia componente: quale diritto ad essere informato; quale diritto ad essere ascoltato. In tal senso, per essere valido, il decreto di citazione deve contenere i dati essenziali della causa: i soggetti, l'oggetto della richiesta e i motivi di diritto e di fatto adotti. Per meglio assicurare queste garanzie l'ordinamento canonico, nella normalità dei casi, prevede che sia acclusa copia del libello all'atto di citazione, nel quale il giudice indicherà se ha deciso che il convenuto risponda per iscritto entro i termini stabiliti nello stesso decreto o se debba comparire a un udienza preliminare appositamente destinata a stabilire i termini della controversia in maniera definitiva. Successive modifiche si consentono solo per ragioni gravi, su istanza di una parte e sentita l'altra. Il decreto o l'udienza destinati a formulare i termini del giudizio mantengono la denominazione di *litis contestatio* del processo romano. Nelle cause di nullità del matrimonio, se il libello non è sottoscritto da ambo i coniugi, il vicario giudiziale lo deve notificare al convenuto concedendo quindici giorni per esprimere la sua posizione. Fino a questo momento il convenuto può presentare le eccezioni che abbiano natura meramente dilatoria (come per es. l'eccezione di incompetenza relativa, o la ricusazione del giudice).

Se il convenuto rimane inattivo e non risponde alla citazione, verificata la legittima notifica di essa, il giudice può procedere a dichiararlo assente dal giudizio[36]. Una volta iniziato il processo con la citazione

[36] Come si desume da quanto spiegato al n. 4 del cap. V, l'istituto della dichiarazione

inizia anche la litispendenza, per cui il diritto controverso non è più pacifico, risultando da allora sottoposto a risoluzione giudiziale anche il rapporto giuridico di fatto esistente tra le parti in relazione all'oggetto della causa. La litispendenza può però venir meno nel corso del processo senza che si sia giunti alla decisione. I modi tramite i quali potrebbe finire la litispendenza, almeno indirettamente, dipendono in certa misura dalla volontà delle parti. Così è nel caso della perenzione, che si avvera *ipso iure* per inattività ingiustificata di ambo le parti durante il periodo di sei mesi o per un tempo diverso, se così stabilito da legge particolare vigente nel Tribunale. Altro modo è la rinuncia, che consiste nell'espressa manifestazione della volontà di non proseguire la causa; tale eventualità si riconosce solo all'attore e, per essere valida, deve essere accettata dal convenuto e ammessa dal giudice; la rinuncia a un atto processuale può essere invece presentata da colui che l'aveva proposto o in favore del quale detto atto è previsto dalla legge. Infine, la litispendenza si interrompe per morte, cambiamento di stato o per cessazione nell'incarico in forza del quale si agiva nel processo; se i riferiti fatti accadono prima di aver chiuso l'istruttoria con il decreto di *conclusio in causa*, per superare l'interruzione del processo è necessaria una nuova richiesta da parte degli aventi diritto a proseguirlo; se si fosse già pervenuti alla *conclusio in causa* il giudice dovrà invece giungere alla decisione, previa citazione degli interessati.

La trattazione della causa principale, oggetto della controversia, può subire fasi di momentanea sospensione se sorgono altre questioni che richiedano previa soluzione, in forza della loro incidenza sulla materia che diede inizio al processo o sull'accertamento giudiziale di essa. Le questioni che rivestono tale entità sono denominate cause incidentali. Una buona parte di esse sono riferite all'espletamento di attività istruttorie, come: il ricorso contro il rifiuto di una prova, la richiesta di esclusione di un teste. In quasi tutti gli ordinamenti la disciplina delle cause incidentali si muove nella ricerca di equilibrio tra l'esigenza di

dell'assenza rispecchia la grandezza e contemporanea debolezza che caratterizza l'ordinamento canonico quale sistema fondato nella libera adesione. In effetti, non ci sono oggi presupposti adeguati per mantenere, come nel vecchio codice, una disciplina che affronti la mancata comparizione del convenuto in termini di contumacia, interpretando la stessa come disobbedienza alla citazione o disprezzo dell'ordine del giudice. L'attuale istituto della dichiarazione di assenza risponde meglio all'esigenza di considerare il riferito atteggiamento del convenuto come rinuncia a partecipare nel processo e ad esercitare il diritto alla difesa che, comunque, gli viene sempre riconosciuto, disciplinandosi con molta generosità l'eventuale sua decisione di comparire tardivamente. La mancata comparizione del convenuto incide, seppur in diversa misura, nell'accertamento dei fatti; l'accertamento, insieme alle garanzie di difesa, danno senso integrale al principio del contraddittorio giudiziale. In caso di assenza il processo però va avanti lo stesso, in quanto alla decisione unilaterale di non comparire, da parte del convenuto, l'ordinamento non potrebbe attribuire una forza tale da compromettere i diritti dell'attore.

mantenere le garanzie di difesa e la necessità di evitare tattiche dilatorie e ostruzionismi al corso della giustizia. Nel caso del processo canonico l'ammissione delle cause incidentali da parte del giudice, dopo aver sentito le altre parti, è vincolata alla verifica previa del loro nesso con la causa principale. Il decreto per ammetterle o respingerle deve essere emanato *expeditissime*, quindi senza possibilità di appello. In caso di ammissione, per evitare lungaggini inutili, il giudice stabilisce se la causa incidentale sarà risolta con sentenza interlocutoria, avviando una sorta di processo entro il processo, o se sarà sufficiente decidere per decreto interlocutorio, previo scambio di argomentazioni e memorie difensive; quando l'oggetto lo consenta, il giudice può stabilire che la causa incidentale sia risolta quando sarà decisa la causa principale.

La delibazione del libello però comporta un rischio che deve essere circoscritto dal punto di vista dottrinale e giurisprudenziale. È il rischio attinente la determinazione del *fumus* che spetta al giudice. Non si può anticipare in sede di ammissione del libello il giudizio di merito, facendo una sorta di processo prima del processo[37]. Il libello può dirsi privo di ogni fondamento di fatto solo in caso di *falsitas in aperto*. Questa è la linea della giurisprudenza che ci riporta in dottrina al caso del *fatto notorio*, cioè quando si riporta come fondamento del libello un fatto contraddetto da una notorietà storica o scientifica. Il carattere tassativo dei motivi di rigetto (c. 18) esclude la reiezione per motivi attinenti la prova. Così si è manifestata ripetutamente la giurisprudenza considerando la tassatività come disposto di una legge non semplicemente processuale, c. 1645 §2, 4 la cui violazione è palesemente ingiusta[38].

Nella recente riforma dei processi di nullità del matrimonio non sono state date disposizioni esplicite circa l'eventuale rigetto del libello, per cui si devono ritenere in vigore le disposizioni del c. 1505, dalle quali però si desume che il ricorso contro il decreto di rifiuto del libello dovrà essere presentato al giudice di appello, non essendo stato ancora costituito il collegio per trattare la causa, e al quale si poteva finora ricorrere contro il decreto di rifiuto del libello emesso dal Presidente del collegio[39].

[37] Cfr. S. Villeggiante, *Ammissione del libello e concordanza del dubbio*, in *Ephemerides iuris canonici*, vol. XXXIV (1978) p. 303.

[38] Cfr. R. Campisi, *I motivi di reiezione del libello. Prassi dei Tribunali Ecclesiastici Regionali Italiani e giurisprudenza della Rota Romana*, Libreria Editrice Vaticana, Città del Vaticano 2007.

[39] La mancanza di disposizioni esplicite manifesta che la reiezione deve ritenersi situazione davvero molto eccezionale. Risultava in effetti abuso grave la prassi di respingere libelli presuntivamente infondati nei casi di incapacità ex c. 1095, se insieme al libello non si accludeva una relazione periziale; perciò fu opportuna la correzione apportata da DC 116 §3, dichiarando illecito esigere relazioni peritali al momento di presentare il libello. Tale prassi manifestava una visione distorta del diritto sostanziale, visto che l'incapacità non sempre

5.5. Integrità del diritto di difesa

Proprio perché la difesa in contraddittorio, tipica dell'attività giudiziale, si presume la via migliore per accertare la verità delle situazioni controverse, includendo tra queste la nullità matrimoniale (come si desume dalle opzioni fatte nella recente riforma), bisogna soffermarsi sul diniego del diritto alla difesa come motivo di nullità della sentenza. Si tratta di fattispecie prevista nelle norme sul processo contenzioso ordinario (c. 1620, 7), ma certamente applicabile al processo speciale di nullità matrimoniale, nonostante sul punto non siano mancati criteri di interpretazione poco chiari nella dottrina, e rimangano difficoltà di applicazione uniforme nella giurisprudenza[40].

La prima regola ermeneutica, costituita dal senso letterale delle parole della norma, mette in chiaro che la violazione del diritto di difesa è un vizio attinente il giudice, perché il legislatore attribuisce forza irritante al riferito difetto solo se configurabile come un diniego vero e proprio, vale a dire, come situazione derivante da una condotta concreta e lesiva, che per forza di cose, dovrà essere attribuibile a colui al quale la legge affida le garanzie della difesa processuale[41]. Senza prescindere dal senso immediato del dettato normativo, che impone di interpretare la previsione legislativa di cui ci occupiamo con il rigore proprio delle leggi irritanti (essendo la nullità sempre *res odiosa*), a nessuno sfugge che il diritto di difesa è un concetto di rango superiore, radicato nel diritto naturale e, quindi, impossibile da imprigionare in una lettura positivista. Ciò incide nel tentativo di indicare i suoi contenuti e di stabilire la sua eventuale violazione. In tal senso è giusto riferire il vizio sul diritto di difesa ad una situazione che coinvolge da vicino le parti nella loro condizione di persone, titolari cioè di un bene che potrebbe supera-

risiede in una patologia psichica e, dal punto di vista strettamente processuale, era contraria al c. 1505 §§2 e 4 che stabilisce il rigetto del libello unicamente (*tantum*) quando il fondamento *in facto* non solo non sia evidente nel libello, ma quando non ci sia speranza che tale fondamento possa emergere posteriormente. Si contravveniva anche al disposto del c. 1529 che stabilisce l'inizio della raccolta delle prove, tranne se ci sia grave causa, solo dopo la *litiscontestatio*. Tale prassi rientra nella fattispecie penale del c. 1457 §1, sia per diniego di giustizia sia per il danno recato alla parte, che potrebbe chiedere risarcimento ex c. 128. Contro questo orientamento ci sono alcune affermazioni in un decreto rotale che, per la sua singolarità, si deve ritenere minoritario, cfr. *decr. diei* 15.10.1992, *coram* Burke, in *Monitor ecclesiasticus*, vol. IV (1993), p. 573, per il quale il libello si deve rigettare se i documenti non «*fundamentum praebent ad considerandum quod de gravi defectu discretionis iudicii agitur circa aliquod essentiale ius vel officium matrimoniale*».

[40] Cfr. M.J. Arroba Conde, *La nullità insanabile*, cit, pp. 145 ss. In seguito si riassume quanto ivi esposto.

[41] Cfr. G. Erlebach, *La nullità della sentenza giudiziale "ob ius defensionis denegatum" nella giurisprudenza rotale*, Libreria Editrice Vaticana, Città del Vaticano 1991, pp. 196–198, il quale nota che il diniego, oltre al giudice, può essere attribuibile all'attività degli operatori del Tribunale in quanto sottoposta al controllo del giudice stesso.

re il semplice esercizio delle facoltà processuali così come riconosciute dall'ordinamento positivo[42].

Le precedenti considerazioni appartengono alla riflessione sugli ideali del giusto processo e aiutano a capire che, sulla nullità insanabile della sentenza, per violazione del diritto di difesa, la sfida dottrinale e giurisprudenziale più cogente risiede nella necessità di dare risposta ad un interrogativo impegnativo, da tempo oggetto di riflessione e dibattito. Si tratta di capire se sia possibile individuare un'eventuale lesione del diritto alla difesa, quale diritto non meramente positivo, indipendentemente dall'apparente rispetto delle forme e solennità processuali stabilite per il suo corretto esercizio[43].

Queste premesse obbligano a tracciare i contorni della fattispecie oggetto di studio, analizzando il testo ed il contesto, dai quali risulta la violazione del diritto alla difesa come un'ipotesi eccezionale, vincolata cioè ad una condotta lesiva attribuibile alla stessa autorità giudiziale[44]. Nello scoprire la portata del c. 1620, n. 7, prendiamo in considerazione i due criteri ermeneutici più sicuri, testo e contesto, analizzando il senso delle parole e la relazione di questa disposizione con alcune altre che giovano ad interpretarla.

5.5.1. Il significato testuale del c. 1620, 7

Dalle parole della norma appaiono significativi due elementi; il primo, che il legislatore si è espresso in termini di "diniego" (*ius defensio-*

[42] Il richiamo alla radice naturale del diritto di difesa e, più tardi (nel periodo di revisione del codice), la sua considerazione come espressione del diritto fondamentale alla tutela giudiziale (poi sancita al c. 221), così come l'inserimento del discorso nella struttura essenziale del processo (con l'argomento *ex natura rei*, cfr. ivi, p. 160), sono stati ricorsi necessari per analizzare le violazioni delle facoltà processuali di difesa, riconosciute dall'anteriore codice, ma prive di sanzione di nullità (eccetto il c. 1861 § 2 del CIC 1917); non si deve prescindere di tale orizzonte oggi, per meglio cogliere la portata delle norme positive che regolano l'esercizio della difesa nel processo, abbiano o non incidenza per la nullità della sentenza ex c. 1620, 7.

[43] La questione è intimamente connessa con la distinzione, più volte proposta in ambito giurisprudenziale, tra "diritto di difesa naturale" e "diritto di difesa positivo", in quanto il primo "*valde indeterminatum est et nec facile diceretur concussum nisi normae specificae, quae illud pro more in ordine legis positivo recipiunt, appareat violatae*", coram Serrano, *decr. diei 15.3.1985*, in *Diritto Ecclesiastico*, vol. 96/II (1985), p. 277. Anche in dottrina si è dibattuto tra chi ritiene la violazione del diritto alla difesa necessariamente radicata nelle facoltà previste dalla legge positiva, cfr. C. Gullo, *Diritto di difesa: un diritto fondamentale inesistente!*, in *Diritto Ecclesiastico*, vol. 91/II (1980), pp. 218–242, e chi qualifica tale presupposto come iuspositivista, cfr. M. Cardinale, *Il diritto di difesa nel sistema di giustizia amministrativa canonica*, in *Ephemerides Iuris Canonici*, vol. XXXIX (1983), pp. 104 ss.

[44] Rispetto alla difesa si deve riconoscere un ruolo adeguato alle aspettative delle parti; ciò mette in crisi, in quanto insufficiente, l'interpretazione restrittiva di questa ipotesi di nullità insanabile della sentenza; per consultare alcune pronunce rotali, cfr. G. Erlebach, *La nullità*, cit., con apparato giurisprudenziale inedito; per pronunce successive, cfr. M.J. Arroba Conde, *La nullità insanabile*, cit., pp. 161–166.

nis denegatum fuit), sottolineando che la carenza di diritto alla difesa, idonea a produrre la nullità della sentenza, è solo quella vincolata ad una condotta impeditiva messa in atto dal giudice, al quale corrisponde assicurarne la garanzia; il secondo, che ciò è riferibile a qualsiasi tra le parti (*alterutri parti*), di modo che, pur essendo concetti diversi, il diritto alla difesa appare nel testo della norma come valore inscindibile dal principio del contraddittorio, che caratterizza il giusto processo e che si traduce nell'assicurare la simmetria, riconoscendo pari opportunità ai soggetti in conflitto, destinatari (in nome proprio, privato o pubblico) della decisione[45].

I due elementi indicati sono stati considerati in dottrina e giurisprudenza con sostanziale omogeneità di criteri. Perciò risulta pacifico distinguere tra diritto alla difesa e diritto ad un difensore, distinzione ovvia nell'ambito canonistico, nonostante certe fatiche quando si debbono trascrivere le sentenze ecclesiastiche agli ordinamenti degli stati[46]; la questione è collegata all'ulteriore differenza tra diritto alla difesa ed effettivo esercizio di esso, distinzione ugualmente chiara, ma oggetto di ancor più numerosi malintesi nella giurisdizione extracanonica[47].

L'unione tra le due dimensioni sottolineate nel testo della norma, "diniego" e "contraddittorio", applicate allo svolgimento del processo, ha portato a stabilire da parte della dottrina e della giurisprudenza, due contenuti principali del diritto di difesa: il diritto soggettivo della parte ad essere informata delle iniziative processuali promosse dall'altra nei suoi confronti, ed il diritto ad essere ascoltata[48].

[45] Per qualche autore il diritto al contraddittorio a seguito del diritto di agire, e non il diritto di difesa, sarebbe l'unico garantito, cfr. S. Villeggiante, *Il principio del contraddittorio*, cit., p. 352; per altri il diritto di difesa ha contenuti più vasti, cfr. G. Erlebach, *La nullità*, cit., p. 75.

[46] Cfr. J.L. Acebal, *El derecho de defensa en las causas de nulidad matrimonial*, in *Curso de derecho matrimonial y procesal canónico para profesionales del foro*, vol. XI, Salamanca 1994, pp. 307–304; sulla relazione tra la comprensione del diritto alla difesa nell'ordinamento canonico e in quello italiano, dopo la sentenza n. 18 del 2.2.1982 della Corte Costituzionale Italiana sulla delibazione delle sentenze ecclesiastiche, poi sancita nell'accordo tra S. Sede e Italia del 18.2.1984, cfr. C. Tricerri, *Esecutorietà delle sentenze di nullità dei Tribunali ecclesiastici nella Repubblica Italiana e problemi connessi*, in *Apollinaris*, vol. LX (1987), pp. 100 ss.

[47] Di questa fatica è prova il già citato caso Pellegrini, dove la ECHR condannò l'Italia per aver riconosciuto effetti civili ad una sentenza emessa in assenza del convenuto, argomentando il mancato rispetto degli elementi inerenti il "giusto processo", nonostante la dichiarazione di assenza nel processo canonico fosse decretata legittimamente, dopo ripetute citazioni. Per una rassegna di decisioni rotali, anteriori e posteriori al CIC 1983, dimostrativa dell'irrilevanza che ai fini della nullità della sentenza possiede il fatto che la parte non eserciti le facoltà di difesa, se le sono state concesse, cfr. G. Erlebach, *La nullità*, cit., p. 197, nota 93.

[48] Per la dottrina, cfr. K.Th. Geringer, *Das Recht auf Verteidigung in Kanonischen Prozess*, Wien 1976, p. 25; per la giurisprudenza, cfr. coram Stankiewicz, *decisio diei 20.7.1995*, in *RRDec.*, vol. LXXXVII, p. 505, dove è perfezionato il doppio contenuto del diritto alla

Per la rilevanza attribuita al "diniego" da parte del giudice, è evidente che il primo dei contenuti indicati, il diritto cioè all'informazione, non si presta ad ulteriori distinguo, in quanto non richiede alcuna diligenza ad opera della parte, avendo perciò, in capo ad essa, natura del tutto passiva. Ciò è ancor più chiaro se si tiene conto che la legge canonica non fa dipendere la validità delle garanzie inerenti l'informazione dalla disponibilità effettiva delle parti a ricevere le notifiche (c. 1510). L'essenza del diritto all'informazione include solo il suo effettivo esercizio da parte del giudice, al quale spetta rendere noti i fatti dedotti in giudizio, sia nel libello introduttivo che in ulteriori istanze; gli spetta informare tempestivamente delle prove che si intendono produrre a sostegno di essi e dei risultati avuti, nonché notificare le decisioni, sia quelle interlocutorie che definitive[49].

Viceversa, il diritto all'audizione è di natura attiva, e dipende dall'opera difensiva che la parte intenda mettere in atto a seguito dell'informazione; perciò, questo secondo aspetto, permettendo di distinguere tra il diritto di difesa ed il suo esercizio, obbliga a precisare che all'essenza del diritto all'audizione appartiene solo, da parte dell'autorità giudiziale, renderlo possibile, garantendo il confronto attivo tra le parti, vale a dire, permettendo la proposizione di fatti idonei a far valere la propria pretesa e l'eventuale contraddizione della stessa, tramite l'attività probatoria e la successiva discussione[50].

Quale ultima considerazione sul testo del canone si può dire che a volte, nelle riflessioni dottrinali, nel tentativo lodevole di individuare i contenuti del diritto alla difesa, si oscura troppo l'incidenza del medesimo in rapporto all'attore, come se il diritto all'informazione e all'audizione spettassero in maggior misura a chi subisce l'iniziativa processuale di un altro. Tale impressione si ricava dall'importanza attribuita alla citazione quale atto che da inizio all'istanza (c. 1517), con la tempestiva notifica al convenuto in ordine a manifestare la propria posizione. Non si deve dimenticare che la stessa iniziativa processuale è manifestazione del esercizio del diritto alla difesa, che si traduce in un vero diritto al processo (c. 221), appena sindacabile da parte del giudice se non nelle rarissime ipotesi che permettono il rigetto del libello[51]. In tal senso, anche perché a norma del c. 1618 ha valore di sentenza definitiva, non credo impensabile la nullità del decreto di reiezione del libello introduttivo per lesione del diritto alla difesa spettante l'attore.

difesa espresso in anteriori decisioni dello stesso ponente nel diritto *ad contradictorium* e *ad auditionem*.

49 Ivi, p. 505, n. 5.

50 Ivi, nn.5–6.

51 Sulla distinzione tra il diritto di agire nel giudizio ed il diritto di difesa, fermo restando che quest'ultimo compete ad entrambe le parti, cfr. G. Erlebach, *La nullità*, cit., pp. 52 e 72–73.

5.5.2. Il contesto: la relazione con altre disposizioni

Passando dal testo al contesto, il c. 1620, 7 deve essere collegato ad altre tre disposizioni direttamente incidenti nella sua corretta interpretazione. Due di esse rendono più articolata la questione della nullità derivante da questo vizio, e obbediscono al presupposto che, come tutte le altre nullità, anche quella della sentenza è da considerare *res odiosa*; si tratta dei cc. 1619 e 1622, 5. Un terzo canone invece, il 1598, contiene un richiamo importante circa l'integrità richiesta nel garantire questo bene di cui sono titolari le parti in causa, inducendo a pensare che non basta aver permesso un qualsiasi esercizio del diritto alla difesa, ma ci vuole che il medesimo sia rimasto integro.

Le disposizioni dei cc. 1619 (sulla forza sanatrice attribuita in certe ipotesi alla sentenza) e 1622, 5 (che riconduce a nullità sanabili le ipotesi non comprese in tale disposizione) riguardano gli atti nulli verificatisi nel processo. L'atto processuale può essere nullo per motivi, formali o sostanziali, non sempre riconducibili alla violazione del diritto di difesa, entro le chiavi offerte dal c. 124[52]. Orbene, poiché il diritto alla difesa è regolato dalle solennità stabilite nella legge, la questione della nullità degli atti predisposti per il contraddittorio è decisiva nel determinare se esiste un'ipotesi autonoma di nullità della sentenza riferita specificamente al diniego dello *ius defensionis*.

In tal senso, in dottrina si è scettici sul rilievo reale di questa fattispecie. Si osserva infatti che, oltre ad essere regolate dalla legge le facoltà processuali delle parti, al giudice spetta applicarle ancora con ulteriore discrezionalità, pur nei limiti dell'agire *modo iure praescripto*. Molte fattispecie astrattamente riconducibili ad una violazione del diritto alla difesa decadono, perché rapportate dal legislatore a motivi di nullità sanabile (c. 1622, 5), o addirittura sanate in forza della sentenza stessa (c. 1619). Si giunge quindi ad affermare che il diritto alla difesa, quale diritto fondamentale, è inesistente, perché la posizione della parte non trova tutela, né in tutte le fasi né in tutti i tipi di processo canonico[53].

C'è persino chi lamenta che il codice abbia incluso tra i motivi di nullità della sentenza la violazione del diritto di difesa, in quanto tale previsione crea una grave incertezza, perché lasciata all'indeterminatezza, provocando un vulnus nel generale principio che riconosce forza irritante solo alle norme che stabiliscono tale effetto in modo espresso.

[52] È noto che il c. 124 risponde alla volontà di stabilire una norma generale, non presente nell'anteriore codice, in ordine a determinare la validità degli atti giuridici; di questa norma beneficia anche il sistema della nullità della sentenza derivata da atti processuali nulli.

[53] Cfr. C. Gullo, *Il diritto di difesa fra vecchia e nuova legge canonica*, in *Diritto della Famiglia e delle Persone*, vol. XIV/II (1985), pp. 114–131. La critica è più accentuata rispetto al processo extragiudiziale penale, per la genericità delle disposizioni di cui al c. 1720.

Si insiste piuttosto nel diritto al contraddittorio quale elemento essenziale del giudizio, affermando che la sua violazione può essere ritenuta violazione del diritto di difesa solo quando il principio *audiatur et altera pars* sia espressamente tutelato dalla legge come inviolabile sotto pena di nullità. Nelle cause riguardanti il bene pubblico, il diritto alla difesa, quale diritto soggettivo, sarebbe ancor più sbiadito per la difficile armonizzazione di esso con l'obbligo che incombe sulla parte di collaborare alla ricerca della verità oggettiva[54].

Tali osservazioni pessimiste, di non facile contestazione, non danno però spiegazione compiuta sulla scelta operata nel codice di 1983, che per la prima volta formalizza nella legge positiva, quale ipotesi di nullità insanabile a se stante, la violazione del diritto alla difesa. In fondo, anche in assenza di tale previsione, lo *ius defensionis denegatum* fu preso in considerazione dagli autori e dalla giurisprudenza. Spiegare l'espressa inclusione nel nuovo codice solo come il frutto della moderna sensibilità verso i diritti umani appare riduttivo[55].

Come anticipato, penso che una terza disposizione normativa, contestuale al c. 1620, 7, giovi la sua interpretazione. Infatti, la norma del c. 1598, sulla segretazione di un atto in sede di pubblicazione, conferisce tale facoltà al giudice, tra le altre condizioni, solo se la segretazione non compromette che il diritto alla difesa si mantenga integro. Una giurisprudenza consolidata si è espressamente riferita a questa esigenza di integrità nelle garanzie di difesa delle parti[56].

Il richiamo all'integrità della difesa getta luce sul quesito posto dagli autori che discutono l'autonomia di questo capo di nullità della sentenza rispetto ad eventuali violazioni nell'esercizio delle facoltà processuali di difesa, rimesse spesso alla conduzione del giudice, e risolte dal legislatore con le riferite misure tuzioristiche della decisione. In proposito, la dottrina del magistero pontificio offre ulteriori chiarimenti ermeneutici. Infatti, nel discorso alla Rota dell'anno 1989, Giovanni Paolo II unisce entrambe le disposizioni normative (cc. 1620, 7 e 1598) affermando che l'esigenza di assicurare che lo *ius defensionis semper*

[54] Cfr. G. Mazzoni, *La procedura*, *op. cit.*, p. 47.

[55] A tale sensibilità si riferisce J.M. Serrano, *La querela nullitatis contro la sentenza*, in Aa.Vv., *Il processo matrimoniale canonico*, Libreria Editrice Vaticana, Città del Vaticano 1994, pp. 751 ss; ma nemmeno credo si possa ridurre la novità alla soluzione del tema circa l'ammissione dello *ius defensionis denegatum* quale capo di nullità della sentenza (come sostiene G. Erlebach, *La nullità*, cit., pp. 174–175).

[56] Ritengo che il richiamo all'integrità obblighi a rivedere i criteri prima utilizzati sulla negazione totale o parziale delle facoltà di difesa, ritenendo che solo la negazione totale, o quella parziale se riferita ad una facoltà essenziale, sarebbero riconducibili al diniego del diritto alla difesa che produce la nullità della decisione, cfr. G. Erlebach, *La nullità*, cit., pp. 190–195.

integrum maneat risulta essere un principio che deve guidare tutta l'attività giudiziaria[57].

Quale principio guida, l'integrità richiesta nel garantire il diritto di difesa non è disancorata dalle norme positive che regolano il suo esercizio e che affidano al giudice la sua applicazione; ma proprio perché è principio guida, il rispetto delle forme sotto la responsabilità direzionale del giudice, non potrà mai derivare in impedimento che compromette l'esercizio integrale della difesa. Se il senso delle solennità processuali è assicurare la simmetria e le pari opportunità tra le parti, il limite al richiamo indiscriminato all'integrità del diritto alla difesa altro non sarà che l'evitare un abuso ostruzionistico che sia di ostacolo alla difesa dell'altra parte[58].

Nell'occasione riferita, il Papa risolve inoltre qualsiasi incertezza sul rilievo del diritto alla difesa nei processi matrimoniali, superando i dubbi circa l'eventuale incompatibilità tra il medesimo e l'obbligo di collaborare alla ricerca della verità. Anzi, in rapporto a queste cause, il Papa usa una espressione molto forte e chiede "pieno rispetto" per il diritto di difesa, affermando che esso ha particolare importanza in quelle cause, perché riguardano profondamente ed intimamente la persona, e perché trattano dell'esistenza del sacro vincolo, per cui richiedono una ricerca della verità particolarmente diligente[59]. Da ciò si evince, come la dottrina ha in seguito affermato, che il difetto inerente il diritto alla difesa, oltre al bene privato riguarda il bene pubblico, la difesa cioè del vincolo[60].

In definitiva, l'esegesi del c. 1620, 7, pur con le iniziali incertezze da parte della dottrina, consente affermare che la nullità della sentenza *ob ius defensionis denegatum* è un difetto riguardante i presupposti essenziali di tale atto giuridico, alla luce del c. 124. Presupposto essen-

[57] Cfr. Giovanni Paolo II, *Allocutio Romana Rota*, 26.1.1989, in *AAS*, vol. LXXXI (1989), pp. 922–927; il principio guida si afferma al n. 2; F. Daneels, *De iure defensionis. Brevis commentarius ad allocutionem Summi Pontificis diei 26.1.1989 ad Rotam Romanam*, in *Periodica*, vol. LXXIX (1990), pp. 243–266.

[58] Sul rischio di stravolgere la funzione che spetta al diritto di difesa nel processo, cfr. J.M. Serrano, *Abuso del diritto di difesa*, in *Quaderni Studio Rotale*, vol. VI, Città del Vaticano 1991, pp. 47 ss.; sulla considerazione del diritto di difesa dell'altra parte quale limite del richiamo indiscriminato al proprio diritto alla difesa, cfr. M.J. Arroba Conde, *Apertura*, cit., pp. 758–759.

[59] Cf. il n. 8 della citata allocuzione di Giovanni Paolo II alla Rota nell'anno 1989.

[60] Fermo restando che la funzione del difensore del vincolo non è da considerare come difesa della parte convenuta che si oppone alla dichiarazione di nullità, non può dirsi irrilevante un esercizio inadeguato di tale ufficio ai fini di un'eventuale negazione del diritto di difesa. Il diniego da parte del giudice si avvera solo nel caso al difensore del vincolo gli siano state conculcate le sue facoltà processuali, ma ritengo che il difetto di difesa del vincolo, da parte del suo titolare, possa avere incidenza sulla validità della sentenza ex c. 1620, 7 se a tale situazione abbia potuto contribuire anche certa negligenza da parte del giudice.

ziale del *iudicium dare*, come stabiliva il codice anteriore, è la previa *legitima disceptatio modo iure praescripto*[61], cioè, il legittimo contraddittorio tra i vari destinatari della decisione, che si traduce nel diritto all'informazione e all'audizione secondo le norme processuali, che il giudice deve rispettare e far rispettare in tutti i tipi di processo, evitando strategie ostruzionistiche, ma assicurando il suo mantenimento integro.

L'integrità, quale principio guida nel garantire l'esercizio del diritto alla difesa, richiede di assicurare i diritti di informazione ed audizione nei momenti essenziali del processo, sia quelli introduttivi, probatori che discussori. Tali diritti sono regolati dalla legge nei singoli atti processuali, stabilendo forme e solennità abbastanza precise, pur permettendo al giudice certa flessibilità nel applicarle, se ci sono giuste, gravi o gravissime cause, a seconda dei casi[62].

[61] Cfr. c. 1552 par. 1 CIC 1917; la dottrina classica affermava l'impossibilità di concepire il giudizio senza che a entrambe le parti fosse concessa la facoltà di difendersi (cfr. M. Lega–V. Bartocetti, *Commentarius in iudicia ecclesiastica*, vol. II, Roma 1950, p. 900), e in termini simili si è mossa la tradizionale giurisprudenza rotale (cfr. *coram* Prior, sent. diei 18.1.1921, in *RRDec.*, vol. XIII, p. 22: "*concessio iuris defensionis est elementum essentiale ipsius iudicii*").

[62] Cfr. M.J. Arroba Conde, *Diritto processuale*, cit., p. 26; P. Larocca, *La forma nel diritto processuale canonico*, Roma 1994; R. Genuin, *Giusta, grave e gravissima causa nel diritto processuale canonico*, Pontificia Università Lateranense, Roma 1996.

Capitolo VI

Sistema probatorio

Nella dinamica di svolgimento del processo le specificità del sistema canonico aumentano. Il principale settore di peculiarità riguarda il sistema probatorio. Come in ogni ordinamento processuale, anche in quello canonico può affermarsi che la prova è l'esercizio concreto del diritto di audizione che, col diritto di informazione, costituisce l'oggetto del diritto di difesa in vista a ricostruire i fatti oggetto di causa. Come in ogni tipo di processo, anche in quello canonico i fatti addotti nella pretesa o nella contraddizione raramente risultano in partenza fatti concludenti, per cui si richiede la verifica dettagliata di essi tramite i mezzi previsti nella legge. In alcune situazioni la verifica processuale risulta per legge un'attività circoscritta, per il fatto di essere in possesso, già *in limine litis*, di un livello molto elevato di accertamento dei fatti oggetto della decisione. La riduzione dell'attività probatoria, rimanendo integro il diritto di difesa, comporta quella diminuzione dello *strepitus iudicialis* che nella processualistica viene considerata tipica dei processi giudiziali sommari. Hanno tale natura straordinaria il processo documentale e il processo *brevior* dinanzi al Vescovo, entrambi per dichiarare la nullità del matrimonio; il primo è percorribile se il motivo di nullità addotto è un impedimento o un difetto di forma di cui ci sia la prova tramite documento inoppugnabile (c. 1688); il secondo, quando ci siano circostanze che non richiedano ulteriori indagini, supportate da documenti e testimonianze, che rendano manifesta la nullità (c.1683)[1]. Tanto in ambito canonico come civile, pur essendo equivalenti, si usano concetti diversi per riferirsi al risultato della verifica (prova), all'attività predisposta (istruttoria) e agli strumenti utilizzabili (mezzi). Invece, circa la definizione comune di ciascuno di tali concetti in altri sistemi, nonostante l'utilizzo identico nella dottrina canonica tradizionale, bisogna fare puntualizzazioni per porre le varie nozioni in armonia con l'esigenza di raggiungere la verità reale. Un sistema come il canonico non può rinunciare a ritenere che sia possibile stabilire tale verità con sufficiente certezza o ragionevolezza.

[1] Sul modello sommario di cognizione nel processo civile italiano, cfr. S. Recchioni, *Modelli processuali e riduzione dei riti civili*, in C. Punzi, *Il processo civile. Sistema e problematiche. Le riforme del quadriennio 2010–2013*, a cura di G. Ruffini, Giappichelli, Torino 2013, 131–132. La natura sommaria dei riferiti processi giudiziali canonici di nullità matrimoniale, oltre alla riduzione dell'attività probatoria comporta riduzione delle opzioni nella decisione: la sentenza sempre deve essere affermativa, con l'unica alternativa di rinviare la causa a un processo giudiziale ordinario. Il processo per l'imposizione di pene canoniche per decreto extragiudiziale da parte dell'autorità amministrativa non corrisponde alla categoria dei processi sommari proprio perché, in essi, non si da mera riduzione, ma sostituzione dell'attività giudiziale.

6.1. Significato canonico dell'attività probatoria

È comune definire la prova come dimostrazione al giudice dei fatti dubbi tramite mezzi e argomenti legittimi. Che la decisione richieda convincimento del giudice non significa che si possa intendere l'accesso alla verità nel processo in chiavi autoritarie; al contempo, che i mezzi di prova siano legittimi non elimina il rischio di strumentalizzazione e distorsione soggettiva nel presentare le versioni dei fatti. Per prova quindi, in senso canonico, non può che intendersi l'accertamento razionale dei fatti, che è la sua finalità immediata[2]. Convincere il giudice è solo obiettivo ultimo, in quanto presupposto per decidere[3]. Solo l'accertamento e la verifica dei fatti consentono di stabilire una verità reale e oggettiva, non solo processuale, sia di segno soggettivo, sia di segno autoritario. Il punto che interessa è che tale convincimento deve essere preceduto da accertamento legittimo che la legge predispone in chiave di cooperazione, sia rispetto alla proposizione, acquisizione e produzione dei mezzi di prova, sia (in forma indiretta) rispetto alla sua valutazione. Questa chiave di cooperazione ha ora indotto a collocare al primo posto[4] tra i mezzi di prova la dichiarazione delle parti, presupponendo che la convergenza sui fatti da parte dei suoi diretti protagonisti sia un indice di credibilità oggettiva molto alto (c. 1526)[5].

Impostare la prova come accertamento, tentando ragionevole convergenza tra le parti su ogni fatto rilevante, implica stabilire una comunicazione esigente e costruttiva, senza permettere che una parte ci si limiti a proferire mere generalità o affermazioni apodittiche contro le ragioni altrui. In questa chiave il sistema canonico accoglie il principio di libero accertamento, con regole sull'onere della prova, sulla loro li-

[2] Cfr. M. Taruffo, *La motivazione della sentenza civile*, Cedam, Padova 1975, p. 191; A. Stanckiewicz, *Le caratteristiche del sistema probatorio canonico*, in Aa.Vv., *Il processo matrimoniale canonico*, Libreria editrice Vaticana, Città del Vaticano 1994, II ed., pp. 567–597; E. Di Bernardo, *Accertamento razionale dei fatti nella fase probatoria*, Lateran University Press, Città del Vaticano, 2002; M.J. Arroba Conde, *Prova e difesa*, cit. pp. 43–45; per un'esposizione più ampia di quanto si propone in seguito, cfr. Id, *Conoscenza e giudizio nella Chiesa*, cit., pp. 505–534.

[3] Non sono adeguate all'ordinamento canonico le teorie sulle prove che sottolineano in eccesso la loro finalità persuasiva lasciando in ombra l'accertamento; tra i sostenitori della concezione argomentativo–retorica della prova, cfr. A. Giuliani, *La prova (filosofia)*, in *Enciclopedia del diritto*, vol. XXVII, Giuffré, Milano 1993, pp. 519–579; M. Cabreros De Anta, *op. cit.*, p. 540; per una critica di tale concezione, cfr. M. Taruffo, *La motivazione della sentenza civile*, cit. pp. 200 ss.; Id., *La semplice verità*, cit., pp. 74 ss.

[4] Perciò è d'obbligo interrogare le parti, anche quelle che decidono di sottomettersi alla giustizia del Tribunale, cfr. Giovanni Paolo II, *Allocutio Rota Romana*, 26.1.1989, in *AAS*, vol. LXXXI (1989), p. 923.

[5] Cfr. M.J. Arroba Conde, *Le dichiarazioni delle parti nelle cause di nullità*, cit., pp. 231–234.

ceità e sui tempi di proposizione da interpretare in modo diverso (molto più aperto) di quello abituale in altri ordinamenti processuali.

Il sistema giuridico di una comunità saldamente ancorata al valore della verità, come intende essere la Chiesa, deve avere risorse per assicurare che l'attività volta a risolvere autoritativamente i conflitti sia fondata in una ricostruzione veritiera dei fatti, evitando di modularsi sul pregiudizio delle presuntivamente inevitabili distorsioni dei singoli[6].

Perciò, in questioni gravi, quando si richiede discernimento e conoscenza approfondita dei fatti, non è coerente con l'essenza della vita e missione della Chiesa assumere modalità di intervento irragionevolmente esposte all'errore, che escludano, o limitino in eccesso la via della corresponsabilità nella ricerca della verità, affidandosi, senza imporre eccessivi vincoli, al convincimento raggiunto da chi deve decidere[7]. Se nella Chiesa la verità non è mero valore etico, non si deve ritenere sufficiente la sincerità dei convincimenti ma l'accuratezza con la quale si provvede alla formazione di essi[8]. Così, un convincimento è veritiero quando è il risultato di un procedimento idoneo alla scoperta della verità che, di conseguenza, consente una decisione con adeguata qualità[9]. Inoltre, è fuori dubbio che, per la sua portata strutturale, non è pensabi-

[6] Si ricordi quanto indicato alla fine del cap. II sul valore delle dichiarazioni delle parti, così poco applicato ancora nella prassi processuale; cfr. M.J. Arroba Conde, *Le dichiarazioni delle parti nelle cause di nullità matrimoniale*, cit., pp. 219–225; A. Ripa, *op. cit.*, pp. 226–234.

[7] Ciò significherebbe ritenere il giudizio un atto di volontà anziché di conoscenza, come fanno le correnti del c.d. scetticismo ermeneutico (su tali correnti, cfr. O. Pfersmann–M. Troper, *Dibattito sulla teoria realista dell'interpretazione*, Napoli 2007). Circa la generalità dei vincoli dell'autorità amministrativa nelle decisioni, ai sensi del c. 50, cfr. P. Valdrini, *Comunità, Persone, Governo*, Lateran University Press, Città del Vaticano 2013, pp. 331–332. Per l'autorità giudiziale, il principio di corresponsabilità è il correttivo dei pregiudizi di mendacità e dei rischi di adeguamento acritico alle verità soggettive, ma anche di interpretazioni volontaristiche e autoritarie di essa, cfr. M.J. Arroba Conde, *Diritto processuale*, cit., pp. 189–193; l'obbligo di motivare la decisione non ha senso se volto a mostrare la bontà di semplici intuizioni o affermazioni apodittiche, per cui la discrezionalità del giudice è inserita in un quadro di vincoli normativi tesi ad affrancarla dal decisionismo, cfr. G. Ubertis, *Sistema di procedura penale. Principi generali*, vol. I, Torino 2007, pp. 165–166; A. Barak, *La discrezionalità del giudice*, Giuffré, Milano 1995, pp. 31–32.

[8] L'accuratezza, con la sincerità, è al vertice delle "virtù della verità" che reggono l'interlocuzione sociale; cfr. M. Taruffo, *La semplice verità*, cit., pp. 93–94; sulle regole della comunicazione razionale nel pensiero di Apel, Habermas e altri, cfr. S. Petrucciani, *La giustificazione della giustizia*, a cura di R. Dottori, *Autonomy of Reason?*, Lit Verlag, Wien–Berlin 2009, pp. 317 ss.

[9] La qualità della decisione dipende dalle ragioni addotte per giustificarla, sicché il procedimento per ricavare le ragioni deve a sua volta avere qualità, non solo per formare la convinzione ma per fornire dati reali che, perché tali, possono addursi come base di una certezza potenzialmente intersoggettiva, cfr. M.J. Arroba Conde, *Diritto processuale*, cit. p. 405. L'accettabilità della decisione e la sua qualità sono inseparabili; ciò chiarisce il rapporto tra verità e certezza: questa non si esaurisce in mera convinzione soggettiva; cfr. M. Taruffo, *La semplice verità*, cit., p. 106.

le che, nel risolvere i conflitti che affliggono alla comunità ecclesiale, possa prevalere sulla conoscenza della verità dei fatti l'obiettivo di inviare messaggi esemplari o rassicuranti a difesa dell'istituzione[10].

6.2. L'incidenza del *favor veritatis* nell'istruttoria

La preferenza per il metodo giudiziale non risolve tutto; anzi, tra i problemi che pone ritenere inseparabili l'obiettivo di rendere giustizia e l'accertamento della verità, possiede speciale rilevanza la consapevolezza di quanto sia impossibile ridurre la verità su relazioni giuridiche controverse alla sola giustizia del metodo di accertamento, cioè alle garanzie per poter intervenire nella relazione processuale con pari opportunità, come se la corrispondenza della verità processuale alla realtà fosse trascurabile; ora, pur senza ridursi al metodo, solo dalla giustizia dei metodi di accertamento e di gestione della relazione processuale dipende che della verità si dia conoscenza attendibile, ferma restando la capacità solo relativa di accedere alla verità, propria della condizione umana limitata[11].

Da ciò l'importanza del principio di corresponsabilità e la visione dialogica del rapporto processuale[12]. La corresponsabilità esige di interpretare le norme sulle prove[13] ridimensionando il peso della loro funzionalità ultima quali mezzi per convincere il giudice; interessa porre l'accento nelle attività comuni e nel risultato cui gli strumenti di prova sono predisposti come finalità immediata: l'accertamento razionale dei fatti[14]. Dalla corresponsabilità deriva che, senza rigidi steccati tra la raccolta delle prove e la loro valutazione[15], il valore di libertà che regge l'una e l'altra

[10] Pur riconoscendo nella pena una funzione anche preventiva, l'obiettivo di esemplarità a scapito della verità è ancor meno accettabile nel processo penale, dove si richiede una procedura più attrezzata alla verifica dei fatti delittuosi, cfr. M. Riondino, *Giustizia riparativa e mediazione*, cit., p. 157.

[11] Non quindi la verità, ma i metodi di accertamento, in quanto incidono nella quantità e qualità dei dati richiesti per stabilirla, possono dirsi relativi, cfr. M.J. Arroba Conde, *Convincimento, certezza e motivazione: l'esperienza canonica*, in *Criminalia* (2012), p.177.

[12] Altrove ho indicato l'utilità dei "proceduralismi" per applicare e interpretare le norme canoniche nell'orizzonte di una gestione dialogica della relazione processuale, quale relazione pubblica; cfr. M.J. Arroba Conde, *La dichiarazione delle parti come valorizzazione della dimensione personalista del Processo matrimoniale canonico*, in *Apollinaris*, vol. LXXX (2007), pp. 695–698.

[13] Cfr. M.J. Arroba Conde, *Prova e difesa*, cit., pp. 42–43.

[14] Cfr. E. Di Bernardo, *Accertamento razionale dei fatti*, cit.

[15] La libertà del giudice rispetto alle prove è riferita soprattutto alla loro valutazione (can. 1068); ritengo che il principio comprenda anche la raccolta delle prove, non solo per via dell'eccezione di supplenza prevista al can. 1452 (per evitare una sentenza ingiusta), ma per l'intero complesso normativo che vede il giudice in un ruolo attivo nella produzione dei vari mezzi di prova, col compito di garantirne la legittimità, che non gli consente di porsi passivamente.

dimensione configuri la relazione tra parti e giudice in materia: le parti sono le principali beneficiarie della libertà nella proposizione e produzione delle prove, ma non le uniche; al contempo, al giudice si riconosce il libero apprezzamento dei risultati, ma secondo criteri indicati dalla legge per assicurare la prevedibilità della decisione; detti criteri debbono quindi incidere nel modo di affrontare l'onere della prova, nel coniugare le posizioni del giudice e delle parti sul giudizio di liceità e utilità dei mezzi di prova proposti, nella conduzione degli interrogatori[16] e nelle conseguenze che derivano dall'attuale riconoscimento della dichiarazione delle parti come primo mezzo di prova cui ricorrere *semper*, non solo per rispetto del diritto di difesa, ma *ad melius eruendam veritatem* (c. 1530).

Il principio di corresponsabilità è posto a fondamento della considerazione dell'attività probatoria come produzione di un discorso razionale comune, inteso come dovere di realizzare progressivamente, partendo dalle dichiarazioni delle parti, una comunicazione esigente, precisa e dettagliata a norma di legge, cioè, secondo i criteri di razionalità intrinseca e estrinseca che, perché dovranno poi guidare la valutazione, debbono anche guidare l'accertamento. In simile contesto dialogico e corresponsabile non è coerente che il giudice ricorra alla facoltà di estromettere i patroni dagli interrogatori, almeno da quelli delle parti, per cui è preferibile perfezionare il CIC vietando detta estromissione per regolamento[17].

Se la verità su cui si devono fondare le decisioni è solo quella sostenuta da fatti che corrispondono alla realtà[18], il fatto che alla verità sia possibile pervenire con metodi di accertamento differenti, legati a strategie e culture giuridiche non identiche, non evita due preoccupazioni: prima, che gli esiti di uno o dell'altro metodo possano, in teoria, determinare una verità diversa[19]; seconda, che ci siano metodi non adatti, da un punto di vista critico, alla scoperta della verità. L'idoneità del metodo

[16] Cfr. M.J. Arroba Conde, *Prova e difesa*, cit., pp. 34–39; 50–52; 70–73.

[17] Così consente il c. 1470; cfr. M.J. Arroba Conde, *Corresponsabilità e diritto processuale*, cit., pp. 216–217. L'estromissione è facoltà eccezionale, da non utilizzare sistematicamente, da disporre con decreto contenente le motivazioni, perché di natura decisoria e non solo ordinatoria, visto che incide in una posizione del patrono qualificata espressamente come *ius* al c. 1677.

[18] Sul bisogno di assumere questa concezione "corrispondentista" della verità nel processo, cfr. J. Ferrer Beltran, *La valutazione*, cit., p. 19; l'autore richiama la concezione semantica di Tarski e la nozione di verità espressa da G. Ubertis, *Fatto, prova e verità (alla luce dell'oltre ogni ragionevole dubbio)*, in Id., *Argomenti di procedura penale*, vol. III, Giuffré, Milano 2011, pp. 173 ss.; in seguito il prof. Ubertis, commentando l'opera di Ferrer, avverte del peso del contesto processuale, per cui la verità come corrispondenza non riguarda i "fatti del mondo" ma le "approssimazioni" che di essa consente il linguaggio proprio del processo, col rispettivo confronto dialogico tra asserti alternativi, cfr. Id., *Razionalismo processuale e verità*, in *Il giusto processo civile*, PubliCatt, Milano 2013, pp. 327–332.

[19] Cfr. M. Taruffo, *La semplice verità*, cit., pp. 79–81.

è alla base della c.d. funzione epistemica del processo, che oggi si assume come criterio di verifica e di analisi dei singoli istituti processuali[20].

Quanto detto richiama il *favor veritatis*, concetto con cui si indica l'indirizzo epistemico costante che deve guidare il processo nella Chiesa[21]. Sulla finalità veritativa del processo e i rischi di cedimento alla cultura che sopravvaluta come finalità dei processi la soluzione rapida delle controversie, bisogna riferirsi alla riforma dei processi di nullità matrimoniale secondo le proposte emerse nel sinodo sulla famiglia[22], nonché alle nuove norme per le cause penali sui delitti più gravi. In entrambi i casi la flessione culturale si esprime nella tendenza a voler risolvere per via extragiudiziale.

Per la diversità dei loro rispettivi oggetti (la dichiarazione autoritativa di un fatto controverso e la risposta penale previo accertamento di un delitto), le cause di nullità matrimoniale e le cause penali presentano caratteristiche anche diverse rispetto alle esigenze di verità. La natura dichiarativa delle decisioni sulla validità di un matrimonio rende strutturalmente poco adatto l'affidamento ad una autorità che agisce con grande margine di discrezionalità nel decidere e nel procedere, come accade nel caso dell'autorità amministrativa, ai sensi del c. 50[23]. Nelle cause penali, dove l'accusato non è obbligato a confessare il delitto, né ad agire contro se stesso, per accertare il delitto si richiede un procedimento il più rigoroso possibile, mentre per la decisione da adottare, nei casi in cui sia accertata la colpevolezza, sono utili i procedimenti extragiudiziali che favoriscono l'incontro tra reo e vittima e permettono di stabilire come sanzione misure che rappresentino un progetto di bene, capace di riconciliare e riparare il danno arrecato con il delitto, il cui maggior onere per l'autore di esso possa ragionevolmente consistere nella revisione di vita e nella adesione per convinzione ai valori tutelati dalla norma penale infranta[24].

[20] Cfr. D. Marconi, *Per la verità. Relativismo e filosofia*, Einaudi, Torino 2007, pp. 15 e 151.

[21] Cfr. M.J. Arroba Conde, *Principi di deontologia forense*, in Aa. Vv., *Il diritto di difesa nel processo canonico*, Libreria Editrice Vaticana, Città del Vaticano 2006, pp. 138–140.

[22] Cfr. M.J. Arroba Conde, *Le proposte di snellimento dei processi matrimoniali nel recente sinodo,* in L. Sabbarese, *Sistema matrimoniale canonico in Synodo*, Urbaniana University Press, Roma 2015, pp. 61–85.

[23] L'*instrumentum laboris* dell'assemblea sinodale del 2015 avvertiva al n. 115 che dalle risposte al questionario nel periodo inter–sinodale era maturata l'idea di non orientarsi verso una via amministrativa per trattare le nullità del matrimonio, mentre riscosse più consensi l'idea di un processo sommario nei casi di nullità manifesta.

[24] Cfr. M. Riondino, *Giustizia riparativa e mediazione*, cit., pp. 210–211.

6.3. Concetti inappropriati circa la conoscenza della verità per via giudiziale

Quanto detto ci permette di fare alcune puntualizzazioni sulla conoscenza dei fatti per via giudiziale, premettendo qualche parola sul ricorso a concetti non sempre appropriati per qualificare la verità che deriva dalla conoscenza giudiziale. Se la verità di un enunciato si determina dall'esistenza reale dell'evento che detto enunciato evoca, la verità è una sola e non ammette gradi; varierà solo il grado di conferma, che dipenderà dalle conoscenze disponibili. Sono allora i metodi di acquisizione delle conoscenze, nella misura in cui incidano nella quantità e qualità dei dati, il parametro di approssimazione alla verità[25]. Quindi, non la verità in se ma solo la conoscenza della medesima può dirsi relativa, osservazione ovvia e avvertita da sempre.

La prima puntualizzazione da aggiungere è che, nonostante la conoscenza della verità sia relativa nel senso indicato, dipendente cioè dagli argomenti posti a giustificazione del convincimento sulla verità dei vari enunciati, tale conoscenza potrà dirsi comunque oggettiva purché la giustificazione del convincimento non si fondi su preferenze soggettive ma su regole oggettive valide e vincolanti per tutti. Ciò significa che il principio di legalità del giudizio, non solo non si esaurisce nel decidere applicando la legge alla fattispecie, ma nemmeno nel mero rispetto delle forme processuali poste a garanzia del diritto di difesa; la legalità raggiunge la dimensione fattuale della controversia, la determinazione cioè dei fatti storici in base a regole capaci di esprimere il convincimento in proposizioni rappresentative della realtà e poste come base di motivazioni *in facto* controllabili[26].

In tal senso diciamo che nel processo canonico il *favor veritatis* implica il non arrendersi all'idea di una verità reale diversa dalla verità processuale a causa dei limiti derivanti dalla fissazione dei fatti di causa, dalle norme che condizionano l'accertamento e dai principi che pongono fine alla litispendenza[27]. Se per verità si intende la corrispondenza tra gli enunciati dei fatti e la realtà non ci sono due verità. Da ciò la seconda puntualizzazione: le regole di un sistema giudiziale, e cer-

[25] Cfr. M. Taruffo, *La semplice verità*, cit., pp. 82–83.

[26] In tale prospettiva la legalità non si discosta del concetto di certezza nel secondo dei significati che propone Letizia Gianformaggio, cioè "la prevedibilità dell'esito di un eventuale intervento di un organo con competenza giuridica decisionale", L. Gianformaggio, *Studi sulla giustificazione giuridica*, Giappichelli, Torino 1986, p. 158. Rispetto alle decisioni giudiziali, da posizione più cauta si preferisce parlare di non assoluta imprevedibilità insieme alla non totale prevedibilità, cfr. V. Marinelli, *Dire il diritto. La formazione del giudizio*, Milano 2002, pp. 151–164.

[27] Cfr. J. Ferrer Beltran, *Prueba y verdad en el proceso*, Marcial Pons, Madrid–Barcelona 2005.

tamente quelle del sistema canonico, non provocano la scoperta di una verità diversa da quella reale. Si potrà dire piuttosto che certe regole possono avere un ruolo contro–epistemico, non favorire cioè la scoperta dell'unica verità[28].

Interessa ora esaminare se ci siano regole sulla proposizione, l'ammissione, l'assunzione e la valutazione delle prove nel sistema canonico che, rispetto ad altri sistemi, corrano il rischio di assumere un ruolo contro epistemico, creando cioè un deficit che condiziona o limita l'accertamento della verità.

6.4. Apertura disciplinare in materia di proposizione delle prove

Al vertice della disciplina sulla proposizione delle prove si collocano i temi del soggetto e dell'oggetto di cui al c. 1526, con le integrazioni che impongono la relazione tra gli oneri probatori e l'orientamento dispositivo o inquisitorio del processo canonico, di cui al c. 1452, nonché l'incidenza delle presunzioni legali come motivo di inversione dell'onere della prova o come eventuale delimitazione dei fatti oggetto dell'indagine, di cui al c. 1585.

La semplice lettura delle norme canoniche, poste in relazione con le norme di altri ordinamenti processuali[29], mostra a chiare lettere che non ci sono ostacoli reali alla ricerca della verità che derivino dall'accettazione nel sistema canonico di due regole probatorie tradizionali, anche se formatesi in altri contesti giudiziali: l'assegnazione dell'onere della prova a chi afferma[30] e l'esclusione dall'obbligo di fornire prova dei fatti presunti dalla legge[31] o ammessi concordemente dalle parti[32]. Queste regole, comuni alla maggioranza degli ordinamenti[33], comporta-

[28] Questo appunto critico alle posizioni degli esponenti del formalismo (per es. di F. Carneluttti) è presente da molti anni nelle riflessioni del prof. Taruffo sulla prova; tra queste, oltre a quelle citate in precedenza, segnalo M. TARUFFO, *La prova dei fatti giuridici: nozioni generali*, Giuffré, Milano 1992.

[29] Sul punto, cfr. E. DI BERNARDO, *Modelli processuali*, cit., pp. 85 ss.

[30] Sui precedenti di tale regola nel diritto romano e nel diritto canonico antico cfr. M. CABREROS DE ANTA, *op. cit.*, pp. 548–550.

[31] Gli autori attribuiscono ai glossatori le prime interpretazioni della presunzione legale come dispensa dall'onere di provare, anziché come mezzo di prova, cfr. A. CAMPITELLI, *Presunzione (diritto intermedio)*, in *Enciclopedia del diritto*, vol. XXXV, Giuffré, Milano 1993, pp. 260–264.

[32] La radice storica di tale conseguenza si ritrova nella concezione contrattuale del processo, dove la *litis contestatio* rappresentava il momento dell'accordo tra le parti, condizionando la successiva istruttoria alla sola materia concordata, cfr. M.J. ARROBA CONDE, *Diritto processuale*, cit., p. 69.

[33] Si vedano gli ordinamenti presi in considerazione da M. TARUFFO, *La semplice verità*, cit., pp. 135–160; M. DAMASKA, *Il diritto delle prove alla deriva*, Il Mulino, Bologna 2003.

no rischi per accertare la verità solo se alle medesime, per imprecisione sui concetti, si aggiungono altre conseguenze dal più marcato valore contro–epistemico.

Credo siano riconducibili a quattro le più significative conseguenze unite in apparenza alle norme sul soggetto e l'oggetto della prova: che le negazioni non richiedano prova; che la combinazione tra allegazioni e contestazioni delle parti prevalga sulla rilevanza dei fatti da indagare, escludendone alcuni; che vi sia un'indebita automaticità tra massime di esperienza e la realtà oggettiva di ogni caso concreto; che ciò di cui solo la parte può riferire non possieda la categoria di prova ma di mera allegazione o, all'estremo opposto, possa avere valore di prova sufficiente. A mio avviso, nessuna di queste conseguenze possiede fondamento sufficiente nelle leggi processuali canoniche.

Così, che le negazioni non abbiano necessità di essere provate è un'idea di origine piuttosto dottrinale, oggetto quindi di ulteriori approfondimenti[34]. In proposito sono utili i concetti di contestazione, intesa come negazione esplicita, e di allegazione di fatti incompatibili con quelli allegati dall'altra parte. Il punto da sottolineare, dalla mano dei processualisti più moderni è che, sia le contestazioni esplicite sia le allegazioni che negano in modo implicito i fatti adotti dall'altro, hanno valore epistemico neutro, la cui veridicità è sempre vincolata alla capacità di provare i loro contenuti[35]. In tal senso, in ambito canonico, è da tempo che mi è sembrato utile avvertire sul bisogno di aiutare il convenuto a capire che proferire mere negazioni apodittiche sui fatti adotti dall'attore non incrina la forza probatoria della dichiarazione attorea né impedisce che tale dichiarazione sia base principale dell'accertamento dei medesimi fatti[36].

Più delicata è la questione sull'incidenza della combinazione tra allegazioni e contestazioni in ordine a determinare i fatti oggetto di prova. Negli ordinamenti civili non mancano norme che, in ossequio all'e-

[34] Il broccardo secondo cui *negativa non sunt probanda*, era presente nel codice di Giustiniano adducendo un principio dottrinale falso, cioè il fondamento di tale asserto nel diritto naturale (*cum per reum naturam factum negantis probatio nulla sit*); la ricezione del medesimo principio tra gli antichi canonisti impose presto di stabilire distinzioni e puntualizzazioni sul tipo di negazione che sarebbe esente dalla prova; cfr. I. GONZALEZ–TELLEZ, *Comentaria perpetua in singulos textus quinque libro rum decretalium Gregorri IX*, vol. II, 2, Venetiis, p. 287, tit. 19, c. 12 n. 7.

[35] Cfr. M. TARUFFO, *La semplice verità*, cit., pp. 122, 127 e 130, con ampia bibliografia.

[36] Cfr. M.J. ARROBA CONDE, *Cuestiones fundamentales de derecho probatorio canónico*, a cura di R. Rodriguez Chacón, *Puntos de especial dificultad en derecho matrimonial canónico, sustantivo y procesal y cuestiones actuales de drecho eclesiástico y relaciones Iglesia–Estado*, Dikynson, Madrid 2007, pp. 122–123; oltre alle ragioni etiche e di corresponsabilità ecclesiale, fondamento legislativo del bisogno di evitare negazioni apodittiche è il c. 1512, dove si stabilisce che il primo effetto della citazione è proprio che la *res desinit esse integra*.

conomia processuale, stabiliscono l'onere del convenuto di contestare tempestivamente i fatti affermati dall'attore, al punto di aver provocato, seppur solo per via giurisprudenziale, la formazione del concetto di fatto pacifico, che sarebbe escluso dalla prova e dalla decisione[37]. Tale deriva è oggetto di critica acuta da parte dei processualisti più convincenti, i quali avvertono che se il fatto allegato è falso non diventa vero per effetto della non contestazione tempestiva; agli stessi autori non sfugge il paradosso che implica escludere dalla prova un fatto rilevante, perché non contestato in tempo, e che una prova vincolante dimostri poi la sua falsità[38].

Tale deriva non può avere spazio in ambito canonico, dove non ci sono norme che impongano al convenuto oneri di contestazione tempestiva, e dove non si può attribuire all'economia processuale un valore superiore alla scoperta della verità, nemmeno nelle cause che hanno per oggetto un interesse privato o diritto disponibile. Per questa ragione lo stesso c. 1526, par 2, pur accettando la regola che esonera dalla prova i fatti sui quali le parti concordano, attribuisce al giudice la facoltà di esigerla[39]. Ai fini della valutazione non sarà indifferente che le parti coincidano sui fatti[40], ma ciò non comporta che la norma in analisi abbia un ruolo contro epistemico; rimane però l'esigenza di migliorare nella prassi canonica l'interpretazione di concetti affini ma non identici, come quelli di limitarsi a negare, di ignorare, di non esprimersi o di affermare con dettaglio il contrario. E rimane ancor più decisiva la chiarezza sul valore delle affermazioni e negazioni delle parti una volta iniziato il processo, ma fuori dall'interrogatorio; queste non hanno la categoria di prova, fanno parte solo degli atti, ed è il loro contenuto ciò che sarà oggetto dell'attività probatoria successiva, se vertono su fatti rilevanti[41]. Lo statuto epistemico di tali dichiarazioni è sempre quello del dubbio o incertezza, per cui le posizioni iniziali delle parti sui fatti non permettono di ipotizzare per il giudice vincoli sulla loro esistenza o inesistenza. Ciò implicherebbe un elevato rischio di errore.

[37] Il riferito onere per il convenuto è stabilito nell'ordinamento processuale spagnolo (cfr. art. 405, 2 della *Ley de enjuiciamiento civil*), tedesco (cfr. par. 138 della *Zivilprozessordnung*) e statunitense (cfr. *Rules* 8b e 8d); sull'ordinamento italiano (artt. 167, 1 e 416, 3 c.p.c.), cfr. A. Proto Pisani, *Allegazione dei fatti e principio di non contestazione nel processo civile (Nota a Cass. 23.1.2002, n. 761)*, in *Foro italiano*, vol. CXXVIII (2003), pp. 604–608.

[38] Cfr. M. Taruffo, *La semplice verità*, cit., pp. 122–134. In dottrina si sottolinea la differenza tra fatti ammessi (collegati al potere di asseverazione della parte) e fatti non contestati (collegati al potere di allegazione), cfr. G. Verde, *Prova (dir. proc. civ.)*, in *Enciclopedia del diritto*, vol. XXXVII, Giuffré, Milano 1993, p. 617.

[39] Cfr. M.J. Arroba Conde, *Diritto processuale*, cit., pp. 412–413.

[40] Cfr. M.J. Arroba Conde, *La dichiarazione delle parti come valorizzazione*, cit., pp. 694–698.

[41] Cfr. M.J. Arroba Conde, *Prova*, cit., pp. 82–85.

Quanto appena detto esige un'interpretazione ragionevole dell'armonia tra la regola che affida l'onere della prova a chi afferma e la ricezione nel processo canonico dei principi dispositivo e inquisitorio[42]. Chi allega un fatto assume l'onere di addurre prove che dimostrino che il fatto corrisponde alla realtà. E non sarà mai eccessiva l'insistenza sulla correttezza di questa regola in un'attività comunicativa improntata sulla razionalità, come pretende essere il processo. L'esigenza è più forte nei processi penali, dove costituirebbe condotta arbitraria e prevaricatrice decidere senza che i fatti delittuosi siano sufficientemente provati o ritenerli provati perché si applicano inconsciamente principi inammissibili, per es. perché l'accusato non ha contestato i fatti o non è riuscito a mostrare la loro falsità[43].

La dottrina extracanonica che critica le derive esasperate annesse al fatto pacifico avverte anche che se un fatto allegato è rilevante per decidere, la non contestazione del medesimo non deve avere incidenza determinante sull'onere di provarlo, per cui si ritiene che non siano precluse le contestazioni successive né le prove proposte di ufficio[44]. Sarebbe quindi il principio di rilevanza il criterio di armonia tra l'onere probatorio e le facoltà inquisitorie del giudice[45]. Nel sistema canonico, tali facoltà sono formulate al c. 1452, 2 in termini di supplenza e vincolate all'obiettivo di evitare una sentenza ingiusta. Una maggiore precisione sul principio di rilevanza può chiarire il significato di questo canone, al quale si attribuiscono due eventuali problemi: che il giudice presti un indebito aiuto alla parte negligente, col rischio di perdere in imparzialità[46]; e che finisca per invadere l'esclusiva iniziativa di parte sulla materia del processo nelle cause contenziose[47].

Si può dire che la formula del codice non è felice perché, vincolando l'iniziativa inquisitoria del giudice al rischio di produrre sentenze

[42] Sulla connessione tra ambo le regole, cfr. M.J. ARROBA CONDE, *El principio dispositivo*, cit., pp. 31–70; S. CARMIGNANI CARIDI, *Principio inquisitorio e principio dispositivo*, a cura di P. A Bonnet e C. Gullo, *Il giudizio di nullità matrimoniale dopo l'Istruzione Dignitas Connubii. Parte prima. I principi*, Libreria Editrice Vaticana, Città del Vaticano 2007, pp. 327–334.

[43] Sulla necessità di affrancare la logica di accertamento processuale di delitti dai condizionamenti di politica criminale, cfr. L. EUSEBI, *Il dolo come volontà*, Morcellania, Brescia 1993, pp. 107–169.

[44] Cfr. M. TARUFFO, *La semplice verità*, cit., p. 279.

[45] Dottrina autorevole definisce la rilevanza della prova come una condizione che attiene alla relazione logica tra mezzo di prova e fatti di causa, ritenendo idonea quella prova che sembri poter fornire elementi di conoscenza utili all'accertamento, cfr. L.P. COMOGLIO–C. FERRI–M. TARUFFO, *Lezioni sul processo civile*, vol. I, Il Mulino, Bologna 2005, p. 430.

[46] Cfr. J. OCHOA, *I processi canonici in generale*, in Aa. Vv., *Il nuovo codice di diritto canonico*, Lateran University Press, Città del Vaticano 1983, pp. 458–459.

[47] A causa di questo rischio alcuni autori pensano che la norma del can. 1452 abbia un valore residuale, cfr. P. MONETA, *Le parti in causa: diritti e limiti*, in Aa. Vv., *La procedura matrimoniale abbreviata*, Libreria Editrice Vaticana, Città del Vaticano 1998, pp. 9–10.

ingiuste, sembra unire due cose necessariamente diverse: la richiesta della prova da un lato e, dall'altro, una sorta di intuizione previa sull'esito della stessa. Il timore di sentenza ingiusta non si può interpretare in tale ottica, difficilmente armonizzabile con l'imparzialità. L'unica interpretazione plausibile è quella che vincola l'iniziativa del giudice alle altre risultanze probatorie, non a suoi pregiudizi o conoscenze private[48]. In tal senso è opportuna la distinzione tra imparzialità, essenziale al giudizio, e la c.d. terzietà, concetto meno adatto al ruolo del giudice, al meno in relazione alla ricerca della verità[49]. Tale obiettivo rende ragionevole che egli possa e debba verificare, alla luce delle prove, se le parti hanno prodotto tutti i dati conoscitivi disponibili e che possa egli stesso attivarsi se ciò non è accaduto. Sarebbe abnorme che chi ha la responsabilità di stabilire la verità non avesse le possibilità di acquisire i dati per l'accertamento dei fatti che si debbano chiarire.

Nello stabilire i fatti da accertare va ribadita l'inalterata vigenza del principio *nemo iudex sine actore*, malgrado le facoltà inquisitorie del giudice[50]. Si deve puntualizzare che l'onere della prova riguarda i fatti storici alla base della pretesa affermata, mentre il principio dispositivo riguarda solo la riconduzione di tali fatti a una fattispecie legale,

[48] In senso contrario, cfr. J.M. Serrano Ruiz, *Una discutible cuestión procesal: los conocimientos personales del juez en la instrucción del juicio*, a cura di F.R. Aznar Gil, *Estudios de derecho matrimonial y procesal en homenajeal Prof. Juan Luis Acebal Luján*, Biblioteca Universidad Pontificia, Salamanca 1999, pp. 235–244. Nessuna iniziativa del giudice può provenire da gratuite presunzioni di mendacità delle parti, prive di riscontri oggettivi, cfr. M.J. Arroba Conde, *Prova*, cit., p. 87.

[49] L'imparzialità qualifica l'essenza della funzione di giudice, ma si riferisce solo al dovere di decidere in modo uguale i casi uguali, cfr. M.J. Arroba Conde, *Deontologia e norme processuali*, in Aa. Vv., *Deontologia degli operatori dei Tribunali ecclesiastici*, Libreria Editrice Vaticana, Città del Vaticano 2011, p. 68; in tal senso non è fondato sostenere che l'imparzialità sia incompatibile con l'attribuzione al giudice di poteri istruttori autonomi (o almeno con l'esercizio di essi); diversamente, cfr. L. Montesano, *Le prove disponibili di ufficio e l'imparzialità del giudice civile*, in *Rivista trimestrale di diritto e procedura civile*, vol. XXXII (1978), pp. 189–206, molto critico con l'indirizzo inquisitorio di Liebman e Ricci, ritenuto in contrasto con principi fondamentali della nostra civiltà. Sulla distinzione tra imparzialità e terzietà, cfr. M. Taruffo, *La semplice verità*, cit., p. 122. Per alcuni autori l'imparzialità riguarda l'interesse pubblico dello Stato, mentre la terzietà qualifica un interesse posto al di sopra di qualsiasi interesse pubblico o privato, cfr. G.F. Ricci, *Principi di diritto processuale generale*, Giappichelli, Torino 1998. Che non sia corretto descrivere la posizione del giudice rispetto alla verità in termini di terzietà non significa che non sia imprescindibile, per la corretta dialettica processuale, la divisione rigorosa dei ruoli discorsivi che spettano al giudice e alle parti, cfr. M.J. Arroba Conde, *Apertura*, cit., pp. 755–766; A. Gentile, *Teoria del diritto e tecnica dell'argomentazione forense*, in *Politica del diritto*, vol. XXXVIII (2008), pp. 461–480.

[50] Tale compatibilità si fonda nella differenza tra iniziativa e impulso processuale, cfr. M.J. Arroba Conde, *Il principio dispositivo*, cit., pp. 44–63. I poteri inquisitori del giudice hanno come dinamica naturale la fase istruttoria sicché, in relazione all'esame della domanda, qualsiasi iniziativa del giudice deve salvaguardare il diritto al processo, garantito nell'ordinamento canonico al c. 221.

risultando fatti costitutivi solo quelli con i quali si qualifica in termini giuridici una data situazione[51]. Detta qualificazione è preclusa al giudice, nonostante spetti a lui dare il *nomen iuris*; tale operazione non è riconducibile quindi a una sua scelta discrezionale su quali fatti debbano essere considerati costitutivi e quali secondari[52].

Viceversa, non è dato stabilire preclusioni per il giudice su quali siano i fatti storici da accertare, tenendo presente inoltre che la prova dei fatti principali dipende spesso dalla certezza raggiunta sull'esistenza di un insieme di fatti storici secondari[53]. In tal senso, il protagonismo del giudice nella raccolta delle prove, di cui parliamo in seguito, si fonda sulla differenza tra l'onere di provare i fatti allegati e l'onere di provare altri fatti che una parte dovrebbe allegare, per ottenere i suoi scopi[54]. Si richiede però molta attenzione per non privare l'indagine della sua storicità, imprigionandola nelle reti giuridizzate del sillogismo probatorio, e per non far dipendere l'onere della prova dei fatti dalla posizione assunta dalle parti sul diritto sostanziale controverso, anziché sui fatti storici affermati o contraddetti[55].

Non mancano ipotesi in cui viene modificata la regola generale sull'onere della prova, tanto negli ordinamenti di *common law* come in quelli di *civil law*[56]. La modifica risponde a una varietà di ragioni, sia di facilitazione nel produrre la prova (perché si è in possesso della medesima) sia di miglior tutela dei diritti di soggetti deboli (con difficoltà a fornire la prova dei fatti su cui si fondano le loro pretese). A noi interessa riferirci meno alle ragioni e più alle tecniche usate, delle quali si può disquisire se possano avere un valore contro epistemico. Le tecniche modificative degli oneri sono quelle cui provvede il giudice o il legislatore. Con o senza previsione legislativa i giudici

[51] Detta qualificazione spetta alle parti nonostante il principio *iuria novit Curia*. Circa alcune peculiarità che sul punto presenta il processo penale cfr. S. Quattroccolo, *Riqualificazione del fatto nella sentenza penale e tutela del contraddittorio*, Jovene, Napoli 2011.

[52] Questa interpretazione restrittiva del compito di dare il *nomen iuris* trova ulteriore fondamento se si tiene conto dell'obbligata istanza di parte per modificare il dubbio (c. 1514), mantenuta ancora sotto pena di nullità all'art. 136 della *Dignitas Connubii*, col conseguente divieto di modificarla d'ufficio, cfr. M.J. Arroba Conde, *Corresponsabilità*, cit., p. 213, dove riferisco le opinioni contrarie.

[53] Cfr. M.J. Arroba Conde, *Dir*itto processuale, cit., pp. 436–438.

[54] L.P. Comoglio, *Le prove civili*, Utet, Torino 2004, p. 75.

[55] Su tali rischi, cfr. E. Di Bernardo, *Il sillogismo giudiziale. Prerogative e limiti di applicabilità nel processo canonico* in *Apollinaris*, vol. LXXVII (2004), pp. 415–453.

[56] Nei primi non esiste la regola, e spetta al giudice assegnare i riferiti oneri; nei secondi esiste la regola, ma si prevedono eccezioni, cfr. M. Taruffo, *La semplice verità*, cit., pp. 226 ss.

invertono gli oneri di prova in base alla notorietà dei fatti o in ragione di presunzioni giudiziali[57].

Nel caso canonico l'inversione dell'onere della prova è opera del legislatore tramite la tecnica delle presunzioni legali; in realtà, anziché imporre al giudice di ritenere vero un fatto allegato se non è prodotta una prova del contrario, la legge canonica stabilisce piuttosto l'esonero della prova (c. 1526, 2), aggiungendo la possibilità (e non l'obbligo) di provare il contrario[58]. La dottrina non canonica avverte del valore contro epistemico di questa tecnica, volta ad evitare che del fatto presunto si debba fornire prova, richiamando regole di esperienza, che però potrebbero non essersi avverate nel caso di specie[59]. Ritengo che la modalità con cui recepisce il sistema canonico la tecnica delle presunzioni legali, sottolineando cioè la possibilità di fornire prova contraria del fatto presunto dalla legge, riduca i rischi contro–epistemici comunque annessi alle presunzioni legali. Si ricordi che, con la revisione del codice, adducendo proprio la facilità di fornire prova di essi, fu eliminata la regola sull'esenzione della prova dei fatti notori[60]. Sulle presunzioni giudiziali la norma canonica si esprime in termini di divieto, pur permettendo che si possano dedurre i fatti costitutivi controversi dall'accertamento di altri fatti strettamente connessi a quelli. Ho sempre sostenuto che tali deduzioni non hanno valore di prova ma sono frutto della valutazione delle prove e, in ogni caso, non hanno incidenza sull'onere di provare i fatti principali controversi[61].

Ciò spiega che nell'ordinamento canonico la dichiarazione giudiziale della parte abbia valore di prova, malgrado l'apparente ricezione di una regola comune ad altri sistemi, quella cioè che proibisce la c.d. testimonianza della parte[62]. In effetti, se si deve fornire prova dei fatti principali controversi, e se la certezza sui medesimi si deve spesso dedurre da altri fatti che permettono di presumere quelli, non sono applicabili al sistema canonico le abituali deduzioni della dottrina extra canonica, escludendo che le parti abbiano un ruolo epistemico, riconoscendo in esse interessi volti solo a persuadere del

[57] Cfr. R. Sacco, *Presunzione, natura costitutiva o impeditiva del fatto, onere della prova*, in *Rivista di diiritto civile*, vol. III (1957), pp. 389–420.

[58] Cfr. R. Palombi, *Le presunzioni (artt. 214–216)*, a cura di P.A. Bonnet e C. Gullo, *Il giudizio di nullità matrimoniale dopo l'Istruzione Dignitas Connubii. Parte terza. La parte dinamica del processo*, Città del Vaticano 2007, pp. 441–476.

[59] M. Taruffo, *La semplice verità*, cit., pp. 160 ss.

[60] Sul punto cfr. *Communicationes* 11 (1979), p. 98.

[61] Cfr. M.J. Arroba Conde, *Diritto processuale*, cit., pp. 490–491. Sull'indebito ricorso ad artificiose massime di esperienza, che aggravano il rischio di tralasciare gli aspetti irripetibili di ogni singolo caso, cfr. Signatura Apostolica, decreto particolare: *Praesumptiones facti pro causis nullitatis matrimonii* 3.12.1995, in *Ius Ecclesiae*, vol. VIII (1996), pp. 851–852.

[62] Così al c. 1550 par. 2, 1.

proprio asserto e vincere la causa, per cui le loro dichiarazioni sono sempre ridotte alla categoria di mere allegazioni[63]. Penso che il nostro sistema è equilibrato: la legge non ritiene pienamente provato ciò che affermano solo le parti; ma a tali dichiarazioni riconosce comunque valore di prova, che potrebbe risultare piena se corroborata da indizi, circostanze e elementi concludenti[64]. In ambito canonico non può essere trascurato che quanto dicono le parti è radicato nelle loro convinzioni di coscienza[65].

6.5. L'ammissione delle prove e il problema specifico della loro liceità

Sulle regole di ammissione delle prove si può dire, come affermazione di partenza, che nel sistema canonico sono pochi i limiti sulla possibilità di produrre ogni mezzo di prova rilevante. Al contrario, la tesi secondo la quale il principio di rilevanza è l'unico criterio epistemico che dovrebbe regolare l'ammissibilità delle prove, pur sostenuto dalla dottrina extracanonica più convincente, si scontra col fatto che certi mezzi di prova, rispetto a determinate materie, siano qualificati dalle leggi processuali come prove inammissibili. Non mancano autori che mettono in discussione anche alcune delle principali conseguenze derivanti dall'assunzione del principio di rilevanza, come per es. la possibilità di ammettere prove atipiche, non contemplate cioè dalla legge, ma dalle quali, spesso grazie ai progressi scientifici, si ricavano dati conoscitivi importanti per l'accertamento della verità[66].

Nel sistema canonico, la disciplina generale è stabilita al c. 1527. In esso, rispetto al codice precedente, fu introdotta una significativa formula nuova, cioè che in ogni processo sono ammesse *probationes*

[63] Gli autori negano il ruolo epistemico delle parti quando l'obiettivo del processo si incentra nella mera soluzione dei conflitti affidata allo scontro dialettico delle parti, cfr. M. Damaska, *I volti della giustizia e del potere. Analisi comparatistica del processo*, Il Mulino, Bologna 1986, p. 211; M. Taruffo, *La semplice verità*, cit., pp. 107, 118 e 171; ritengo però necessario prestare attenzione a non convertire in sinonimi l'insufficienza delle verità soggettive delle parti e l'assenza di un loro ruolo veritativo.

[64] Sul significato di tali concetti, cfr. M.J. Arroba Conde, *Le dichiarazioni delle parti nelle cause di nullità matrimoniale*, cit., pp. 243–253; A. Ripa, *op. cit.*, pp. 200–226.

[65] Tale è la conseguenza processuale più significativa della portata strutturante che possiede nella Chiesa il principio di corresponsabilità dei fedeli, cfr. M.J. Arroba Conde, *Corresponsabilità*, cit., p. 211.

[66] Simile opinione è vincolata a impostazioni scolastiche eccessivamente incentrate nell'esegesi del codice, come se il diritto canonico si esaurisse nella sola legge positiva; sull'ammissibilità delle prove atipiche, cfr. M.J. Arroba Conde, *Prova*, cit., pp. 34 ss. Anche fuori dall'ambito canonico, per ragioni analoghe, non mancano autori che ritengono inammissibili le prove atipiche; cfr. G.F. Ricci, *Le prove atipiche*, Giuffré, Milano 1999.

cuiuslibet generis. Tale formula esprime l'obiettivo di massimizzare la ricerca della verità ammettendo le prove atipiche ed evitando di configurare limiti sul mezzo di prova che possano derivare dalla sua qualità estrinseca o dalla materia oggetto di giudizio, sicché si pongono come uniche condizioni la liceità e l'utilità della prova la cui ammissione sia stata richiesta[67]. L'utilità è solitamente interpretata in termini di economia processuale, valore molto importante ma che, se correttamente applicato, non può costituire un vero limite contro–epistemico. In effetti, nei vari ordinamenti processuali il riferito criterio di economia permette la selezione delle prove in forza della loro rilevanza, escludendo quindi solo quelle meramente cumulative o ridondanti[68].

In tal senso, l'unica puntualizzazione da fare riguarda il bisogno di evitare che la selezione di prove utili impedisca di acquisire informazioni necessarie; non ci sono ragioni di tipo economico o di celerità temporale che possano prevalere sulla completezza dei dati conoscitivi da acquisire. Per tale motivo ho sempre insistito sul fatto che, in certe cause di nullità matrimoniale, qualsiasi sia il motivo di nullità invocato, la prova peritale, oltre che ammissibile, può rappresentare un aiuto imprescindibile[69].

Arriviamo così al criterio di liceità che appare più problematico in relazione alla possibilità di determinare la verità corrispondente con la realtà oggettiva. Sul sistema canonico, pur distante dalle opinioni altrui[70], ho espresso più volte il mio pensiero, che cioè una prova è illecita soltanto quando il suo contenuto o il modo di acquisirla siano in contrasto con la dignità umana[71]. Si tratta di un aspetto difficile da stabilire a priori, ma che ci permette almeno di escludere presunte illiceità provenienti dal conflitto tra il diritto alla prova e altri diritti soggettivi come la proprietà o la c.d. *privacy*, un diritto sul quale non mancano tentativi di utilizzo contro epistemico nel processo canonico, che non sono affatto fondati[72].

Come anticipato, la situazione rispetto al criterio di illiceità è molto diversa in altri ordinamenti processuali dove permangono regole che, pur rispondenti nella loro origine ad un'esigenza epistemica, come

[67] Cfr. M.J. Arroba Conde, *Diritto processuale*, cit., p. 419.

[68] Cfr. C. Mandrioli, *Diritto processuale civile*, vol. II, Giappichelli, Torino 2003, pp. 175–182.

[69] Cfr. M.J. Arroba Conde, *Diritto processuale*, cit., p. 441.

[70] Sul dibattito dottrinale al riguardo, cfr. A. Ingoglia, *L'inammissibilità delle prove illecite (art. 157 "Dignitas Connubii")*, a cura di J. E. Avila e C. Gnazi, *Matrimonium et Ius*, cit., pp. 389–402.

[71] Cfr. M.J. Arroba Conde, *Diritto processuale*, cit., pp. 413–415; Id., *Prova*, cit., pp. 36–38.

[72] Cfr. M.J. Arroba Conde, *Prova*, cit., pp. 34–39.

quella di evitare possibili errori di valutazione, oggi appaiono segno di un paternalismo inutile, e provocano limiti non necessari alla ricerca della verità, in quanto implicano l'esclusione a priori di alcuni mezzi di prova[73]. L'esclusione si stabilisce in ragione della materia del processo[74], in ragione di qualità inerenti al mezzo di prova[75], o in ragione di altri valori sociali meritevoli di tutela[76]. Al di là delle ragioni poste a giustificazione, con tali limiti il giudice è preventivamente impedito ad acquisire certe informazioni, anche se utili[77].

Nella disciplina canonica particolare sui singoli mezzi di prova non ci sono limiti assoluti eccetto sulle dichiarazioni e testimonianze in cui si possa infrangere il sigillo sacramentale[78]; il segreto professionale e segreti analoghi si riconoscono come ragione di cui l'interessato si può avvalere per chiedere la dispensa di dichiarare[79]; i limiti sull'eventuale testimonianza di un minore o di un debole di mente non sono assoluti[80]. L'innegabile rischio contro epistemico annesso a queste regole è giustificato, in tutti gli ordinamenti, in forza del c.d. bilanciamento tra valori degni di tutela ma in contrasto reciproco[81]. È evidente il valore che si tutela regolando in termini assoluti il sigillo sacramentale[82]; credo anche che la normativa sul segreto professionale sia corretta, in quanto affronta la circostanza in termini di dispensa; il problema pratico, nel sistema canonico, a differenza di altri sistemi processuali, deriva dall'inesistente possibilità di controllo, da parte del giudice, circa la

[73] Cfr. M. Taruffo, *La semplice verità*, cit., pp. 144–152.

[74] Per es. l'esclusione della prova per testi nelle cause sui contratti presenti negli ordinamenti francese e italiano, *ibidem*.

[75] Per es. in certi sistemi di *common law*, l'esclusione del teste *de relato* o per sentito dire; in altri ordinamenti si stabilisce l'esclusione del teste per ragioni di età, capacità mentale o vincoli di parentela, *ibidem*.

[76] Per es. le regole sui vari segreti che esonerano dall'obbligo di dichiarare, *ibidem*.

[77] Cfr. L.P. Comoglio, *Le prove civili*, cit., pp. 429 ss.

[78] L'obbligo del sigillo sacramentale, stabilito ai cc. 983–994, e tutelato penalmente con scomunica *latae sententiae* al c. 1388, provoca incapacità assoluta a testimoniare (c. 1550 par. 2, 2).

[79] Alla testimonianza di chi è tenuto al segreto professionale si riferisce il c. 1548 par. 2.

[80] L'eccezione è prevista al c. 1550 par. 1; sulla convenienza di ascoltare il minore nel processo canonico possono essere di aiuto le norme nazionali e internazionali formatesi per rispondere meglio alla prevalenza riconosciuta alla tutela dell'interesse del minore, cfr., M. Riondino, *Famiglia e minori. Temi giuridici e canonici*, Lateran University Press, Città del Vaticano 2011, pp. 93–122.

[81] Sul concetto di bilanciamento cfr. A. Nicolussi, *Lugi Mengoni e il diritto privato*, a cura di L. Nogler e A. Nicolussi, *Luigi Mengoni o la coscienza del metodo*, Cedam, Padova 2007, pp. 37–76.

[82] Si tratta di proteggere la fiducia dei fedeli, non solo nella prestazione ministeriale propria dei confessori, ma soprattutto nell'assoluta gratuità e pienezza del perdono ricevuto.

reale legittimazione del teste ad avvalersi della facoltà di non rendere dichiarazione.

6.6. Regole sull'acquisizione delle prove: margini ampi di autonomia del giudice

Le possibilità di controllo e direzione da parte del giudice sono invece abbondanti in tema di acquisizione delle prove, sia rispetto alla produzione di prove documentali precostituite e di prove peritali extragiudiziali, sia rispetto alla formazione delle prove semplici, tanto orali, quanto tecniche. Si può anzi affermare che nel sistema canonico sono presenti con maggiore chiarezza e da più tempo norme corrispondenti alle linee di tendenza verso le quali si stanno evolvendo gli altri sistemi processuali moderni, inclusi quelli appartenenti alla famiglia del c. d. *adversarial system*, prevedendo cioè poteri istruttori autonomi in capo al giudice[83]. Sul punto, nonostante ci siano regole prive della sufficiente determinatezza, e pertanto esposte al rischio di applicazioni controproducenti, riterrei esagerato sostenere che le norme canoniche in se siano incoerenti con la funzione epistemica del processo[84].

Questa valutazione positiva non ci esonera dal puntualizzare quale sia la portata adeguata dei poteri istruttori del giudice rispetto alla posizione delle parti. Potrebbe sembrare sufficiente avvertire che, soprattutto rispetto alle prove, è illegittimo interpretare "l'ultima parola", che l'ordinamento affida al giudice, come se fosse una "unica parola"[85]. Assicurare un'applicazione adeguata dei poteri istruttori del giudice, sia di quelli di semplice direzione sia di quelli che gli consentono di disporre prove di ufficio, esige che siano garantiti appieno i diritti delle parti in materia istruttoria. Tale garanzia è la più accettabile misura di controllo razionale dei poteri del giudice in tema di prova, oltre a possedere un valore epistemico più convincente di quanto avrebbero altre rigide misure di orientamento dispositivo o inquisitorio allo stato puro.

L'esercizio dei poteri istruttori affidati al giudice obbliga questi ad agire in modo tale da consentire alle parti di controllare quelle sue iniziative potenzialmente più esposte al rischio di abuso. Tra queste meritano menzione, rispetto alle prove orali, l'eventuale raccolta anticipata di una dichiarazione, senza quindi il dovuto contradditorio, le modalità di conduzione degli interrogatori (evitando l'esclusione dei patroni delle parti dalle udienze), di selezionare i quesiti da porre ai dichiaranti, di sindacare le integrazioni richieste dagli avvocati e di verbalizzare le

[83] Cfr. M.J. Arroba Conde, *El principio dispositivo*, cit., pp. 63–67.

[84] Cfr. M.J. Arroba Conde, *Prova*, cit., pp. 38–40.

[85] Ivi, p. 37.

risposte[86]. Rispetto alle prove tecniche ordinate di ufficio, oltre all'esame equilibrato di eccezioni e ricusazioni, il miglior controllo da assicurare alle parti è l'ammissione di perizie extragiudiziali fatte per loro iniziativa, nonché l'accoglienza generosa delle loro richieste di ottenere l'ausilio di un perito privato. Infine, per ogni tipo di prova acquisita di ufficio è necessario assicurare che le parti possano discutere l'esito, per cui la pubblicazione delle medesime è imprescindibile, e rende davvero eccezionale la facoltà di disporre il segreto di cui al c. 1598.

Se al controllo delle parti sui poteri istruttori del giudice riconosciamo una funzione epistemica, sarebbe insensato pensare che tali poteri non esercitino una funzione identica sul possibile utilizzo contro epistemico, ad opera delle parti, dei loro diritti probatori. Al riguardo ritengo equilibrate le scelte legislative rispetto al processo giudiziale canonico; sarebbe eccessivo sostenere che le medesime rispondano a pregiudizi gratuiti sulla mendacità delle parti, anziché ad un controllo efficace della loro attendibilità teso ad offrire ulteriori garanzie di oggettività e, soprattutto, di completezza.

Sulle prove orali, l'affidamento al giudice del controllo ultimo sui quesiti da porre ai vari dichiaranti, oltre a diminuire il rischio di distorsioni dovute a possibili suggestioni, appare una scelta idonea ad assicurare risposte chiare, complete, controllabili dagli altri soggetti e contenenti tutti i dati utili per applicare poi i criteri di valutazione e attendibilità oggettiva[87]. Sulle prove scientifiche, al problema che potrebbe derivare dalla scelta del c.d. "perito di parte", che non agisca con l'obiettività della sua arte[88], l'ordinamento risponde con misure rispondenti al senso ultimo del contributo che spetta ai tecnici, cioè aiutare il giudice nel valutare i fatti che esulano dalla sua competenza[89]. Con le prove precostituite i problemi sorgono da eventuali manomissioni di documenti, soprattutto privati, nonché dalla collisione tra la produzione in giudizio e altri diritti affermati dal proprietario o pos-

[86] Cfr. M.J. Arroba Conde, *Prova*, cit., pp. 103–111; P. Bianchi, *Alcune annotazioni circa l'interrogatorio di parti e testi nelle cause di nullità di matrimonio*, in *Quaderni di diritto ecclesiale*, vol. XVII (2004), pp. 210–223.

[87] Si tratta dei criteri di cui al c. 1572 come indicherò in seguito; sull'incidenza di questo canone rispetto al modo di interrogare del giudice cfr. E. Di Bernardo, *Accertamento razionale dei fatti*, cit., pp. 162 e 180.

[88] Come si dirà in seguito, si deve evitare l'utilizzo del concetto "perito di parte"; è preferibile riferirsi al perito extragiudiziale di cui al c. 1575 o al perito privato di cui al c. 1581. Ciò gioverebbe a non oscurare la natura tecnica di questa prova, che non dovrebbe venir meno, indipendentemente dal fatto che sia stata la parte ad avere una qualche iniziativa nella sua produzione.

[89] Sulle note tipiche di questo mezzo di prova, cfr. M.J. Arroba Conde, *La prova peritale e le problematiche processualistiche*, in Aa.Vv., *L'incapacità di intendere e volere nel diritto matrimoniale canonico*, Libreria Editrice Vaticana, Città del Vaticano 2000, pp. 387–388.

sessore dei documenti. La tecnica della querela di falso non è prevista nel sistema canonico e non ci sono diritti soggettivi superiori all'obbligo di contribuire alla ricerca della verità, per cui si può dire che l'ordinamento favorisce la produzione in giudizio di ogni documento, ma risponde ai riferiti rischi affidando alla decisione ultima del giudice misure di soluzione utili, come la perizia calligrafica, la ricognizione di un documento privato se manca il riconoscimento del suo autore, e l'ammissione di una riproduzione parziale del documento che eviti la collisione con altri diritti[90].

6.7. La valutazione delle prove: disposizioni o criteri normativi

L'ultimo gruppo di regole, il cui valore epistemico è degno di riflessione, sono quelle sulla valutazione delle prove; sul punto l'attenzione principale ricade sulle prove legali, che caratterizzarono per molto tempo i sistemi processuali dell'Europa continentale, fino all'espansione del principio del libero convincimento. Come è noto, per prove legali si intendono quelle il cui valore viene stabilito a priori dalla legge, con efficacia quindi vincolante. Non sfugge alla dottrina extracanonica più attenta la natura contro epistemica delle regole di prova legale, perché proibire o imporre in modo assoluto di tener per veri determinati fatti, è di ostacolo alla considerazione che meritano le circostanze di ogni caso[91]. Da ciò il declino progressivo, sin dalla rivoluzione francese, del sistema di prove legali, sostituito dal sistema di prova libera, nel quale è prevalente la valutazione discrezionale del giudice.

Malgrado ciò permangono tuttora alcune tracce di prove legali, tra le quali si includono, come regole positive comuni a più sistemi, l'efficacia probatoria della confessione giudiziale[92] e dei documenti pubblici[93]. Non mancano anche alcuni casi di regole di prova legale negativa, tra le quali la più frequente è il divieto incluso nel tradizionale principio *testis unus testis nullus*[94]. I tre casi indicati, uniti al divieto di ritenere veri i fatti dichiarati da una parte indotta da violenza, timore o errore (c. 1538), costituiscono le uniche prove legali esistenti nel processo giudiziale canonico.

Tali regole però non comportano vincoli assoluti. Così, i documenti pubblici fanno fede piena solo su ciò che costituisce il loro contenuto diretto e principale; su certi documenti, si è sentito l'esigenza di pun-

[90] Cfr. M.J. Arroba Conde, *Diritto processuale*, cit., pp. 443–451.

[91] Cfr. M. Taruffo, *La semplice verità*, cit., pp. 160–167.

[92] Cfr. L.P. Comoglio, *Le prove civili*, cit., p. 305.

[93] Ivi, pp. 541 ss.

[94] Cfr. M. Taruffo, *La semplice verità*, cit., p. 165.

tualizzare ciò che possiede natura pubblica, distinguendo tra l'autenticazione ad opera di un pubblico ufficiale e il contenuto, la cui natura rimane sempre privata (DC 185). Sulle confessioni giudiziali non si prevede in modo espresso che facciano prova piena, ma solo indirettamente, in quanto liberano dall'onere della prova del fatto confessato, tra l'altro soltanto nelle cause in cui sia in gioco un bene privato (c. 1535). Il divieto di ritenere per vero quanto detto da un unico teste prevede le eccezioni: quando si tratta di teste qualificato o quando le circostanze della persona o del caso inducano a valutare diversamente (c. 1573)[95].

Nella valutazione delle prove quindi, l'ordinamento processuale canonico è ispirato al principio del libero convincimento, con il corrispettivo sistema di prove libere che, pur rischiando di separarmi dalle definizioni normalmente utilizzate dai processualisti, ho sempre preferito definire non già come quelle prove sulle quali la legge affida al giudice il compito di attribuirle il loro valore, ma piuttosto come quelle in cui la legge si limita ad indicare i criteri che il giudice deve seguire per assolvere tale compito[96]. Nonostante siano indicati in relazione alla prova testimoniale, i criteri di valutazione del c. 1572 e di DC 201 possono essere ritenuti validi per la valutazione di ogni altra prova libera[97]. Tali criteri sono la condizione, la fonte, il tempo della conoscenza, la fermezza o coerenza intrinseca e la concordanza con altri risultati probatori.

In tal senso, la principale puntualizzazione che ritengo di dover continuare a fare costantemente riguarda proprio la differenza tra il libero convincimento e il convincimento arbitrario, quello che interpreta il primo come un assoluto esonero in capo al giudice di qualsivoglia criterio o vincolo razionale nella valutazione delle prove. Che le disposizioni del c. 1572 siano regole di natura razionale e logica non significa che non siano giuridicamente vincolanti rispetto al cammino che il giudice deve seguire per formarsi la sua libera convinzione sui fatti di causa, da accertare nel processo[98].

[95] Tra le circostanze della persona merita attenzione l'eventuale qualifica professionale di un teste, specialmente nelle cause in cui deve intervenire un perito d'ufficio, al punto di poter risultare la testimonianza del riferito professionista una delle circostanze che autorizzano il giudice a fare a meno della perizia (c. 1678 §3).

[96] Cfr. M.J. Arroba Conde, *Diritto processuale*, cit., pp. 409–410.

[97] Cfr. M.J. Arroba Conde, *Le dichiarazioni delle parti nelle cause di nullità*, cit., pp. 239–243.

[98] Cfr. E. Di Bernardo, *L'accertamento*, cit., pp. 162ss.

6.8. La valutazione della dichiarazione delle parti: evoluzione recente

L'utilizzo di una terminologia adeguata, che permetta di distinguere con rigore tecnico la diversità di concetti usati nel codice rispetto alle dichiarazioni delle parti, è la prima esigenza per affrontare le complessità inerenti il loro valore. Non si devono confondere concetti che, per la loro diversificata rilevanza probatoria, esigono una classificazione altrettanto diversificata. DC 179, contro il tradizionale principio di non offrire definizioni nelle norme, stabilisce addirittura due diverse sul concetto di confessione[99]. Tutto ciò può compromettere la chiarezza[100].

In qualsiasi caso, è necessario distinguere le dichiarazioni delle parti che non fanno parte delle prove (integrate negli *acta* ma non nei *probata*) e quelle che lo sono a pieno titolo. Tra le prime si trovano le affermazioni che la parte pronuncia una volta iniziato il processo (in tempo cioè sospetto) fuori dall'interrogatorio (nella domanda, nella fase di concordanza del *dubium*, nelle possibili risposte scritte da casa, sottraendosi all'interrogatorio giudiziale). L'interrogatorio è il mezzo legittimo stabilito per compensare l'inclinazione naturale a riferire i fatti secondo la propria visione soggettiva delle cose, una volta che è iniziata la causa. Per ciò non rimangono escluse dal concetto di prova le affermazioni extragiudiziali della parte prima del processo (in tempo non sospetto). Alle risposte date nell'interrogatorio e alle affermazioni extragiudiziali anteriori al processo deve applicarsi la distinzione tra dichiarazione e confessione, a seconda siano favorevoli o contrarie alla propria tesi nella causa. La distinzione tra dichiarazione e confessione non deve usarsi come una classificazione globale delle risposte ed affermazioni, ma deve applicarsi ad ognuno dei fatti e dettagli dell'indagine[101].

Solo con tale rigore è possibile comprendere il livello di accertamento che ognuno dei fatti storici addotti ha raggiunto nell'indagine, e soprattutto, solo con un tale sforzo sarà possibile stabilire il valore che ognuno dei fatti possiede in relazione all'accertamento del fatto giuri-

[99] Infatti, dopo aver ripetuto il concetto di confessione stabilito al c. 1535, si aggiunge che nelle cause di nullità matrimoniale è confessione anche l'affermazione di un fatto della propria sfera personale contrario alla validità del vincolo, indipendentemente da quale sia la posizione mantenuta nel processo da parte di chi lo afferma (aspetto fondamentale nel concetto tradizionale di confessione, ai fini di stabilire che si tratti di una ammissione *contra se peracta*, riconoscendo fatti che possono compromettere la propria tesi).

[100] Si può pensare che, almeno indirettamente, DC 173 intende favorire lo studio della giurisprudenza rotale (varie volte richiamato nell'istruzione), visto che la Rota Romana ha utilizzato il concetto di confessione senza distinguere tra le affermazioni favorevoli o contrarie alla propria posizione processuale, cfr. M.J. Arroba Conde, *Diritto processuale*, cit., p. 442.

[101] Rimando alle definizioni che su ogni concetto propongo in *Diritto processuale*, cit., pp. 424–427.

dico (*thema probandum*) oggetto della causa, rispetto al quale il codice suggerisce di distinguere tra quelli che sono una conferma diretta (c. 1572, 4), quelli che risultano un indizio (cioè, un fatto strettamente connesso con il fatto principale), quelli che sono un ammennicolo (circostanze rilevanti, benché non abbiano relazione diretta con l'oggetto della prova) e quelli che sono solo elementi di credibilità soggettiva (del tutto estranei al tema in discussione, ma molto importanti per valutare le prove offerte)[102]; su questi ultimi la giurisprudenza è ancora scarsa ma la dottrina ha indicato alcuni elementi di credibilità soggettiva degni di essere presi in considerazione.

6.8.1. La dichiarazione delle parti e la prova piena

Nella recente riforma dei processi di nullità matrimoniale si formula in positivo ciò che nella precedente norma codiciale si formulava in negativo rispetto del valore di prova piena che è possibile attribuire alla dichiarazione delle parti. Mentre il c. 1536 stabilisce che le dichiarazioni e confessioni delle parti nelle cause di interesse pubblico sono insufficienti per raggiungere la prova piena, in mancanza di elementi corroborativi concludenti (c. 1536), il nuovo c. 1678 afferma invece che le dichiarazioni e confessioni delle parti possono raggiungere la prova piena, se sostenute da un teste di credibilità, se non ci sono elementi contrari, dovendosi valutare insieme agli indizi e ammenicoli. Sono quindi indispensabili ulteriori considerazioni rispetto ai concetti di indizio e ammennicolo, per poi disquisire sul più specifico concetto di elemento idoneo ad avvalorare pienamente le dichiarazioni delle parti.

Prova piena significa, secondo la dottrina, prova sufficiente. Sufficienza però riferita alla ricostruzione del fatto giuridico (da provare in giudizio) e non ai singoli fatti storici che lo supportano[103]. In questo senso, non desta meraviglia che il legislatore, nonostante la maggiore fiducia accordata alla dichiarazione delle parti, avverta indirettamente che i soli risultati ottenuti con le dichiarazioni delle parti non sono sufficienti ad ottenere la prova piena, in quanto da soli non possono dimostrare con la richiesta ragionevolezza l'esistenza del fatto giuridico controverso. Se tale disposizione non deve meravigliare, non è perché appaia logico che il legislatore predisponga cautele di fronte all'attendibilità di quanto dicono i diretti interessati; simile interpretazione, pur presente in dottrina[104], non è rispettosa dei principi sottostanti alle nor-

[102] Ivi, pp. 439–442.

[103] Sulla distinzione tra *thema probandum* e l'oggetto della prova, cfr. A. Stankiewicz, *Le caratteristiche del sistema probatorio canonico*, cit. p. 581.

[104] Il nuovo c. 1678 supera nella sua formulazione quel certo retaggio di diffidenza verso le parti che si manifestava nella redazione del precedente c. 1679 dove si avvertiva che quanto

me che obbligano a sbarazzarsi di gratuiti sospetti sulla veridicità delle parti.

Se la norma in parola non deve stupire, ciò si deve al semplice fatto che, una tale efficacia, il riconoscimento cioè dell'idoneità di un unico mezzo istruttorio a ricostruire da solo il fatto giuridico, non è accordato ai risultati raggiunti con l'espletamento di un unico mezzo di prova, qualunque esso sia. Basti pensare al valore dei documenti pubblici la cui efficacia probatoria merita alta considerazione nella legge, al punto di costituire in alcuni casi ragione per poter trattare una causa secondo un via processuale sommaria, come succede nei processi documentali di nullità matrimoniale (cc. 1688–1690). Il c. 1541 però stabilisce che i documenti pubblici fanno piena fede solo su ciò che costituisce il loro contenuto diretto e principale e sempre che non vi siano argomenti evidenti dai quali si evinca il contrario di quanto il documento attesta. Inoltre, anche in mancanza di tali argomenti, è ovvio che il contenuto diretto del documento pubblico non è mai equivalente al fatto giuridico controverso nel processo, ma solo alla percezione che di esso ha ricevuto il pubblico ufficiale, estensore del documento. Ciò rende impossibile, nella generalità dei casi, limitare l'indagine all'analisi del documento. A tale chiarificazione contribuiscono positivamente le disposizioni di DC 185 §§2–3, dove si distingue tra l'autenticazione pubblica di un documento, il deposito presso un pubblico ufficiale, e la valutazione del documento in se, che seguirà le norme stabilite per valutare i documenti privati.

In questo senso, l'insufficienza che indirettamente stabilisce il legislatore sulla possibilità di attribuire alle sole dichiarazioni delle parti l'efficacia di prova piena del fatto giuridico controverso non è diversa rispetto agli altri mezzi di prova. Anzi, se di diversità si deve parlare, questa ha significato positivo in quanto, a differenza delle altre prove, il legislatore indica la possibilità di riconoscere maggior efficacia alla dichiarazione delle parti ricavando la prova piena da *alia elementa* di conferma e non necessariamente da altre prove confermative che, se vi fossero, renderebbero superflua questa disposizione[105].

Attesa la differenza tra l'accertamento del fatto giuridico e l'accertamento dei fatti storici principali o secondari oggetto della prova, la norma che stabilisce l'insufficienza della dichiarazione delle parti per

dicesse una parte, se non trovava riscontro in altri elementi, non poteva avere efficacia di prova piena.

[105] Sulla differenza tra la categoria costituita dagli *elementa* e quella delle prove ritorneremo in seguito; si anticipa la confusione alla quale può indurre DC 180 §1; che gli elementi confermativi della dichiarazione della parte debbano essere "elementa probatoria" significa solo che debbono essere presenti nelle prove raccolte, il ché appare ovvio, mentre sarebbe sbagliato (perché ridondante e del tutto inutile) riferirli ad altre prove che direttamente confermino quanto detto dalla parte.

ottenere la prova piena del fatto giuridico non ha altro significato che dichiarare illegittima l'eventuale limitazione dell'indagine alle sole dichiarazioni delle parti. Più che un limite di valutazione (comunque non assoluto) stabilisce un divieto di procedura, non consentendo cioè di prescindere dalla produzione di altre prove per ricostruire il fatto controverso, accontentandosi del solo contributo delle parti. Concordo quindi con chi avverte che il ricorso al teste di credibilità (quale elemento espressamente indicato per le cause matrimoniali) non ha carattere sostitutivo nell'indagine ma soltanto suppletivo nella valutazione[106].

6.8.2. I concetti di indizio, ammenicolo ed elemento di crdibilità

Diversa considerazione merita la nozione di prova piena se, anziché al fatto giuridico, viene riferita ai singoli fatti storici ed alle ripercussioni dei medesimi nell'animo dei dichiaranti. La dichiarazione delle parti, analizzata alla luce delle regole del c. 1572, può permettere, in diverso grado, che si raggiunga piena prova sui singoli fatti storici che, a loro volta, consentono di trarre regole inferenziali sulla fondatezza del fatto giuridico[107].

I fatti storici sono come parti di un tutto e ricevono la qualifica di indizi, che potranno essere confermativi del fatto giuridico principale se ad esso sono adeguatamente connessi. Gli indizi debbono essere certi[108] e difficilmente si è costretti a ricavare la morale certezza sull'oggettiva esistenza di uno o più indizi solo ed esclusivamente dalla dichiarazione di una o entrambe le parti, specialmente se si procede a stabilire la richiesta oggettività dell'indizio con una saggia applicazione delle regole di valutazione del c. 1572. L'oggettiva certezza sugli indizi, come avvertiva Pio XII, può condurre alla morale certezza sulla fondatezza del fatto giuridico[109]. Nelle cause di nullità matrimoniale, gli indizi sono gli elementi che la giurisprudenza qualifica come "prove indirette": l'avversione (nella cause di *metus*); la reazione (nei casi di *error* e *condicio*); il rapporto tra *causa simulandi* e *causa contrahendi* (nei casi esclusione); ... Una ricostruzione ragionevole e oggettiva degli indizi

[106] Cfr. P. Bianchi, *È più facile*, cit., p. 400.

[107] Cfr. M. Taruffo, *La prova dei fatti giuridici.*, cit., p. 429.

[108] La definizione di indizio è pacifica in dottrina e agevolata dalle norme sulle presunzioni che avvertono della necessaria connessione dell'indizio con il fatto presunto (c. 1584), nonché della richiesta certezza sulla sua esistenza (c. 1586).

[109] Cfr. Pio XII, *Allocutio Romana Rota*, 1.10.1942, in *AAS*, vol. XXXIV (1942), p. 340, dove si avverte che "talvolta la certezza morale non risulta se non da una quantità di indizi e di prove che, presi singolarmente, non valgono a fondare una vera certezza, e soltanto nel loro insieme non lasciano più sorgere per un uomo di sano giudizio alcun ragionevole dubbio; per tal modo non si compie in nessuna guisa un passaggio dalla probabilità alla certezza ... ma si tratta dalla simultanea presenza di tutti questi singoli indizi".

può produrre la prova piena sul fatto principale, pur quando quest'ultimo sia stato riferito in modo singolare o prevalente solo dalle parti.

Meno chiara risulta la nozione di ammennicolo. Gli autori concordano nell'utilizzare il concetto di "prova ammennicolare" per indicare un sostegno o sussidio delle prove vere e proprie, per cui gli ammennicoli sono denominati prove semipiene o imperfette[110]. Si può pensare che l'imperfezione risieda in un difetto dell'ammennicolo rispetto ai requisiti richiesti dalla legge per l'acquisizione dei diversi mezzi di prova[111], ma per la maggioranza degli autori l'imperfezione riguarda l'insufficienza dell'ammennicolo a dimostrare il fatto giuridico in modo pieno; orbene, nonostante non possa da sola produrre la prova piena, oggi non è più ammissibile attribuire la qualifica di ammennicolo (anziché di prova) alla dichiarazione delle parti, come faceva la dottrina e giurisprudenza anteriore, in rapporto anche al loro contenuto favorevole alla nullità del matrimonio.

Forse per questa ragione, il concetto di ammennicolo viene ricondotto da altri autori alle circostanze di fatto che, pur non direttamente connesse con il fatto principale, possono avvalorare la sua esistenza[112]. Il c. 1536 stabilisce infatti che il giudice valuti le dichiarazioni delle parti alla luce delle circostanze della causa, mentre nella norma speciale sulle cause di nullità (c. 1678), anziché richiamare la valutazione delle circostanze, richiede il confronto delle dichiarazioni con gli indizi e ammennicoli. La considerazione degli ammennicoli come concetto equivalente a quello delle circostanze ha come fondamento il silenzio del legislatore sulle "circostanze" e la sostituzione di tale concetto con quello degli ammennicoli nella norma speciale sulle cause di nullità. In queste cause è prassi comune riferirsi alle circostanze antecedenti, concomitanti e susseguenti al matrimonio, quale completamento del sillogismo probatorio e delle motivazioni. Le circostanze del matrimonio sono solitamente l'elemento più oggettivo, sul quale si riscontra

110 Per tutti, cfr. I. Gordon, *De iudiciis in genere. Pars dynamica*, vol. II, PUG, Roma 1972, p. 36, il quale definisce l'ammenicolo *sustentaculum seu adiutorium*.

111 Questa interpretazione sembra possibile ai sensi dell'attuale c. 1527 che stabilisce l'ammissione nel processo di *cuiuslibet probationes*, inciso che risulta nuovo rispetto al parallelo c. 1749 del codice anteriore, e che permette di proporre prove "atipiche", vale a dire, diverse da quelle espressamente previste nel codice, oppure le stesse prove tipiche senza peró osservare, per impossibilità, le norme codiciali sulla loro acquisizione, per cui non producono prova piena o sufficiente; tali sarebbero, per esempio, i documenti di cui non è possibile presentare l'originale o copia autenticata (come richiede il c. 1544).

112 Se si ritiene che anche gli ammennicoli debbono avere connessione diretta con il fatto principale, si sminuirebbe il valore degli ammennicoli riferiti alle circostanze delle persone (come l'immaturità) e si comprometterebbe la distinzione tra ammennicolo e indizio (unico concetto direttamente compreso nella norma sulle presunzioni e unico cui riguarda l'esigenza della connessione con il fatto principale).

maggiore concordanza, fino a raggiungere un grado di certezza che può dirsi superiore alla certezza morale (*facta sunt verbis validiora*). Con indipendenza da quanto sia tecnicamente corretta l'equivalenza tra i concetti di "ammennicoli" (di cui al c. 1678) e di "circostanze della causa" (di cui al c. 1536), sarebbe disancorato dalla prassi costante, sostenere che le circostanze del matrimonio non siano rilevanti ad avvalorare la dichiarazione delle parti.

Diversa considerazione si deve fare se, anziché alle circostanze del matrimonio, si pensa alle circostanze del processo e delle persone, utili solo ad accertare l'attendibilità soggettiva, dalla quale non discende in modo automatico l'attendibilità oggettiva, la capacità di ricostruire la verità, di stabilire una verità sufficiente e soddisfacente secondo la certezza richiesta nel foro esterno. Orbene, l'accertamento della credibilità soggettiva è indispensabile; nelle cause di nullità, oltre che dal comportamento processuale, tale accertamento si deve fare, nella misura in cui sia necessario e possibile, ricorrendo al teste di credibilità, che non sostituisce l'esperimento di altre prove né il confronto della dichiarazione della parte con gli indizi e gli altri ammennicoli.

Ritengo del tutto eccezionale che sulle circostanze del matrimonio e sull'effettiva sussistenza degli indizi, le dichiarazioni delle parti non possano essere confortate da quanto emerso in altre prove, specie se all'individuazione degli indizi e delle circostanze si procede con una rigorosa applicazione delle regole di valutazione probatoria, distinguendo i fatti e le risonanze e rispettando la logica superiorità delle dichiarazioni coincidenti delle parti. Ciò potrebbe accadere solo se non vi fossero nemmeno altre fonti di prova indiretta o se ci fosse assoluto contrasto tra le parti nel riferire le circostanze e gli indizi, fino al punto di non permettere di ricostruire le une e gli altri con sufficiente oggettività, nonostante il ricorso dinamico al confronto tra le parti. Si noti che, in entrambi i casi, il problema non sarebbe l'assenza di indizi o circostanze, ma l'impossibilità di trovare riscontro a quanto, su di essi, dicono una o entrambe le parti.

In tali ipotesi, non sono comunque aderenti alla nuova legge le risposte sbrigative sull'impossibilità di accertare giudizialmente il caso, invitando a rassegnarsi a soluzioni di coscienza, ritenendo insanabile la discutibile distinzione tra coscienza vera e coscienza soggettivamente certa[113]. L'accertamento oggettivo è giudizialmente irrinunciabile; la

[113] Non condivido tale distinzione proposta da P. Bianchi, *È più facile col nuovo codice dimostrare la nullità del matrimonio*, in *Quaderni di diritto ecclesiale*, vol. III (1990), p. 410, e che l'autore fonda sul fatto che della "verità oggettiva (…) fa parte (…) la normativa che la comunità da per i suoi fedeli". La normativa esclusivamente positiva non può dirsi faccia parte della verità oggettiva, né tanto meno che si collochi rispetto della verità oggettiva alla pari dei convincimenti sinceri dei fedeli. Nella materia che ci occupa, l'unico principio oggettivo e

novità del codice però è appunto l'aver permesso di stabilire l'oggettiva certezza sul fatto ricorrendo ad un sussidio che verte invece sull'attendibilità soggettiva delle parti.

Ciò ci introduce nell'ultimo concetto che reclama accoglienza rigorosa dal punto di vista tecnico, vale a dire, quello degli "elementi corroborativi" (c. 1536), da intendere come *adiuncta personarum*, alla luce di quanto suggerisce la norma speciale sulle cause di nullità matrimoniale (c. 1678), che indica il teste di credibilità, come espressamente si disse nella commissione di revisione del codice come esempio di elemento[114].

Si può considerare arbitrario individuare altri elementi di credibilità soggettiva, se si ritiene che gli elementi a cui si riferisce la norma generale (c. 1536), nelle cause di nullità matrimoniale siano, oltre al teste di credibilità, gli indizi e gli ammennicoli che, come si è visto, riguardano l'attendibilità oggettiva. L'obiezione di arbitrarietà appare ancor più fondata se si tiene presente che la giurisprudenza ancora non è sufficientemente creativa sul punto e che DC 180 §1 si riferisce al concetto con l'ambigua espressione "elementi di prova". Che gli elementi debbano essere ricavati dalle prove non significa che debbano consistere in una conferma diretta del fatto che solo la parte ha dichiarato[115].

La dottrina propone altri elementi diversi dal teste di credibilità utili a dimostrare la veridicità soggettiva delle parti. In attesa che una giurisprudenza costante permetta di individuare con maggiore certezza altri elementi, ritengo che le proposte dottrinali siano valide, in quanto fondate nella giurisprudenza precedente e nelle norme intercodiciali sulla materia[116]. In tal senso, nel capire il significato tecnico del concetto di

vero è la necessità di raggiungere la certezza morale prima di decidere, in quanto la certezza morale nel decidere è un principio di diritto naturale e non positivo; invece, che il legislatore stabilisca mezzi per raggiungere tale certezza o eventuali divieti sulla possibilità di arrivare alla medesima con qualcuno dei mezzi di prova, è disciplina meramente positiva.

[114] Cfr. *Communicationes* 11, 1979, p. 263.

[115] L'aggiunta sembra avere origine in una *coram* Stankiewicz, *sent. diei 24.7.1997*, n. 20, dove si utilizzano espressioni ambigue, confondendo il fatto che il valore di prova piena della confessione sia limitato alle cause di bene privato (esonerando l'altra parte dall'onere della prova) con il divieto di considerare moralmente certo, nelle cause matrimoniali, ciò su cui solo la parte offre prova diretta; infatti, si arriva ad affermare che *non sufficit simulantis iudicialis confessio, cui in causis boni publici ... vis plenae probationis tribui nequit nisi alia accedano elementa* aggiungendo, circa gli elementi, che *agitur sane de aliis elementis probatoris (c. 1572, n. 4)*. In DC 180 non si riporta il riferimento al c. 1572 n. 4; da tale omissione si evince che altro è che gli elementi che avvalorano ciò che solo la parte ha detto siano presenti nelle prove, altro che tali elementi debbano essere conferme dirette, come intende suggerirsi con il rimando al c. 1572 n. 4 nella sentenza criticata.

[116] La possibilità di rimettersi solo alla dichiarazione della parte, insieme all'elemento di credibilità soggettiva offerto da un teste, era prevista in una istruzione dell'allora Santo Uffizio data per il Vicariato della Svezia il 21.6. 1951 (cfr. X. Ochoa, *Leges Ecclesiae*, vol. III, Ediurcla, Roma 1972, cols. 3900–3906). In essa, pur richiamando l'utilità delle presunzioni (n.

"elemento corroborativo" è doveroso ricorrere al contesto normativo in cui si utilizza, che induce a riconoscere nel riferito termine ogni valenza utile ad evitare le difficoltà del contesto normativo precedente, abrogato con il CIC.

6.9. La valutazione della perizia e tipologie di periti

In altri ordinamenti processuali si stabilisce che i giudici debbono valutare le perizie secondo le regole della sana critica per cui, nella prassi, l'obbligo di motivare incombe unicamente nel caso in cui il giudice respinge le conclusioni della perizia. Tale orientamento è un riconoscimento della natura scientifica e tecnica della prova peritale, che si presume meno esposta alle distorsioni di carattere soggettivo inerenti alle altre prove. In ogni caso, pur con l'obbligo di motivarla, l'eventuale reiezione delle conclusioni peritali è sempre possibile e ciò ridimensiona la vigenza del principio *perito in arte credendum est*. Il ridimensionamento è ancor più cogente in ambito canonico dove l'obbligo di motivare incombe non solo in caso di reiezione delle conclusioni peritali ma anche in caso di accoglimento delle medesime. Proprio per questa necessità di motivazione, in entrambe le ipotesi, si afferma il principio secondo cui *iudex peritus peritorum*.

È necessario puntualizzare l'esatta portata dei concetti di accoglimento o reiezione delle conclusioni peritali. Nelle cause di incapacità matrimoniale, si percepisce a volte una certa confusione in materia e si fa coincidere il concetto di accoglimento o reiezione con la decisione sul merito, vale a dire, con il riconoscimento o meno dell'incapacità matrimoniale della parte. Si dimentica così che i risultati della perizia, anche quando siano ineccepibili dal punto di vista scientifico, costituiscono solo il primo elemento del sillogismo giudiziale, la premessa cioè di fatto, relativa alla situazione psichica della persona. Nella decisione giudiziale invece, bisogna confrontare tali risultati con la struttura ontologica del matrimonio, confronto che costituisce la seconda premessa, di carattere strettamente giuridico e di competenza esclusiva del giudice. Perciò, un conto è che il giudice, convertendo in concetti giuridici la situazione psichica prospettata dal perito, affermi per esempio che le lacune psichiche da questi riscontrate non intaccano la capacità minima

8 e 11), nulla si diceva su altri mezzi di prova da cui ricavarle che fossero diversi dalla stessa dichiarazione delle parti; anzi, per la credibilità che meritava la conversione in sé, suffragata dal teste di credibilità (n. 12), si disponeva il giuramento suppletorio dell'attore *quando cetera adminicula desint* (n. 11); il maggiore affidamento alla dichiarazione attorea, per le ragioni spirituali annesse alla conversione fonda l'avvertimento rivolto al giudice, di ponderare cioè, se l'eventuale contrarietà del convenuto non fosse dovuta a ragioni soggettive contrarie alla verità dei fatti (n. 12).

matrimoniale, richiesta dalla legge positiva e naturale, è altra cosa ben diversa è che in questo modo abbia rigettato le conclusioni peritali sulla situazione psichica della persona. Nell'ipotesi descritta rimane inalterato il principio *perito in arte credendum*.

Certamente, se fosse così semplice, il legislatore non avrebbe utilizzato i concetti di accoglimento o reiezione della perizia, e si sarebbe limitato a ribadire la necessità, da parte del giudice, di qualificare giuridicamente la situazione psichica descritta dal perito. Voglio dire che, pur senza cadere nelle confusioni ora riferite, è chiaro che la legge impone al giudice un controllo che incide nel merito stesso delle conclusioni peritali.

È necessario allora individuare i contorni del suddetto controllo affidato al giudice, considerando i presupposti stessi della prova peritale che, come abbiamo detto, sono riconducibili ai limiti di competenza scientifica da parte dello stesso giudice o, se vogliamo, all'irrilevanza legale della scienza personale del giudice in questa materia.

Analizzando il dato legislativo emerge che il controllo del giudice riguarda due aspetti; innanzitutto il fondamento fattuale della perizia, stabilito in forma diretta al c. 1579 §1, dove si avverte che il giudice deve considerare, non solo le conclusioni dei periti, pur quando sono concordi, ma anche le altre circostanze della causa; ciò significa che i risultati della perizia debbono essere valutati alla luce degli altri elementi di prova; si tratta di un tipo di controllo che appare logico, atteso che il giudice solitamente ha una conoscenza dei fatti più completa rispetto al perito. In secondo luogo, atteso l'obbligo che incombe ai periti di indicare i metodi utilizzati e gli argomenti che fondano le proprie conclusioni (c. 1578, §2), si deduce, almeno in forma indiretta, un'ulteriore dimensione del controllo che spetta il giudice sulla perizia; si tratta del "fondamento metodologico e argomentativo" della medesima, questione che appare meno chiara e che può sembrare incoerente con il presupposto stesso della perizia, vale a dire, l'incompetenza tecnica del giudice. Infine, non direttamente dalla legge ma dalla dottrina del magistero degli ultimi anni, si è individuata una terza dimensione del controllo giudiziale nella valutazione della perizia; mi riferisco al fondamento antropologico della stessa, che non può risultare incompatibile con alcuni presupposti della Rivelazione cristiana. L'istruzione *Dignitas Connubii* fa espresso riferimento a questo criterio di valutazione, sia includendolo tra le qualità da vagliare nella scelta del perito (art. 205), sia nell'affidare specialmente al difensore del vincolo il controllo sull'adeguatezza delle conclusioni del perito all'antropologia cristiana (art. 56)[117].

[117] Non è proprio della fase di valutazione della perizia riferirsi a questioni inerenti la

Nella valutazione dei presupposti antropologici della perizia, gli aspetti di natura processuale sono scarsamente rilevanti e cedono il passo al diritto sostanziale e alle scienze psichiche[118]. Diversa situazione si presenta rispetto alla valutazione dei fondamenti fattuali e dei fondamenti tecnici. I problemi al riguardo si debbono affrontare con misure strettamente processuali. Tra queste emerge la necessità di rivalutare l'istituto della *recognitio peritiae* anche con misure non previste dal codice e non usuali nella prassi forense[119].

6.9.1. Oggettività scientifica e tipologia di perizie

Sulle cause di incapacità matrimoniale bisogna avvertire che l'ordinamento impone l'utilizzo della perizia, eccetto nei casi di evidente inutilità, affidando al giudice che la qualificazione psichica dei fatti sulla persona e sulla deliberazione coniugale del presunto incapace possa pervenire tramite perizie extragiudiziali, giudiziali o per ambo le vie, consentendo inoltre che nel compimento della perizia giudiziale la parte possa sollecitare l'aiuto di un perito privato, per diminuire il rischio che comporta lo spessore tecnico delle attività peritali rispetto alla possibilità di offrire sempre in contraddittorio il proprio contributo[120]. Poiché ogni perizia si sostanzia nella qualificazione tecnica di fatti, la attendibilità dipenderà esclusivamente dal rigore scientifico, senza che l'iniziativa che abbiano avuto le parti nel sollecitarla possa risultare direttamente rilevante. Perciò conviene eliminare dal linguaggio forense l'utilizzo della categoria "perito di parte", inesistente nella legge e che presuppone una distorta comprensione dell'oggettività scientifica che deve caratterizzare questa prova.

La questione è anche discussa nella prassi giudiziale extracanonica, dove il problema è giunto a formularsi (nel caso Italiano) in termini di possibilità o meno di applicare al consulente tecnico di parte la fattispecie di "falsa testimonianza"; ci sono diversi orientamenti: chi nega

persona del perito; queste riguardano la fase della scelta del perito o l'assunzione, in via sostitutiva, delle perizie extragiudiziali. La valutazione del fondamento antropologico della perizia è interesse di tutti, anche di colui eventualmente favorito da conclusioni peritali non adeguate alla visione cristiana dell'uomo, sicché ritengo inadeguata e poco realistica la norma di DC 56 rispetto ai doveri del difensore del vincolo, cfr. M.J. Arroba Conde, *Peculiarità dell'iter processuale nelle cause matrimoniali dopo l'istruzione Dignitas Connubii*, in Aa.Vv., *L'istruzione Dignitas Connubii nella dinamica delle cause matrimoniali*, Marcianum Press, Venezia 2006, p. 56.

[118] Si vedano le allocuzioni di Giovanni Paolo II alla Rota Romana degli anni 1987 e 1988; per uno studio completo, cfr. C. Izzi, *Valutazione del fondamento antropologico della perizia*, cit.

[119] Cfr. M.J. Arroba Conde, *La perizia e la sua ricognizione*, in Aa. Vv., *L'istruttoria nel processo di nullità matrimoniale*, Libreria Editrice Vaticana, Città del Vaticano 2014, pp. 161–182; le riflessioni che si propongono in seguito sono prese in gran parte da questo contributo.

[120] Sulle differenze tra le varie tipologie si consenta il rinvio al mio *Diritto Processuale*, cit., pp. 478–480.

che ai consulenti di parte si debba chiedere il giuramento richiesto ai testi; chi lo ritiene possibile in forza della distinzione tra i fatti storici oggettivi (sostenendo che anche i consulenti sono tenuti alla verità sui fatti direttamente percepiti) e le relative valutazioni scientifiche (sulle quali in gioco è solo la loro competenza o incompetenza tecnica); chi ritiene che il giuramento si debba chiedere anche sulle valutazioni, pur considerandolo un semplice mezzo di impegno morale, privo di sanzione, che avrebbe come risultato (nel caso di non adempimento) il solo discredito professionale e scientifico[121].

Torna così al centro dell'attenzione, anche rispetto delle tipologie di periti, la natura scientifica di questa prova, con l'annessa difficoltà che riveste il possibile deficit conoscitivo del giudice, particolarmente sentito nei casi in cui, l'intervento del c.d. perito di parte provoca diversità di valutazioni rispetto alla perizia di ufficio, ingenerando l'idea della necessità, presuntivamente irrimediabile, di nominare il c.d. superperito, altro concetto di frequente utilizzo nella prassi, inesistente nelle norme. Il modo migliore di salvaguardare la comprensione della perizia come prova scientifica è attenersi alle denominazioni del codice: perito extragiudiziale e perito privato, con l'aggiunta del *votum* peritale sugli atti nei casi in cui non è possibile realizzare perizia *sensu technico*[122]. Rispettare tali denominazioni permette di avvertire la loro diversità, senza scalfire il carattere scientifico del contributo di ogni tipo di perito, ma senza indebite confusioni.

In tal senso mi sembra importante segnalare alcuni malintesi che si sono presentati rispetto alla figura del perito extragiudiziale (di cui al can. 1575), quando la generica qualifica del medesimo come perito di parte non consente di distinguerlo dal perito privato (di cui al can. 1581). La nomina di un perito privato deve essere richiesta al giudice e da questi ammessa, per intervenire nel corso della perizia di ufficio. Questione diversa è la possibilità di presentare perizie extragiudiziali, redatte per incarico di altre autorità giudiziali o per incarico della parte stessa, che il giudice può ammettere, in forma cumulativa o sostitutiva. Per la varietà di situazioni che comprende l'istituto della perizia extragiudiziale, non ci sono norme specifiche sui criteri per ammetterla, per cui spetta al giudice farlo secondo la norma generale del can. 1527, riflesso dell'ampiezza che caratterizza il processo canonico per l'esigenza di ricercare la verità[123]. Sul punto vale la pena riflettere sul momento

[121] Sulle varie posizioni al riguardo nella dottrina italiana, cfr. A. Corda, *Riflessioni sul rapporto tra neuroscienze e imputabilità nel prisma della dimensione processuale*, in *Criminalia* (2012) pp. 527–530.

[122] Sui problemi inerenti al *votum* peritale, cfr. M.J. Arroba Conde, *Prova*, cit., pp. 154–167.

[123] Ai limiti di liceità e utilità, il CIC del 1983 premette una norma inesistente nel CIC

dell'intervento del perito extragiudiziale e sul rapporto del suo operato con gli atti di causa.

Normalmente le parti si rivolgono al perito extragiudiziale prima di iniziare il processo. Superando abusi che, oltre a far soffrire, hanno recato forti danni alla comprensione giuridica dell'incapacità e del diritto al processo, DC 116 ha stabilito l'illegittimità che suppone richiedere perizie insieme al libello; le parti però possono ritenerle necessarie per meglio impostare la causa. Si può dubitare su come qualificare i casi in cui le parti si rivolgono a un perito nel corso del processo, perché in genere per prova extragiudiziale si intende quella che si forma prima e che possiede in larga misura il vantaggio del tempo non sospetto[124]. Penso che la qualifica di perito extragiudiziale non sia inappropriata, nonostante l'intervento accada in tempo sospetto, quando il processo in corso abbia per oggetto altri capitoli di nullità.

Non sono mancati casi in cui in tali circostanze i patroni delle parti, oltre a far visitare i loro assistiti da questo peculiare perito extragiudiziale, hanno anche fatto conoscere a detto perito gli atti di causa. Su detta condotta gravano le norme sul segreto circa gli atti giudiziali, che non possono essere resi noti senza il permesso del giudice, nemmeno al perito privato che il giudice abbia consentito di nominare. Non ritengo però che la condotta illegittima nel far conoscere gli atti a chi si chiede di compiere su di essi valutazioni scientifiche, renda ugualmente illegittime dette valutazioni e la rispettiva prova. DC 157 § 1 della DC, sviluppando il c. 1527, stabilisce che una prova può risultare illecita in se o per il modo di ottenerla; si deve chiarire allora se, tra i modi illeciti di acquisizione di una prova, si possa ritenere inclusa l'inosservanza delle regole del codice sul modo abituale di produrre ciascuno dei mezzi probatori.

Il criterio di liceità deve essere stabilito secondo le regole ermeneutiche di ogni norma canonica (cc. 17 e 19), con particolare riguardo all'esigenza di stabilire relazioni coerenti tra disposizioni che incidono sulla medesima materia. Alla luce di tali regole risulta chiaro che l'unico limite di liceità riguarda l'eventuale compromissione, con la produzione di un dato mezzo di prova, della dignità della persona o di altri valori inerenti all'identità essenziale della Chiesa. La liceità di una prova non dipende quindi dalle norme strettamente processuali circa la sua produzione; basti pensare al beneficio di flessibilità stabilito come regola generale in DC 161 § 2; così, sviluppando il c. 1528 (che si limi-

1917 (per cui rispecchia la *mens legislatoris*); si stabilisce infatti l'ammissione di *probationes cuislibet generis*.

[124] Sul rapporto tra prova semplice, precostituita e prova extragiudiziale, cfr. M.J. ARROBA CONDE, *Diritto processuale*, pp. 416–417.

ta a regolare l'eventuale dichiarazione dinanzi ad un notaio o a un laico), si dispone la possibilità di accogliere quelle prove nelle quali non sia stato possibile uniformarsi alle regole date per la loro produzione, purché consti della loro integrità e autenticità. Così, rispetto ai possibili modi di acquisizione illeciti di una prova, relativi alle norme canoniche di produzione delle stesse, risulta avere esclusiva rilevanza il divieto di ammettere prove sotto segreto (DC 57 § 2)[125], pur non essendo il segreto valore assoluto nell'ordinamento canonico, se rimane integro il diritto alla difesa (c. 1598 § 1).

6.9.2. Garanzie di contraddittorio nelle attività peritali

Anche sul perito privato, novità pensata (come detto) per evitare che lo spessore tecnico delle attività peritali possa compromettere in qualche misura il legittimo contraddittorio, ritengo importante non perdere di vista l'obiettivo ultimo dei mezzi di prova e del contraddittorio stesso. Sarebbe errato ritenere il contraddittorio come mezzo proteso solo a garantire la difesa delle parti anziché a ricavare i dati conoscitivi necessari per decidere. La questione ha quindi natura epistemologica[126]; in gioco è la conoscenza, nel nostro caso, la conoscenza scientifica. Ciò getta lumi importanti su alcune circostanze relative alle attività del perito privato previste al can. 1581 e che a volte si pongono in termini contenziosi rispetto alle attività del perito d'ufficio, dando luogo a iniziative di ricusazione. La natura scientifica della perizia rende poco probabile l'ipotesi di ricusazione per motivi esclusivamente inerenti a distorsioni soggettive del perito di ufficio, da ritenere invece sufficientemente arginate con la partecipazione del perito privato.

È vero che il legislatore regola la ricusazione di un perito (c. 1576) rimandando alle norme sulla ricusazione dei testi (c. 1555); ma detto rinvio non annulla le differenze derivanti dalla natura di ciascun mezzo di prova: se la prova testimoniale è fondata in conoscenze che il teste trae dalle sole sue esperienze, con buon margine quindi di interpretazione soggettiva dei fatti e con minori possibilità di controllo oggettivo del loro fondamento, quella peritale è invece una prova radicata in dati ricavati dall'applicazione di criteri tecnici e scientifici, il cui fondamento oggettivo è suscettibile di essere sottoposto a un maggiore controllo. Tale diversità di natura incide soprattutto nella valutazione della "giusta causa" stabilita dal legislatore (c. 1550) per motivare la richiesta di esclusione: se nel caso dei testi, oltre alle qualità che la legge richiede, si possono ipotizzare altri motivi di natura personale (inimicizia, prevenzione, mala fede) che aumentino a dismisura l'inevitabile soggettività di chi rende testimonianza, nel caso dei periti il

[125] Cfr. Id., *Conoscenza*, cit., pp. 524–526.

[126] Cfr. J. Ferrer Beltran, *La valutazione razionale della prova*, Giuffré, Milano 2012, p. 82.

motivo giusto di natura personale non può non avere collegamento diretto con l'utilizzo non adeguato degli strumenti dell'esame che sarà base del suo referto[127].

In tal senso, la diversa natura dei due mezzi di prova incide anche sul momento in cui si può chiedere l'esclusione: se la legge esige che quella del teste debba essere chiesta prima che venga escusso, quella del perito, pur dovendo essere presentata prima del deposito della perizia, si deve ritenere ancora ammissibile in seguito agli accertamenti (*examen*) effettuati, quando il richiedente consideri che il modo di operare del perito nello svolgimento di essi sia stato inadeguato a garantire l'oggettività dei risultati.

Mi sono riferito all'utilizzo corretto degli strumenti di esame, non invece alla interpretazione che di essi si esprime nel parere peritale; contro l'oggettività del parere in se la legge prevede rimedi non riconducibili alla ricusazione; sul punto è importante segnalare la peculiarità dei metodi utilizzati nell'esame peritale, dove il maggior margine di eventuale compromissione dell'oggettività del perito ricade nello svolgimento del colloquio clinico, in relazione cioè all'eccessiva o poca sintonia tra tecnico e periziando, con i conseguenti rischi.

Ad affrontare i rischi il legislatore provvede con la nuova figura del perito privato (c. 1581), stabilendo la sua partecipazione allo svolgimento della perizia, non limitandosi quindi a redigere un suo parere eventualmente diverso da quello del perito di ufficio. Tale partecipazione al colloquio clinico è quindi anche un rimedio idoneo a prevenire eventuali ricusazioni, al punto che la richiesta di esclusione previa allo svolgimento del colloquio clinico e la concessione del perito privato possono dirsi istituti di fatto incompatibili. La mancata convocazione del perito privato allo svolgimento dei test non è giusta causa di ricusazione mentre lo sarebbe la sua esclusione durante lo svolgimento del colloquio clinico.

Se non è possibile produrre perizia, per rifiuto o assenza del presunto incapace, è utile (e a volte necessario) sollecitare da un esperto il *votum* sugli atti. In tal caso, è preferibile che la redazione delle motivazioni abbia come punto di partenza gli atti e non il parere dell'esperto sui medesimi, che conviene indicare successivamente ai dati ricavati dalle altre prove sulle condotte anomale o inadempienti del presunto incapace, sulla severità delle stesse, sui tempi in cui si manifestarono, e dopo ogni altra indicazione utile a riscontrare o escludere motivi posteriori alle nozze che le abbiano

[127] In tal senso mi sono espresso in un decreto incidentale rigettando la ricusazione di un perito di ufficio, presentata dal patrono di parte convenuta, il quale fondava la sua richiesta sul fatto che il perito di ufficio e il perito "di parte" dell'attore (cioè, il perito extragiudiziale che aveva redatto una perizia per introdurre la causa) erano collaboratori nello stesso studio; cfr. Vicariatus Urbis. Tribunal Primae Instantiae, Prot. 15.270, decreto del 12.10.2012.

provocato. Il voto sugli atti può offrire sul punto un fondamento sufficientemente oggettivo[128].

6.10. Esigenze di verità nel processo extragiudiziale penale

Nelle cause penali canoniche, rispetto al nesso tra verità e metodo processuale, l'abbondante ricorso alla via extragiudiziale esige di tener conto di un'importante distinzione di temi: l'accertamento degli estremi del delitto; la corrispondenza della decisione agli obiettivi delle sanzioni, ritenuti dalla dottrina moderna integralmente espressi nel ristabilimento della giustizia[129].

Su ciascuna delle due questioni le esigenze di metodo si allacciano a valori di diversa entità. L'accertamento del delitto esige metodi e argomenti prospettati in chiavi di rigore e massima garanzia, idonei a evitare prevaricazioni fondate sul potere o sul diritto del più forte, anziché sulla forza del diritto, dove l'obiettivo di verifica si deve coniugare con l'ineludibile principio *nemo tenetur se detegere*. Per discernere invece cosa sia meglio decidere per ristabilire la giustizia spezzata con la condotta delittuosa, riaffermando nel caso l'autorevolezza dei valori tutelati nella norma violata, ma aprendosi al possibile ricupero dei rapporti intersoggettivi infranti dal reato, si richiedono metodi in grado di far confluire verità e veridicità, di modo che il provvedimento risultante abbia potenzialità per favorire un progresso nel rapporto di reciproco riconoscimento della dignità di tutti i soggetti coinvolti[130].

In tal senso, le sfide che gravano sul ricorso al processo extragiudiziale nella sfera penale canonica possono essere ricondotte a due: l'arricchimento delle attività dell'istruttore e del superiore con elementi del processo giudiziale utili a raggiungere l'imprescindibile certezza morale sul delitto; l'apertura ai valori della tecnica di mediazione rispetto alla decisione.

Nei processi penali, l'esigenza di verità implica il massimo rigore nell'analisi retrospettiva dei fatti sui vari elementi inerenti all'imputazione, assicurandosi in tal modo l'accertamento adeguato della colpevolezza, il rispetto dei limiti di garanzia che richiede un diritto penale del fatto e non della persona, evitando slittamenti verso esigenze punitive utili all'istituzione[131]. Già il Decreto di Graziano ammoniva sull'impossibilità di

[128] Cfr. M.J. Arroba Conde, *Risultati della prova e tecnica motivazionale*, cit., pp. 255–256.

[129] Cfr. M. Riondino, *Giustizia riparativa e mediazione*, cit., pp. 60–64.

[130] Sul punto è stimolante anche per l'ordinamento canonico quanto propone L. Eusebi, *Le forme della verità nel sistema penale e i loro effetti. Giustizia e verità come approssimazione*, in Aa. Vv., *Verità del precetto e della sanzione penale alla prova del processo*, PubliCatt, Milano, 2012; Id., *La Chiesa e il problema della pena*, Brescia 2014.

[131] Cfr. M.J. Arroba Conde, *Convincimento*, cit., pp. 168–172; a questo contributo appartengono molte delle successive riflessioni sul processo penale.

emettere sentenza in caso di dubbio, secondo quanto stabilito in due canoni tradizionali attribuiti uno a papa Evaristo, l'altro a papa Eleuterio[132]. Nel primo si avverte che "*nullum ante veram iustamque probationem iudicare aut dampnare debemus*", con la corrispondente esortazione a evitare precipitazioni e a indagare con diligenza. Nel secondo si formula il bisogno di "*plena inquisitione*", che spesso esige di interrogare "*frequenter*" per evitare di arrivare alla sentenza lasciando "*aliquid praetermissum*"[133].

La certezza morale però, in ambito canonico, non sarebbe sufficientemente compresa se ritenuta soltanto un'esigenza dell'istituzione processuale disgiunta dalla persona del reo. La finalità medicinale della pena posta da Innocenzo IV a giustificazione dell'obbligo di motivare le sentenze è richiamata da Graziano a proposito della necessità di superare i dubbi prima di decidere. Graziano cita un testo di S. Agostino nel quale si avverte dell'impossibilità di escludere qualcuno dalla comunione senza avere prove certe, nonostante detta misura penale abbia solo natura medicinale e non mortale[134]: la natura medicinale della pena viene così richiamata per non trovare in essa una ragione che possa diminuire la necessaria base oggettiva sulla quale deve riposare la decisione di imporre la sanzione[135], né per alleggerire l'obbligo di indagare su tutto quanto sia necessario con strumenti idonei ad acquisire simile certezza. Nelle fonti canoniche quindi il superamento del ragionevole dubbio sui fatti da indagare non è riducibile alla sola dimensione soggettiva o etica che deve ispirare la coscienza del giudice nel decidere, ma include un preciso legame con l'accertamento oggettivo dei fatti[136].

In tal senso, anche in tema di acquisizione di prove, il ricorso al processo extragiudiziale non può compromettere l'equilibrio tra gli aspetti soggettivi e quelli oggettivi che costituiscono i presupposti della decisione. Detto equilibrio è un dato acquisito precocemente nel diritto canonico,

[132] Cfr. J. LLOBELL, *Historia de la motivación de la sentencia canónica*, Zaragoza 1985, p. 62.

[133] Da ciò si evince l'origine antica della secondarietà che possiedono nel diritto canonico principi tali come l'economia processuale e la certezza del diritto, su cui prevale l'accertamento dei fatti. Sul punto merita menzione la possibilità di presentare prove fuori termine pur di evitare di condannare un innocente, A. REIFFENSTUEL, *Ius canonicum universum*, vol. II, tit. XXVII, n. 55.

[134] C. II, q. 1, c. 18. La riferita decretale di Innocenzo IV è la *Quum medicinalis*, VI, V, XI, c. 1.

[135] Per superare i dubbi Graziano richiama la cura nell'interrogare i testi, C. IV, q. II–III, c. 3.

[136] Questa è la tesi proposta da J. WHITMAN, *The origins of reasonable doubt. Theological roots of the criminal trial*, New Haven–London 2008, ampiamente commentata da A. Dal Ri jr., R. Orlandi e M. Pifferi in *Quaderni fiorentini per la storia del pensiero giuridico moderno*, vol. XXXIX (2010), pp. 727–761. Sul punto basti riferire la proibizione posta da una decretale di Gregorio VII ai giudici, vietando loro di risolvere senza avere prove certe, anche nel caso sappiano la verità, C. XI, q. III, c. 75.

come mostra il sistema probatorio deducibile dalle Decretali; in alcune si ricorda che la libertà riconosciuta al giudice non lo esime dall'osservare le norme sulla prova e dall'attenersi esclusivamente alle prove allegate, senza fare uso della sua scienza privata[137]. Evitare la compromissione del riferito equilibrio è una seconda sfida che grava sui processi extragiudiziali; ciò interpella soprattutto le attività svolte dall'istruttore, chiamato ad applicare con speciale saggezza la norma che esige di far conoscere le prove all'accusato, permettendogli di difendersi (can. 1720, § 1), pur dovendo evitare al riguardo istanze abusive. La pubblicità delle prove e il diritto a contraddirle con l'aiuto di difensori, così come l'obbligo di motivazione e la possibilità di impugnare la decisione almeno una volta, rientrano tra i valori del giusto processo, la cui pregnanza rimane invariata anche se si ricorre al processo extragiudiziale.

La delicatezza che rivestono le modalità di acquisizione e valutazione della prova impongono un'ulteriore sfida collegabile col disposto del can. 1344, § 2, il cui contenuto racchiude, come ben osservato, un «impegnativo discernimento»[138] sull'eventuale concorrenza tra pena statuale e canonica in un caso concreto. Il giudizio di condanna e l'imposizione della pena da parte della giurisdizione non canonica non sono da ritenere motivi che inducano automaticamente ad avvalersi della procedura extragiudiziale. Non è escluso che la giurisdizione extracanonica sia pervenuta all'imposizione di sanzioni con criteri inaccettabili per l'ordinamento canonico, sia rispetto all'onere della prova, per abbandono della presunzione di innocenza, sia rispetto al modo di valutare i risultati probatori[139].

In tali ipotesi bisogna interpretare con cautela la riferita norma canonica, che non riguarda direttamente la possibilità di astenersi dal celebrare un processo canonico ma di imporre la pena, permettendo anche di imporre una più mite, se il reo è stato sufficientemente punito dall'autorità civile o si prevede che lo sarà. In presenza di misure addotte con criteri canonicamente inaccettabili è d'obbligo fare un giusto processo canonico, non importa se giudiziale o extragiudiziale[140], purché vi sia il rigore dovuto nell'accertare la colpevolezza con criteri razionali di verità; in caso contrario, l'appiattimento cioè acritico ai risultati del processo extracanonico, comprometterebbe la testimonianza di verità che incombe sul diritto della Chiesa.

[137] In tal senso si orientano le disposizioni del Concilio Meldense *Canonum statuta*, X, I, II, c. 1 e di Clemente V *Saepe contigit*, Clem, V, XI, c. 2.

[138] Cfr. M. Riondino, *Connessione tra pena canonica e pena statuale*, cit., pp. 199–225.

[139] Ivi., p. 201.

[140] Cfr. M.J. Arroba Conde, *Justicia reparativa y derecho penal canónico. Aspectos procesales*, in *Anuario de derecho canónico*, vol. III (2014), pp. 28 ss.

Capitolo VII

Aspetti disciplinari e deontologia forense

Nel provvedere alla disciplina da osservare nello svolgimento del processo, il legislatore canonico ha compiuto le scelte ritenute più coerenti con gli obiettivi specifici del proprio sistema, salvaguardando al contempo i valori del giusto processo. Per la loro connessione con il contraddittorio e l'imparzialità bisogna riferirsi all'equilibrio tra segreto e pubblicità e tra il principio dispositivo e i poteri di ufficio. Attese le modifiche normative più recenti, menzione più specifica meritano le disposizioni in favore della celerità, nonché quelle da cui è possibile ricostruire una deontologia forense specifica in ambito canonico, seppur non in contraddizione sostanziale con quanto i valori del giusto processo impongono ai professionisti della giustizia in qualsiasi ordinamento giuridico.

7.1. Segreto e pubblicità: centralità della persona e trasparenza istituzionale

Il processo canonico si svolge secondo le esigenze proprie di una attività pubblica, essendo di valore giuridico pubblico il provvedimento cui tende l'intera attività processuale, nonché gli organismi di giustizia ai quali si affida la gestione e la soluzione. Nello svolgimento del processo, la pubblicità si traduce in garanzie di informazione e trasparenza nell'acquisizione dei dati necessari per accertare i fatti che saranno alla base del pronunciamento. Per tale motivo si riconosce alle parti pubbliche e ai difensori delle parti private (salvo eccezioni puntuali per cause gravi e motivate) di essere presenti alle udienze (c. 1677), disponendosi inoltre sotto pena di nullità che, con decreto apposito del giudice, alle parti e ai loro avvocati si permetta di prendere visione degli atti, prima della sentenza (c. 1598). Ciò ai fini di completare le prove e per preparare la propria difesa; si aggiunge il divieto di fornire ai giudici notizie rimaste fuori dagli atti (c. 1604)[1].

[1] Nella riforma dei processi di nullità matrimoniale aumenta il valore della trasparenza, prevedendosi che nel processo *brevior* (come già stabilisce il CIC per il processo orale) anche le parti possano essere presenti alla sessione istruttoria (Norme procedurali, art. 18); credo che la verbalizzazione di essa, anche se più sintetica, sia indispensabile per garantire il diritto di

Sarebbe contrario ai valori del giusto processo e agli stessi principi canonici estendere la portata del segreto previsto nelle norme, ritenendolo una via migliore per ricostruire la verità ed evitare l'inquinamento di prove. In ambito canonico il segreto è giustificato esclusivamente dall'obiettivo di evitare alle persone e alla comunità i danni che potrebbero derivare da una non necessaria conoscenza e divulgazione dei fatti. Il codice prevede come facoltà eccezionale che il giudice possa imporre il segreto su qualche fatto emerso nell'istruttoria a qualsiasi tra i partecipanti, che si osserverà fino alla pubblicazione degli atti[2].

La pubblicazione degli atti è un atto processuale tramite il quale il giudice ordina che il sommario sia messo a disposizione delle parti e dei loro avvocati perché possano effettuarne l'esame. Come atto giudiziale, la pubblicazione appartiene al giudice, che la deve ordinare tramite un decreto da emanare una volta raccolte tutte le prove, sotto pena di nullità (c. 1598; DC 229 e 231). Tale decreto quindi non è facoltativo per il giudice; egli è obbligato a farlo in modo da permettere alle parti pubbliche e private e ai loro difensori[3] di esaminare gli atti della causa. L'obbligo rimane anche nelle cause in cui è consentito agli avvocati e alle parti pubbliche prendere visione degli atti in precedenza, durante il corso dell'istruttoria, come succede nelle cause di nullità matrimoniale (c. 1677). Dalla norma quindi deriva per le parti il diritto soggettivo di esaminare gli atti del processo prima della decisione, potendo così conoscere gli unici materiali sui quali avrà fondamento legittimo la decisione stessa. Le conseguenze dell'omissione del decreto di pubblicazione degli atti, contenente l'ordine di mettere a disposizione delle parti gli atti perché ne prendano visione, in quanto è una legge irritante, può comportare la nullità dell'atto e, in certi casi, della sentenza[4]. È facoltativo invece che l'esame avvenga consegnando copia degli atti. Il c. 1598 disciplina

informazione nel caso in cui le parti non siano state presenti.

[2] Si tratta del segreto di sommario di cui al c. 1455 §3.

[3] Per la validità del decreto non basta permettere la visione degli atti ai soli avvocati; la congiunzione *et* include la pubblicazione in favore delle parti; la finalità garantista di questa norma può essere elusa tenendo conto che nel concetto di parte viene incluso quello del suo rappresentante o procuratore, e che spesso una stessa persona svolge le due mansioni. Della pubblicazione non beneficia la parte dichiarata assente.

[4] Tale nullità è stabilita dal diritto positivo (e ciò è importante agli effetti della possibile sanazione ai sensi del c. 1619), anche se è molto radicata nel diritto di difesa, che è diritto naturale, e che in quest'atto processuale diventa criterio di discernimento più ampio rispetto ad altri. Difatti la nullità della sentenza potrà essere accusata riguardo a qualsiasi circostanza processuale che abbia comportato il diniego del diritto alla difesa. Invece, riguardo alla pubblicazione degli atti, la nullità potrà essere accusata quando il diritto alla difesa non sia rimasto integro, essendo l'integrità chiave di lettura proposta da Giovanni Paolo II nel discorso alla Rota dell'anno 1989; cfr. M.J. Arroba Conde, *La nullità insanabile*, cit., pp. 150–151.

detta consegna come concessione del giudice solo agli avvocati che lo abbiano chiesto, e alle parti pubbliche; nulla si stabilisce a proposito delle parti, il che significa che ad esse non compete la facoltà di ricevere copia degli atti[5].

Si prevede come facoltà ancor più eccezionale che il giudice decida di non rendere noto alle parti, ma solo ai loro difensori e al difensore del vincolo, qualche atto; si tratta di facoltà stabilita in presenza di pericoli gravissimi e a condizione che rimanga integro il diritto di difesa[6]; tali condizioni rispondono all'esigenza di evitare danni alla persona, che rimane centro dell'ordinamento, ma non permette di stravolgere radicalmente la dinamica di accertamento in contraddittorio che caratterizza il processo, con il normale esercizio del diritto ad essere informati. Per le cause di nullità matrimoniale quindi, la documentazione prodottasi nella fase dell'indagine previa (di cui agli artt. 1–5 delle Norme procedurali), se portata al processo, si deve ritenere inclusa tra gli atti sui quali incombe l'obbligo (*sub poena nullitatis*) di pubblicare.

La riferita facoltà, pur eccezionale, contrasta con il diritto della parte a conoscere la documentazione sulla quale si fonderà la decisione. Per comprendere simile previsione e l'altrettanta esigenza di non eludere i parametri del giusto processo, si deve tener presente che nell'ordinamento canonico si deve proteggere integralmente il diritto personale inalienabile di difesa; tale diritto però non è l'unico difeso e il suo esercizio deve essere ordinato al fine supremo dell'ordinamento (la *salus animarum*). Si può pensare che l'ipotesi eccezionale di una causa gravissima che suggerisca di mantenere segreto un atto sia stata presa in considerazione per evitare che il riconoscimento di un diritto (il diritto di difesa nella modalità concreta di visionare tutti gli atti) diventi occasione di abuso per impedire la ricerca completa della verità, per tentare di condizionare ingiustamente l'attività giudiziale della Chiesa, oppure per fare del male all'altra parte. Si tratta però di ipotesi approssimative che non risolvono tutta la problematica, e che aprono ancora lo sguardo all'insieme di interessi che la Chiesa protegge, interessi pubblici e privati, che si deve evitare di ritenere contrapposti, richiedendo anzi armonia e coordinazione.

[5] Così chiarisce DC 235; si tratta di norma non giustificata, specialmente perché la parte può stare in giudizio da sola se ha scelto di avvalersi della facoltà di autodifesa concessa al c. 1481. La centralità che oggi si riconosce alle dichiarazioni delle parti induce a suggerire la possibilità di pubblicazione anticipata delle prove, per facilitare la tempestiva partecipazione al completamento dei dati anche da parte di colui che non è assistito da un patrono, cfr. M.J. Arroba Conde, *Prova*, cit., pp. 112–113; R. Rodriguez Chacon, *La publicación de las actuaciones. Intervención de las partes y los abogados*, in *Revista Española de derecho canónico*, LXVIII (2011), pp. 27–24.

[6] Ulteriore condizione è che si tratti di una causa in cui sia in gioco il bene pubblico.

7.2. Principio dispositivo e principio inquisitorio: equilibrio nei rapporti processuali

Sul protagonismo delle parti e del giudice, bisogna distinguere l'iniziativa e l'impulso processuale. Circa l'iniziativa, il processo canonico si ispira al principio dispositivo secondo il quale *nemo iudex sine actore*; il giudice può solo dare il *nomen iuris*, qualificando i fatti addotti. Nella riforma dei processi di nullità matrimoniale si è soppressa la previsione di una sessione per concordare i dubbi, e si attribuisce ora la formulazione del medesimo al vicario giudiziale. Ciò non diminuisce il protagonismo esclusivo delle parti sulla materia da trattare.

L'iniziativa processuale, in tutte le cause (contenziose e penali), appartiene alle parti, mai al giudice. Da ciò che gli atti processuali relativi all'introduzione della causa, nei quali si determina l'oggetto della controversia, sul quale deve vertere la sentenza, siano di competenza esclusiva delle parti, private o pubbliche (*nemo iudex sine actore* c. 1501). È importante sottolineare l'assoluta inabilità del giudice ad avviare *ex officio* una causa e a cambiare unilateralmente l'oggetto del litigio (c. 1514). Questa inabilità rimane anche quando la controversia riguarda il bene pubblico[7].

Tolta ogni ricaduta sulla materia oggetto del processo, nelle cause di bene pubblico la legge conferisce al giudice poteri d'impulso. L'impulso successivo, la determinazione cioè degli atti processuali che si devono realizzare e acquisire, così come lo svolgimento e la direzione del processo, vengono affidati diversamente al giudice e alle parti. Nelle cause penali, l'impulso appartiene al giudice, che può e deve procedere di propria iniziativa, cioè decidendo *ex officio* lo svolgimento del processo, senza aspettare necessariamente le richieste delle parti. Nelle cause contenziose in cui si discute un diritto di natura solo privata, l'impulso del processo è un onere delle parti, poiché il giudice procederà e realizzerà gli atti processuali tenendo conto soltanto delle richieste delle parti. Ciò significa che il giudice trova un limite nel suo agire nelle disposizioni degli interessati, in quanto unici padroni della materia del processo. Nelle cause contenziose, in cui si discute un diritto di natura pubblica, l'impulso si distribuisce tra il giudice e le parti, in quanto anche il giudice può e deve procedere *ex officio*; non si tratta di facoltà illimitata ma circoscritta ai poteri a lui concessi in relazione ai singoli

[7] Nel Rescritto di Papa Francesco al decano della Rota del 7.12.2016 si concede che il dubbio sia formulato nell'istanza rotale in maniera generica, se consti cioè la nullità del matrimonio *in casu*, senza dover indicare con precisione i motivi di nullità, come invece si richiede negli altri Tribunali (c. 1676 §5). Tale concessione risponde ad una estensione della funzione del giudice di dare il *nomen iuris* ai fatti indicati dalle parti, mentre non potrà mai essere intesa come autorizzazione ad infrangere il principio dispositivo circa la materia del processo; in tale ipotesi si sarebbe dinanzi a una sentenza insanabilmente nulla ex c. 1620, 4.

atti processuali (alcuni dei quali il giudice non può mai realizzare se le parti non lo chiedono, nemmeno nelle cause di bene pubblico, per es. la riduzione dei termini, c. 1465 §2); la facoltà del giudice è condizionata sempre alla prevalenza dell'interesse pubblico in gioco, in ogni singolo atto processuale.

In relazione ai poteri di impulso si deve far menzione della gerarchia di cause (giuste, gravi o gravissime) che consentono al giudice di derogare a una determinata solennità prevista dalla legge in relazione al compimento di ciascun atto processuale. È sempre l'equilibrio tra l'interesse pubblico e privato il criterio che permette di interpretare, nei singoli casi, il significato e la portata concreta delle riferite cause. Si può affermare che per cause giuste il legislatore intenda riferirsi a ragioni inerenti piuttosto l'interesse privato[8]. Cause gravi sembrerebbero quelle che inducono il legislatore a prevedere che il giudice possa modificare la forma abitualmente stabilita per l'esercizio del diritto alla difesa rispetto a un concreto atto processuale, permettendo di esercitarlo in un tempo successivo[9]. Le cause gravissime dovrebbero far riferimento alla compromissione di un diritto di rango superiore al diritto di difesa stesso[10].

Tra gli atti di impulso il c. 1452 §2 fa menzione di due atti che allargano la discrezionalità del giudice in ogni tipo di causa: presentare prove ed eccezioni. Queste possono essere presentate dal giudice sempre, di propria iniziativa. Anche in questo caso si stabiliscono due condizioni: supplire la negligenza delle parti ed evitare una sentenza ingiusta. Queste condizioni indicano la portata di questa regola, che intende garantire l'esigenza di arrivare alla verità sostanziale, evitando che la radicale rimessa alla disposizione delle parti della marcia del processo comporti l'emanazione di sentenze ingiuste, che creano diritti inesistenti.

È importante notare che queste facoltà non sono obbligatorie per il giudice (*potest*). Nel loro uso, il giudice deve evitare di favorire il

[8] Ciò si evince dal grave incomodo, indicato come una giusta causa che può essere adotta per esonerare dal dovere di rendere testimonianza (c. 1548 §2 n. 2 e c. 1555).

[9] Si pensi alla decisione di posticipare la conoscenza del libello, non accludendolo all'atto di citazione (c. 1508), finché il convenuto non faccia la prima comparizione in giudizio. Si vuole così assicurare che la prematura conoscenza del libello possa dare origine agli abusi e difficoltà riferite prima (in nota 6), permettendo comunque successivamente la conoscenza del libello.

[10] Nel caso della mancata pubblicazione di un atto non è ipotizzabile un successivo esercizio di questo mezzo concreto di difesa, diritto che invece deve rimanere integro. Ciò significa che la causa del segreto, qualificata non a caso come gravissima (e non solo grave), deve riguardare i diritti personalissimi, riconducibili in un'ultima analisi alla dignità della persona stessa alla quale si decide di privare della conoscenza materiale di un atto. Poiché il diritto alla difesa deve rimanere comunque integro, l'atto posto sotto segreto non può risultare essenziale per accertare i fatti in contraddittorio né per la decisione.

negligente a scapito del diligente. Inoltre, il processo non diventa inquisitorio in virtù di queste facoltà inquisitive, perché la difesa delle parti deve essere garantita sotto pena di nullità (c. 1620, 7). Lo scopo è soltanto evitare sentenze ingiuste, senza dimenticare il carattere strumentale del processo, che non può recare un danno maggiore se la parte non lo desidera[11].

Si può pensare che la riforma recente dei processi matrimoniali comporti un certo incremento dei poteri di ufficio del giudice, quando attribuisce al vicario giudiziale la facoltà di derivare al processo più breve cause presentate dall'attore per via ordinaria (Norme procedurali art. 15; c. 1676 §2). Al riguardo, credo che non sia così evidente che il principio dispositivo includa il diritto della parte attrice a stabilire la via processuale; è però prudente e coerente con i valori del giusto processo che, l'eventuale dissenso dell'attore sul punto, sia interpretato dal vicario giudiziale come una carenza del primo requisito stabilito per seguire la via più breve (can. 1683 §1), potendosi ritenere che l'accordo tra le parti, oltre che sul *petitum*, sui capi di nullità e sui fatti, non debba mancare in maniera esplicita sin dall'inizio della causa proprio sull'elemento formale e meno incidente nel tema essenziale da accertare.

Sarebbe paradossale che, proprio chi ha avuto l'iniziativa giudiziale, possa non apprezzare la possibilità di ottenere i suoi obiettivi in modo più celere; simile inconveniente ed altri analoghi potranno essere meglio risolti con la messa in atto della pastorale giudiziale previa al processo, che include soprattutto il servizio di informazione e la preparazione della causa con l'aiuto tecnico necessario. Da tale attività dipenderanno i tempi della causa, la cui ragionevolezza si annovera tra i requisiti esige perché il processo possa essere considerato giusto.

7.3. La ragionevole durata della causa

Entriamo così nel tema della celerità o, meglio detto, dei tempi ragionevoli del processo. Sulla celerità nell'amministrare giustizia e sull'equilibrio di essa con l'irrinunciabile obiettivo di raggiungere la verità reale, la disciplina canonica si muove nell'ottica della flessibilità rispetto ai termini stabiliti per realizzare gli atti giudiziali. Solo alcuni di essi

[11] Le eccezioni che il giudice potrà opporre sono quelle che incidono nella validità della sentenza (l'eccezioni di nullità, c. 1459 §1), tra le quali raramente si può ritenere inclusa la riconvenzione (solo nelle ipotesi di connessione, in cui potrebbe venir meno il principio *ne bis in eodem* del c. 1463 §1); perciò mi sembra coerente la dottrina di coloro che interpretano il potere del giudice in senso restrittivo, cfr. J. Ochoa, *I processi canonici in generale*, cit., p. 458. Anche fuori dall'ambito canonico, la dottrina giustifica i poteri istruttori d'ufficio quando dalle prove addotte dalle parti si evinca che ci sono dati conoscitivi da ricavare che loro stessi non hanno prodotto, cfr. M. Taruffo, *La semplice verità*, cit., pp. 172–179.

sono perentori e improrogabili (*fatalia legis*) mentre la maggior parte sono termini suscettibili di abbreviazione o di proroga. Il codice, *salva iustitia*, stabilisce la durata di un anno per la conclusione di un processo in primo grado e di sei mesi in secondo grado.

Nella riforma dei processi di nullità matrimoniale, oltre alla vistosa disposizione sulla possibile esecutività della sentenza affermativa di primo grado (c. 1679), che può favorire la celerità indirettamente, nel senso di alleggerire i requisiti per raggiungere gli obiettivi ultimi, le disposizioni sui tempi e termini non sono stabilite in termini perentori e, per la maggior parte degli atti processuali rimane intatta la disciplina del codice. Si è persa quindi l'occasione di intervenire sui tempi di fatto meno rispettati nella prassi di ogni genere di Tribunale. Mi riferisco ai tempi per l'inizio della fase istruttoria nei processi ordinari (non disciplinati) e quelli per la consegna effettiva del testo della sentenza, ai fini di ottenere gli effetti annessi alla sua pubblicazione (per la quale il codice prevede un mese, e le norme rotali tempi comunque celeri).

Si è inoltre introdotta una via processuale straordinaria, denominandola proprio processo *brevior*. Oltre alla novità che rappresenta l'esistenza in sé di questa via processuale, nulla si dispone di diverso rispetto al processo ordinario sui tempi degli atti iniziali, eccetto l'esigenza di allegare al libello le prove e i documenti. Si stabilisce invece il termine di trenta giorni per iniziare l'istruttoria (c. 1685), con possibilità di completare gli articoli degli interrogatori fino a tre giorni prima (Norme procedurali art. 17). Si dispone inoltre una sola sessione per acquisire le altre prove, con un termine di quindici giorni per presentare le osservazioni prima di deferire gli atti al Vescovo per la decisione (c. 1686). Pur trattandosi di casi riguardanti nullità matrimoniali evidenti, sui tempi della sentenza nella riforma si stabilisce solo di decidere presto (c. 1687) e di scriverla entro un mese, come nelle cause trattate con il processo ordinario (Norme procedurali art. 20).

Fuori dall'ambito canonico si è andato configurando il diritto alla riparazione del danno subito per l'effetto della violazione del diritto ad ottenere una decisione giudiziaria nei tempi ragionevoli che prescrivono le convenzioni di diritto internazionale[12]. Potrebbe dirsi che negli ordinamenti secolari si è progressivamente affermato come origine concreto del danno il fatto oggettivo della durata stessa dei processi. In ambito canonico la riparazione del danno è collegata invece all'esistenza di un atto illegittimo e non solo al fatto oggettivo (c. 128). Tuttavia questa impostazione appare restrittiva e suscettibile di miglioramento

[12] Nel caso italiano la questione fu regolata dalla legge 89/2001 in seguito modificata dal DL (sviluppo n. 83/2012) e ultimamente dalla "legge di stabilità per il 2016" n. 208/2015; questi provvedimenti introducono condizioni più sfavorevoli per i ricorrenti e più restrittivi in termini di diritto di azione che sembrano in contrasto con la giurisprudenza della Corte Europea.

attesa la difficile scissione in ambito canonico tra le responsabilità giuridiche e le responsabilità morali nell'alveo delle quali si annovera la negligenza come dovere deontologico[13]

7.4. Accessibilità e gratuità nei processi canonici

Alla rapidità della conclusione dei processi canonici sono vincolati la questione dell'accessibilità dei medesimi e l'ideale della gratuità. Circa l'accessibilità delle strutture è dei servizi è importante l'impegno dei vescovi, quali giudici propri, per preparare nei rispettivi ambiti di giurisdizione personale sufficiente per assicurare il servizio dell'amministrazione di giustizia. In occasione della riforma dei processi di nullità matrimoniale, l'accessibilità è stata richiamata formulandosi come criterio organizzativo quello della vicinanza tra giudice e parti, sia in prima istanza che in grado di appello. Poiché risulta essenziale la qualità del servizio giudiziale, il tema dell'accessibilità non deve venir meno nei casi in cui sia necessario avvalersi di strutture giudiziali comuni a circoscrizioni vicine, soluzione che si deve ritenere preferibile all'improvvisazione di strutture giudiziarie proprie, senza il personale qualificato sufficiente; in tali casi è possibile aprire sezioni istruttorie distaccate in ogni circoscrizione diocesana integrata in una struttura comune. A tale modo di assicurare l'accessibilità si aggiungono gli istituti della rogatoria (c. 1418) e della trasferta (c. 1469), che facilitano la partecipazione al processo evitando il più possibile i gravami derivanti dalla lontananza materiale delle strutture giudiziali. Nei processi penali, la mancanza di una struttura giudiziaria è di frequente adotta come causa per imporre la sanzione tramite decreto extragiudiziale, pur essendo discutibile che tale situazione si possa considerare la giusta causa che prevede la legge per procedere in tale modo in ambito penale[14].

Sull'ideale di gratuità, recentemente auspicato nei testi che hanno accompagnato lo svolgimento delle assemblee del Sinodo dei vescovi sul tema della famiglia, è necessario distinguere tra la gratuità del servizio prestato dalla struttura pastorale e giudiziale della Chiesa (le tasse giudiziali) e la gratuità del servizio dei difensori (i giusti onorari degli avvocati). Nei testi sinodali, la gratuità si è riferita soprattutto ai servizi di consiglio, informazione e mediazione della fase previa al processo[15],

[13] Si veda quanto si dirà in seguito a proposito della deontologia. Cfr. M. D'Arienzo, *L'obbligo di riparazione del danno in diritto canonico. Percorsi di ricerca*, Luigi Pellegrini Editore, Cosenza 2013,

[14] Per una critica a tale interpretazione estensiva, cfr. G. Puntillo, *op. cit.*, pp. 59–67.

[15] Così si evince soprattutto dai nn. 48–49 della Relazione conclusiva dell'assemblea del 2014, e dal n. 115 del *instrumentum laboris* preparatorio dell'assemblea del 2015. La distinzione tra le tasse e l'onorario è obbligata, tra le altre cose, perché l'auspicio della possibile gratuità si

anche se sulle tasse stesse potrà sempre crescere la generosità istituzionale, destinando al bilancio dei Tribunali più risorse. Sugli onorari (giusti) bisogna invece mostrare speciale cura istituzionale; in primo luogo, per facilitare ai bisognosi il gratuito o semigratuito patrocinio, come si è fatto finora (sia con le cause dei poveri distribuite di ufficio, sia con il servizio di un patrono stabile stipendiato dal Tribunale)[16]; in secondo luogo, per evitare manifestazioni istituzionali di ostacolo diretto o indiretto al patrocinio di fiducia, che non sarebbe compresa nel contesto dell'attuale cultura processuale (dove i patroni sono considerati collaboratori della giustizia, pur nel loro ruolo di difensori della parte). Se la parte ha designato un suo difensore di fiducia, è in contrasto con l'imparzialità assoluta che si richiede all'organo giudicante che questo intervenga sulla questione dei difensori, anche solo per informare o suggerire di avvalersi di uno di ufficio.

Ostacolare il patrocinio di fiducia, che è raccomandabile anche quando non sia obbligatorio, come nelle cause di nullità, oltre che con i valori del giusto processo implicherebbe altri tre gravi inconvenienti particolarmente gravi rispetto agli obiettivi della recente riforma su processi di nullità. Il primo inconveniente è dar luogo a considerare "autoritaria" la giustizia della Chiesa; il secondo è che nel futuro sia raramente scelta dai laici come specializzazione professionale quella in diritto canonico, per la quale oggi stanno investendo molti anni di studio; si darebbe origine alla clericalizzazione di questo servizio, contrariamente a quanto chiedono i documenti finali delle assemblee sinodali sulla famiglia, dove si afferma la necessità di incrementare le risorse umane, con più specialisti chierici e laici[17]; terzo inconveniente è che l'ideale di moltiplicare il servizio dei Tribunali in attenzione alle famiglie in difficoltà, finisca per non avverarsi a causa di mancanza di operatori, aumentandosi così il divario delle cifre (già oggi intollerabili) tra matrimoni canonici falliti (che sono molti) e fedeli che si avvalgono del servizio dei Tribunali (che sono molto pochi).

7.5. Deontologia forense comune agli operatori del foro canonico

Il tema della gratuità e dei giusti onorari dei difensori forma parte della deontologia forense che, negli ultimi anni, ha suscitato molto interesse.

rapporta alle procedure, non certo al sostentamento di chi presta il servizio di difensore, né alla giusta e dignitosa retribuzione degli altri operatori del Tribunale, come si avverte esplicitamente nel Proemio n. VI del m.p. *Mitis Iudex*.

[16] Sulla figura del patrono stabile, cfr. M.J. Arroba Conde, *Diritto processuale*, cit., pp. 239–242.

[17] Cfr. M.J. Arroba Conde, *La recente esperienza sinodale in prospettiva canonica*, in *Commentarium pro Religiosis*, vol. LXXXXVI (2015), pp. 263–286.

È soprattutto su quella inerenti agli avvocati che vertono i pochi studi esistenti sulla deontologia[18], forse per il fatto di essere considerata sul punto la categoria più a rischio. La divisione in categorie può offuscare però il ruolo principale della deontologia che, in ambito giuridico, è quello di essere fonte di orientamento e di doveri per chi, pur con diverse funzioni, opera per rendere efficaci i valori dell'ordinamento[19]. Vale la pena quindi riferire la questione a tutti gli operatori dei Tribunali[20] nel tentativo di individuare nelle norme processuali una sorta di deontologia comune ai professionisti del foro canonico.

7.5.1. Dimensione etica, disciplinare e di autogoverno nei sistemi deontologici

Le caratteristiche dei sistemi deontologici dipendono dal ruolo riconosciuto alla deontologia in ciascuna attività. Presupposto è l'esigenza di subordinare gli interessi del professionista al valore del servizio che presta, in considerazione della delicatezza del medesimo. A tale fattore è solitamente collegato il grado di specificazione dei doveri etici, nonché il livello di autonomia della categoria professionale nello stabilire i medesimi e nel disciplinare la loro violazione. Per il loro forte vincolo con lo sviluppo della persona e la promozione del bene comune, alla deontologia si riserva un ruolo elevato in alcune professioni, intendendo assicurare una pratica che non si esaurisca nel soddisfare il cliente ma l'interesse generale che la società si attende dall'esercizio di una data attività. In molte professioni si presta detto servizio di sviluppo e superamento dei limiti umani, sia individuali che comuni, ponendosi al di fuori di un ambito strettamente umano (sfruttando la natura, applicando tecniche, …). L'attività giuridica persegue questo obiettivo dall'interno dell'uomo, poiché consiste nello strutturare le sue azioni e relazioni con parametri che riflettono la verità più profonda dell'uomo stesso, cioè la sua condizione di essere razionale e relazionale, e per tanto, con criteri condivisi e riconoscibili universalmente[21].

[18] Rappresenta una degna eccezione il recente volume, Aa. Vv., *Deontologia degli operatori dei Tribunali ecclesiastici*, Libreria Editrice Vaticana, Città del Vaticano 2011; il mio contributo (*Deontologìa e norme processuali*, pp. 61–78), insieme ad altri scritti in precedenza, servirà di base alle successive riflessioni.

[19] Cfr. M.J. Arroba Conde, *Principi di deontologia forense canonica*, a cura di P.A. Bonnet e C. Gullo, *Il diritto di difesa nel processo matrimoniale canonico*, Libreria Editrice Vaticana, Città del Vaticano 2006, pp. 129–146.

[20] Per un'impostazione interprofessionale della deontologia giuridica in ambito non canonico, cfr. C. Testa, *Principi di deontologia professionale degli operatori del diritto*, Fondazione F. Testa, Roma 2001.

[21] Sul fondamento del diritto nella natura razionale e relazionale dell'uomo, e sul ruolo che riveste nella sua formazione il riconoscimento di valori comuni, cfr. S. Cotta, *Il diritto nell'esistenza. Linee di ontofenomenologia giuridica*, Giuffrè, Milano 1985.

Pur diversificata, l'attività giuridica è cooperativa, in quanto unisce in uno stesso obiettivo l'arte di legiferare, di governare e di applicare il diritto ai casi controversi. Cooperazione nella diversità è una prospettiva ancor più marcata nell'attività giudiziale per assicurare che, nell'affrontare gli inevitabili limiti dei rapporti umani, la forza del diritto prevalga sul diritto del più forte[22], il ché tradirebbe la verità dell'uomo stesso[23]. Il problema deontologico forense parte da questa esigenza di assicurare la verità del diritto vivo, dalla necessità cioè di risolvere le controversie senza tradire la struttura interna del diritto, evitando di utilizzare criteri tipici di altre attività (della politica, del commercio, della mera speculazione intellettuale). Simile decadenza non permetterebbe di superare dall'interno gli inevitabili limiti umani, pervertirebbe i rapporti e getterebbe nella solitudine persino l'apparente vincitore[24]. La verità, nella quale in fin dei conti consiste la giustizia[25], costituisce la dimensione etica della deontologia.

Non basta però farsi carico dell'anelito di giustizia e di verità che soggiace ad una relazione umana; bisogna farlo con metodi giusti, rispettosi dell'essenza di ogni funzione forense, senza danneggiare le legittime aspettative dei terzi, né alterare il principio di uguaglianza che regge la condizione umana e fonda una società giusta. Oggetto della deontologia, nella sua dimensione etica, è quindi regolare quei rapporti stabiliti dal giurista nella sua attività su materie che, pur non apparte-

22 Sulle conseguenze che comporta nei vari settori dell'esperienza umana il capovolgimento tra "forza del diritto" e "diritto del più forte" si veda il dossier monografico della rivista culturale della Pontificia Università Lateranense (cfr. *Nuntium* 5, 1998, pp. 28–91).

23 Cfr. C. Testa, *op.cit.*, pp. 16–17.

24 Rispettare la struttura del diritto per ottenere le giuste pretese è un'esigenza comune, per cui non può essere ritenuta appannaggio di chi risulta vittima o parte lesa quando tale struttura viene violata; vedere sostituita la capacità di relazione con l'utilizzo della forza è percepito quindi come un attentato alla propria integrità anche da chi, con tale sostituzione, raggiunge i suoi obiettivi individuali, cfr. P. Ricouer, *Il giusto*, SEI, Torino 1998, p. 12. In realtà, la solitudine rende folli e si può combattere solo con la verità (secondo le parole di Eschilo nell'Agamennone); detta solitudine si produce quando si dimentica la natura dell'uomo come essere in relazione; la verità si oppone alla chiusura su se stessi, che non permette di vedere il proprio limite; si oppone anche al dominio, che esprime rifiuto degli altri; il riconoscimento reciproco, tramite il diritto, è più essenziale in contesti multiculturali, cfr. A. Iaccarino, *Verità e giustizia. Per una ontologia del pluralismo*, Città Nuova, Roma 2008.

25 L'unione tra giustizia e verità dovrebbe avere una sua privilegiata manifestazione nell'attività di amministrazione della giustizia, nonostante sia ancora frequente, rispetto ai processi non canonici, negare che loro obiettivo, anziché risolvere le controversie, possa essere stabilire la verità; per un'interessante analisi e confutazione di questa tesi riduttiva, cfr. M. Taruffo, *La semplice verità*, cit., dove l'autore asserisce fermamente la funzione epistemica del processo, portando a fondamento il fatto che il valore della verità è una premessa dello stato di diritto e di qualsiasi società giusta, oltre ad essere la base del riconoscimento di diritti soggettivi nelle norme sostanziali.

nenti alla vita del diritto, hanno potenziale riflesso nella veridicità e nella funzionalità dell'attività giudiziale[26].

Nella sua funzione di strutturare l'azione umana partendo dalle regole, il giurista necessita di regole che assicurino il valore morale e pubblico della sua attività. Per il giurista del foro tale esigenza è maggiore, per la necessità di coniugare il suo ruolo processuale con quello di altri, senza che nell'agire si possa appellare solo alla coscienza, né al mero pentimento nelle disfunzioni provocate. Si richiedono principi direttivi che, perché universalmente accettati, vengono inclusi nell'ordinamento e traducono l'etica in disciplina[27]. Nel versante disciplinare, la deontologia è l'insieme di regole che l'attività giuridica crede di dover darsi, secondo l'esperienza e raccogliendo i valori che risultano di fatto più delicati nel suo dispiegarsi dinamico. Per garantire tale riconoscimento talvolta le regole sono stabilite in codici, benché non sia possibile codificare tutto[28]. Vi è chi lo dubita, ma il sistema deontologico è considerato il tramite per inserire nella vita del diritto doveri metagiuridici con implicazioni nella giuridicità[29].

Disciplinare la deontologia comporta prevedere sanzioni secondo i criteri di proporzionalità e reciprocità che reggono i rapporti professionali. Nel settore giudiziale, i sistemi deontologici, oltre a formulare principi direttivi, stabiliscono i meccanismi di controllo delle violazioni e di applicazione delle sanzioni, sovente in regime di autogoverno, confidando il tema ad ogni categoria, visto che è in gioco il decoro della professione[30]. Alla dignità della professione si aggiunge un'altra ragione di maggior peso, legata all'essenza dell'attività giuridica, fino a prevalere sui rischi di corporativismo, tipici dell'autogoverno. La ragione è che la cooperazione, tipica dell'attività giudiziale, non annulla la diversità di funzioni, che si considera, anzi, una vera garanzia contro le arbitrarietà. Perciò si considera che nella deontologia, la giustizia "domestica", pur oggetto di certa contestazione, sia la via che meglio

[26] Per es. l'informazione, la preparazione, il compenso economico, cfr. C. Testa, *op.cit.*, pp. 21–22.

[27] Ivi, pp. 18–23.

[28] La tendenza alla codificazione è netta in tutta Europa rispetto alla deontologia degli avvocati; oltre ai codici deontologici nazionali merita menzione quello approvato il 28.11.1998 dal Conseil Consultatif des Barreaux Européens. In certi paesi ci sono codici etici di magistrati, di avvocati dello Stato e di notai.

[29] Cfr. C. Testa, *op.cit.*, p. 54; l'autore critica chi mette in dubbio che la deontologia, eccetto se riguarda le fattispecie di illecito previste dalla legge, abbia carattere di giuridicità; esempi di tale impostazione sono le disposizioni di due codici deontologici dei magistrati italiani in cui si nega la giuridicità della deontologia in quanto la medesima si limita a indicare i criteri di comportamenti seguiti da una categoria professionale.

[30] Cfr. R. Danovi, *Codice Deontologico Forense,* vol. I, Giuffré, Milano 1993, pp. 3 ss.

permette a ogni professione di rimanere fedele alla sua missione, senza inciampare in logiche estranee al diritto[31].

7.5.2. *Caratteristiche peculiari della deontologia nel diritto canonico*

Queste tre caratteristiche non sembrano armonizzabili col diritto canonico né col suo diritto processuale, sia per difetto (vista la rilevanza giuridica che in esso hanno i doveri morali) che per eccesso (visti i limiti della codificazione e dell'autogoverno nel diritto della Chiesa).

Nella Chiesa, pur senza confondersi, tra doveri morali e giuridici non ci sono scissioni assolute; l'inadempimento dei doveri giuridici non esula dalla responsabilità morale, e una condotta non diventa moralmente accettabile per il solo fatto di non essere proibita in modo specifico. Il vincolo tra responsabilità giuridica e morale è maggiore se si tratta di doveri annessi a funzioni pubbliche, sulle quali è inaccettabile ragionare in termini di riduzionismo etico. Le aspettative pubbliche includono nella deontologia tutto ciò che assicura la fedeltà all'essenza di ogni funzione, secondo quanto nell'ordinamento permette di riconoscerle, coniugando la specificità di ciascuna insieme alla doverosa convergenza con le altre. Assicurare l'essenza della propria funzione richiede debita preparazione e sufficiente perizia, per cui si configura un dovere deontologico di portata più generale che supera l'esigenza di agire nel processo secondo la legge (la cui inosservanza ha effetti endoprocessuali). Il riferito dovere comporta esigenze normativamente previste, ma radicate nella responsabilità morale e ministeriale.

La maggior rilevanza giuridica della dimensione etica comporta che, nel diritto canonico, siano poche e molto generali le disposizioni di contenuto deontologico su ogni funzione. Per avere effetti e rimedi endoprocessuali, non è logico riferire direttamente alla deontologia le violazioni di norme il cui contenuto può essere inteso come l'insieme di doveri differenziati che, in un dato momento della causa, grava su ciascuno degli operatori nel funzionamento della dinamica processuale. È però inevitabile riferirsi alle norme di svolgimento del processo se, per la gravità o per la continuità dell'eventuale violazione, l'inadempimento dei propri doveri funzionali, più che di imperizia, è indice di negligenza che danneggia gli altri soggetti della relazione processuale. La negligenza nel compiere i propri doveri è la formula generale usata per indicare il secondo genere di fattispecie che danno luogo a misure disciplinari. Entrano così nella deontologia, superando le sole conseguenze endoprocessuali, i doveri funzionali, il cui inadempimento costituisce negligenza grave, se non vi è una causa che giustifichi svolgere la pro-

[31] Per una risposta alle critiche contro l'autogoverno e contro il peso eccessivo che hanno assunto i collegi professionali, cfr. C. TESTA, *op. cit.*, p. 94.

pria funzione in modi e in tempi diversi da quelli stabiliti abitualmente, interferendo nell'attività degli altri professionisti del foro[32].

A questo secondo livello si aggiunge un terzo, costituito dalle norme che stabiliscono le proibizioni e relative sanzioni. Sono illeciti espliciti la cui violazione è denominata abuso[33]. Poiché le norme sono poche si ingenera l'impressione di provvisorietà, con il rischio che la generalità degeneri in arbitrarietà o impunità[34]. È però discutibile ritenere la scarsità di norme come fatto negativo nella Chiesa. In altri fori si elogia la codificazione per ragioni non sempre positive: la certezza e la tutela dei professionisti, esenti da sanzioni al di fuori dei casi prestabiliti[35]. Il diritto canonico sfugge all'eccessiva regolamentazione ma coniuga il principio di legalità con la capacità punitiva su condotte non codificate (c. 1399). Anche fuori dell'ordinamento canonico non riscuote fiducia il positivismo normativo[36], che falsifica il diritto, sottoponendolo alla schiavitù del tempo presente[37].

L'esperienza può suggerire comunque di rendere più concreta la deontologia, a seconda dei comportamenti che si ritengano più rischiosi in ogni realtà giudiziaria. Tra le ragioni per procedere in tal senso è rilevante il rischio di dimenticare la natura giudiziale del processo canonico, confondendo (con comportamenti eccessivamente disinvolti) la sua vera indole pastorale. Tale oblio si traduce a volte nel trasformare la potestà del giudice, quale criterio ultimo, in un criterio unico al quale gli altri operatori ritengono di doversi adeguare nello svolgimento dei vari atti processuali[38]. Si creano così rapporti inadeguati tra gli operatori dei Tribunali per il cui superamento è auspicabile l'intervento del Vescovo e dei professionisti delle varie categorie[39]. Non sono esclusi

32 Cfr. R. Genuin, *Giusta, grave e gravissima causa nel diritto processuale canonico*, Pontificia Università Lateranense, Roma 1996.

33 I tre livelli della deontologia (imperizia, negligenza e abuso) sono indicati nella DC 75 §2 (rispetto agli uffici giudiziali) e nell'art. 111 §2 (rispetto agli avvocati).

34 Cfr. C. Gullo, *Gli avvocati*, a cura di P.A. Bonnet e C. Gullo, *La Curia Romana nella Cost. Ap. Pastor Bonus*, Libreria Editrice Vaticana, Città del Vaticano 1990, pp. 541 ss.

35 Sugli argomenti contrari alla codificazione della deontologia, con la relativa confutazione dei medesimi cfr. R. Danovi, *Il pendolo della professione*, Giuffré, Milano 1999, pp. 5–7.

36 Cfr. F. Rigaux, *La loi des juges*, Odile Jacob, París 1997, p. 7.

37 Cfr. P. Calamandrei, *Scritti e discorsi politici*, vol. II, La Nuova Italia, Firenze 1966, p. 40.

38 Su tale rischio, cfr. M.J. Arroba Conde, *Apertura*, cit., pp. 745–747, dove critico le proposte di rinnovamento del processo che non sono state accolte, che in gran parte fanno consistere l'eccesso di formalismo processuale in un protagonismo presuntivamente inutile degli avvocati, che nella mente dei proponenti deve essere superato aumentando i poteri del giudice.

39 Il Vescovo, quale legislatore, può elaborare il regolamento del Tribunale, includendo norme di portata deontologica. Al contempo, quale giudice proprio, gli spetta (con ulteriore

i professionisti del foro dalle due azioni di governo indicate, non solo per la pratica della consultazione, sempre consigliabile per chi esercita un'autorità nella Chiesa, ma anche per il diritto di associarsi di cui godono i fedeli[40].

7.5.3. Norme sulla fedeltà all'essenza di ogni funzione: l'imperizia e il regime delle incompatibilità

Non appartiene alle norme definire l'essenza di ogni funzione forense. È la teoria generale del processo canonico che consente di esprimere il loro nucleo identificativo, da cui deriva l'indirizzo deontologico generale di ciascuna. Nel caso del giudice, la deontologia si fonda nella sua funzione di procedere e decidere secondo la legge, e non secondo le convinzioni personali; tale dovere si traduce in imparzialità ed oggettività nel definire in modo uguale i casi eguali; non si tratta di infallibilità bensì di agire secondo principi universali, interni cioè, e non estranei, alla giuridicità[41]. Funzione essenziale del notaio è documentare con diligenza, e rappresentare fedelmente negli atti la realtà, evitando scissioni tra la verità storica di quanto accaduto e la verità processuale[42]. I doveri del difensore del vincolo hanno come nucleo essenziale l'esigenza di esporre *rationabiliter* i dati in favore del matrimonio[43]. La tutela del bene comune che si presume inerente alla stretta osservanza della legge positiva (cioè, della giustizia legale) costituisce la funzione primordiale del promotore di giustizia[44]. La deontologia del difensore di parte, le cui tesi sono l'orizzonte immediato del suo ruolo nel processo, si fonda nel

istanza in Segnatura) il compito di vigilare sui vari uffici e funzioni, provvedendo alle relative sanzioni (DC 75 e 111).

[40] La consultazione è più utile per elaborare la disciplina con realismo rispetto ai bisogni del Tribunale, ma non si esclude rispetto alle sanzioni, come prevedono le norme rotali, che esigono di ascoltare i tre avvocati più anziani prima di applicarle. La via associativa è utile per ambo gli aspetti. L'associazionismo aiuta ad adempiere i doveri deontologici di studio e aggiornamento qualificato, collegati alla necessaria perizia per svolgere ogni ufficio, oltre a favorire l'omogeneità e il miglioramento del servizio, frutto auspicabile dell'interscambio di esperienze; cfr. C. Gullo, *L'assetto della professione forense canonica*, a cura di P.A. Bonnet e C. Gullo, *Il diritto di difesa nel processo canonico*, Libreria Editrice Vaticana, Città del Vaticano 2006, p. 124; Id., *Celerità e gratuità dei processi matrimoniali canonici*, a cura di P.A. Bonnet e C. Gullo, *La giustizia nella Chiesa: fondamento divino e cultura processualistica moderna*, Librearia Editrice Vaticana, Città del Vaticano 1997, pp. 236 ss.

[41] Cfr. A. Stankiewicz, *I doveri del giudice,* in Aa.Vv., *Il processo matrimoniale canonico*, II ed., Libreria Editrice Vaticana, Città del Vaticano 1994, pp. 299–321.

[42] Cfr. F. L. Ferraris, *De cancellario episcopali in codice iuris canonici*, Romae 1956.

[43] Cfr. D. Vajani, *op. cit.*

[44] Cfr. J. Dahyot–Olivet, *op. cit.*.

bisogno di condurre ai binari della giuridicità e della corretta dialettica processuale gli interessi del suo assistito[45].

Se le riferite formulazioni sintetiche, con il relativo indirizzo deontologico di ciascuna funzione, appartengono alla teoria generale del processo, appartiene tuttavia alle norme stabilire alcuni doveri direttamente derivanti dalla salvaguardia di quanto identifica ciascuna, stabilendo un regime di incompatibilità tra le stesse, nonché le esigenze che tutte le funzioni hanno in comune, dimostrandosi così l'impostazione cooperativa che caratterizza i ruoli forensi. Il regime delle incompatibilità nel codice riguarda solo le funzioni svolte in una medesima causa (c. 1447); la *Dignitas Connubii* lo estende all'assunzione di un medesimo ufficio in Tribunali uniti dall'appello o di vari uffici nel medesimo Tribunale, eccetto quelli di difensore del vincolo e promotore di giustizia (art. 36); l'estensione contrasta con la scarsità di personale e interpella la deontologia dei vescovi, a cui spetta conferire gli uffici giudiziali ed evitare l'incompatibilità reale (prevista dalle norme generali) tra ufficio forense e altri uffici diocesani che impediscono la dedizione qualificata[46].

Al ministro riguarda piuttosto l'incompatibilità tra il suo ufficio e il divieto di agire come avvocato, anche attraverso un altro (DC 36), sia nel suo Tribunale sia in quello di appello. A ciò si aggiunge l'incompatibilità tra l'orientamento pastorale previo alla causa, svolto per incarico del Tribunale, e gli uffici di giudice o di difensore del vincolo, e la funzione di patrono di fiducia nella stessa causa (DC 113). Tale norma, per identica ragione (scarsità di personale), oltre che per essere coperti gli inconvenienti dalle norme sull'astensione (c. 1448) o la ricusazione (c. 1449), può sembrare meno convincente. L'astensione però rimanda alla coscienza dell'operatore; nel caso del ministro del Tribunale, questi può ritenere intatta la sua imparzialità, malgrado l'orientamento pastorale che ha offerto. Tuttavia, come detto, la deontologia parte dal bisogno di non rimettere solo alla coscienza la correttezza etica della propria attività.

Se all'identità di ogni funzione si provvede col regime di incompatibilità, alla loro reciprocità funzionale rispondono invece le norme che stabiliscono doveri concreti sulla preparazione e sulle qualità richieste per assumere e mantenere con decoro ciascun servizio. I doveri di preparazione sono lo studio e l'aggiornamento, che richiedono dedizione qualificata e che sono compressi nel giuramento prestato al momento di assumere un ufficio (DC 35) o quando si ammette a patrocinare; i titoli di studio, così come le materie di aggiornamento sono gli stessi per

[45] Cfr. M.J. Arroba Conde, *Principi di deontologia forense canonica*, cit., pp.129–146.

[46] Al n. 49 della relazione conclusiva dell'assemblea sinodale del 2014 si auspica che i vescovi si impegnino a preparare più persone, chierici e laici, con dedizione prioritaria al Tribunale.

giudici, difensori del vincolo, promotori di giustizia e avvocati[47]. Non sembra giustificata la mancanza di requisiti relativi ai titoli di studio nel caso degli uditori (c. 1428), mentre appare comprensibile nel caso dei cancellieri e notai (cc. 483 e 1437)[48].

Si deve ritenere incluso nel giuramento l'impegno a mantenere la buona fama, qualità richiesta (con denominazioni varie) per ogni ufficio e la cui perdita è prevista espressamente nel caso dei patroni come motivo per vietare loro l'esercizio successivo del patrocinio (DC 111). La violazione dei doveri relativi alla preparazione tecnica è costitutivo specifico della fattispecie di imperizia, che ricade sul professionista, pur preceduta dal dovere del Vescovo, di affidare gli uffici ed ammettere al lavoro forense solo a chi ha le capacità, preparando personale per le attività tecniche e di pastorale giudiziaria, con il dovuto tirocinio[49] e aggiornamento[50]. Pur posti a salvaguardia dell'identità di ogni funzione forense, i doveri di mantenere la buona fama e di dedizione sono anche collegati, rispettivamente, ad eventuali abusi o negligenze nello svolgimento di ciascuna funzione.

7.5.4. Norme contenenti divieti espliciti: la fattispecie di abuso

Nell'analizzare le norme che contengono divieti espliciti si devono separare quelle che riguardano gli uffici di ministro del Tribunale, nella comune posizione di indipendenza sugli interessi di parte privata e le norme sull'avvocato, che sono complesse, perché obbediscono alla rilevanza pubblica della sua funzione e agli interessi dell'assistito; solo un gruppo di illeciti è comune tra avvocati e ministri.

7.5.5. Divieti per i ministri del Tribunali

Per i ministri dei Tribunali, le norme prevedono divieti espliciti con annessa sanzione ed altri divieti espliciti senza una sanzione concreta ma di facile integrazione nella fattispecie di abuso. Il codice prevede

[47] Già nel preambolo della DC si richiamava l'impegno serio di ogni Vescovo, ritenendolo fondamentale, e rendendolo in seguito più concreto nel dovere di assicurare la preparazione e la dedizione diligente di coloro ai quali abbiano nominato per svolgere tali incarichi (DC 33).

[48] La formula "buona fama" si usa per riferirsi ai requisiti morali in relazione a tutti gli uffici, eccetto nel caso dell'ufficio di uditore, dove si impiega la formula analoga di "buon costume e prudenza" (c. 1428).

[49] Il dovere di tirocinio coinvolge il Vescovo; le norme esortano ad evitare di confidare incarichi di responsabilità maggiore senza avere prima assolto incarichi di responsabilità più circoscritta (DC 42–43).

[50] Il dovere di aggiornamento viene stabilito dalla DC 35, dove si esprime la necessità di acquisire una conoscenza sempre più approfondita del diritto matrimoniale e processuale.

alcuni di questi divieti come esclusivi dell'ufficio di giudice, mentre DC li include come comuni a tutti gli uffici di ministro del Tribunale[51].

Nel caso del giudice, le proibizioni con relative sanzioni, fino alla rimozione, sono il diniego di giustizia (rifiutando cause per le quali è competente), l'indebita appropriazione (per accettarle senza titolo), la violazione del segreto d'ufficio, istruttorio e decisorio, e procurare danno alle parti per dolo o negligenza grave. L'ultima proibizione appare sviluppata nella DC (75) con un rinvio ad altri canoni[52]; ciò suggerisce che, pur senza comprendere tutte le ipotesi, il dolo e la negligenza siano legate alle ipotesi ivi previste che sono comuni a tutti i ministri dei Tribunali: la subornazione passiva, l'abuso di potere attivo o passivo, la colpa nel realizzare o omettere illegittimamente un atto per negligenza, la falsificazione di documenti e ogni azione contraria al dovere di numerare e autenticare gli atti[53]. Alcuni di questi divieti espliciti si ripetono nel caso dell'avvocato (DC 111).

Senza stabilire sanzioni concrete, si proibisce ricevere regali in occasione della causa, pur quando non siano diretti, come nella subornazione, a realizzare atti illeciti (c. 1456). Accettarli compromette l'immagine di imparzialità; si può discutere se tale rischio sia escluso quando si tratta di regali fatti fuori dalla *occasione agendi iudicii*. Per ragioni simili si proibisce partecipare in cause in cui il ministro del Tribunale sia coinvolto, pur a titolo di difficile determinazione, come "la grave inimicizia" (c. 1448 §1). Il legislatore non confonde l'animosità con l'aver realizzato atti legittimi pur contro gli interessi della parte (DC 68 §5), ma privilegia l'immagine di imparzialità, in quanto la ricusazione deve essere trattata da un ufficio superiore al ricusato. Non è quindi corretto riferirsi alla possibilità di ricusazione per estromettere dalla deontologia l'obbligo di astenersi.

Non riguardano solo la deontologia due proibizioni, stabilite sotto pena di nullità della sentenza: decidere o agire come consigliere del giudice sulla stessa causa in un'istanza successiva o subentrare come giudice in una causa in cui si è intervenuto in altre funzioni. Tra queste non si include quella di notaio, perché iniziare come notaio è un modo efficace di soddisfare l'esigenza di acquisire esperienza prima di accedere all'ufficio di giudice. Ora, coincidere come notaio e giudice in una causa, presuppone lentezza nel trattarla; ciò va contro il dovere deontologico della celerità che mortifica la giustizia ecclesiastica (c. 1472; DC 72).

[51] Così risulta dalla semplice lettura comparata del c. 1457 e di DC 75.

[52] Si tratta dei cc. 1386, 1389, 1391 e 1470 par. 2.

[53] Si tratta di fattispecie comuni a tutti gli uffici e anche alla funzione di avvocato.

7.5.6. Divieti espliciti per la funzione di patrono

Gli illeciti deontologici previsti per l'avvocato sono l'accaparramento delle cause con pagamento al cliente, il patto di *quota litis*, concordare un onorario esagerato[54], eludere con frode la legge sulla competenza, affinché la causa sia giudicata altrove in modo favorevole, prevaricare dalla sua funzione per doni, promesse o altri motivi (cc. 1488–1489), mancare di rispetto al Tribunale nelle udienze (c. 1470 §2), provocare con colpa o negligenza la decadenza di una causa (c. 1521), rinunciare alla causa senza giusto motivo (DC 110, 1) e fornire informazioni al giudice al di fuori degli atti (c. 1604 §1)[55]. In comune con gli uffici forensi, si prevede anche per gli avvocati la subornazione (nel loro caso attiva), l'abuso per azioni o omissioni gravi, la realizzazione o omissione colpevole di un atto ed i delitti di alterazione dei documenti e degli atti (DC 111). Altri illeciti derivano dalla relazione tra mandante e mandatario (che si rende concreta nella previsione del ritiro del mandato, c. 1487), da cui nascono doveri speciali, come il segreto professionale e la responsabilità di riparare i danni provocati per dolo o colpa (c. 128).

7.5.7. Alcuni divieti strutturati in modo complesso

Meritano una menzione autonoma alcuni casi di illecito deontologico che la norma formula in modo complesso in quanto strutturati sulla base di un concorso di più di un ruolo forense e dalla potenziale combinazione di più fattispecie. In effetti, anche se formulato in capo al ruolo di patrono, il divieto di eludere con frode la legge sulla competenza (c. 1488 par. 2), non solo quando oltrepassa l'ambito del delitto tentato, presuppone definire in capo al giudice, sia a quello eluso sia a quello adito, quale sia la loro posizione rispetto alla facilità o rigorismo nel giudicare; pur potendo obbedire ad una varietà di motivi, non si può escludere che entrambe le posizioni siano frutto di insufficiente conoscenza della legge, e quindi della fattispecie di imperizia[56].

Due tra i doveri del giudice hanno incidenza deontologica meno chiara, perché legati a difetti di altri: esortare le parti a riconciliarsi o collaborare nel processo (c. 1446; DC 65 §1) e supplirle nel presentare prove o eccezioni, per evitare sentenze ingiuste (c. 1452 §2), sono doveri vincolati alla negligenza o a carenze deontologiche dell'avvocato e

[54] Sul punto si veda l'approfondito studio di G. Mioli, *La remunerazione dell'avvocato nei giudizi di nullità matrimoniale*, Lateran University Press, Città del Vaticano 2009.

[55] Cfr. M.J. Arroba Conde, *Diritto processuale*, cit., pp. 279–282.

[56] L. Musselli, *Il ministero degli avvocati tra difesa del cliente e fedeltà alla verità e alla giustizia*, a cura di P.A. Bonnet e C. Gullo, *La giustizia nella Chiesa. Fondamento divino e cultura processualistica moderna*, cit., pp. 147–163.

del difensore del vincolo. L'equilibrio tra i poteri direttivi del giudice ed il principio dispositivo, non consente di confondere i ruoli, nemmeno richiamando le peculiarità del processo canonico, se si deve continuare a ritenerlo un vero processo tecnico. Pur potendo proporre d'ufficio ciò che la legge gli consente per l'acquisizione di ciascuno dei mezzi di prova, il giudice non può agire da difensore del vincolo o da avvocato del negligente, senza danneggiare in modo deontologicamente grave la sua funzione.

7.5.8. Norme contenenti doveri diretti o indiretti: la negligenza

La fattispecie di negligenza come figura deontologica è riconducibile ad alcuni obblighi generali, come la celerità e il rispetto delle persone e delle procedure, e ai doveri funzionali di ciascuno degli operatori forensi nel realizzare quanto compete loro in ogni atto processuale. Come già avvertito, nel valutare il compimento di tali doveri in forme e tempi diversi da quelli abitualmente stabiliti dalla legge, è ragionevole ricorrere ai concetti di "giusta, grave o gravissima causa", previsti per situazioni eccezionali del processo. Esiste quindi negligenza grave se i doveri funzionali di ciascuno si adempiono in modi e in tempi diversi da quelli stabiliti abitualmente, interferendo nell'attività degli altri professionisti del foro, senza che ci sia il corrispondente genere di causa che lo giustifica.

La negligenza diventa quindi un richiamo per valutare certe situazioni processuali che, dal punto di vista deontologico sono delicate e potenzialmente alla mancanza di rispetto delle regole processuali. Indico alcune in cui la presunta buona volontà degli operatori del foro deve essere sostituita da una deontologia chiara. Segnalo quelle che ritengo più importanti per ciascun ufficio, sebbene ribadisca che ciò che costituisce l'anomalia deontologica è l'interferenza e il danno allo svolgimento adeguato delle funzioni degli altri operatori del foro.

7.5.9. Negligenza sui doveri dell'ufficio di giudice

Per quanto riguarda l'ufficio del giudice è utili ragionare secondo le fasi processuali. Nella fase previa non si può compromettere l'immagine e il dovere dell'imparzialità agendo con eccessiva disinvoltura nell'orientare sulla scelta dell'avvocato, o nell'assegnarne uno d'ufficio; è sufficiente consegnare l'elenco dei professionisti ammessi dal Vescovo. L'affidamento delle cause è attribuito dalla legge al vicario giudiziale, ma secondo l'ordine di ingresso (rigorosamente protocollato) e turni stabiliti che solo il Vescovo (per ragioni gravissime, e non lo stesso vicario giudiziale) può alterare.

Nella fase introduttiva il giudice si deve limitare a dare il *nomen iuris* ai fatti della domanda e della risposta alla citazione, senza eccedere nel valutare il *fumus* né fissare il dubbio secondo la propria preferenza o (forse) imperizia sui capitoli di nullità[57]. Nell'istruttoria non può trasformare in regola l'eccezione, ed escludere per sistema l'avvocato dagli interrogatori, o procedere secondo forme consentite solo quando ci sono cause giuste, gravi o gravissime[58]. Nella sentenza e nei decreti, è mancanza deontologica grave incaricare ad altri la redazione e esporre le motivazioni in forma irriverente, superficiale, autoritaria o arbitraria, senza risposta puntuale alle allegazioni. Tali modalità forse dimostrano imperizia, ma esigono rimedi radicali, perché contrarie al dovere di far capire la decisione ed impugnarla con efficacia (DC 254). Il dovere di celerità, soprattutto lo spazio di tempo tra decisione e pubblicazione della sentenza (spazio che non beneficia dell'esigenza espressa nell'inciso *salva iustitia* che la legge consente solo per rimandare la decisione c. 1609) esige la rimozione di chi non lo rispetta.

7.5.10. Negligenza e doveri dell'ufficio del notaio

Gli atti contro la veridicità, numerazione e autenticazione degli atti, pur costitutivi di proibizioni comuni a tutti, riguardano soprattutto l'ufficio del notaio, per il quale si chiede essere libero da sospetti (DC 63), non oltrepassare la sua funzione (DC 61 par. 3), evitare le accezioni di persone (DC 67) e rispettare i doveri del segreto (DC 73) e della celerità (DC 72).

Elemento deontologicamente delicato è la relazione del notaio col giudice nella redazione dei verbali. Le norme stabiliscono di redigerli sotto la direzione del giudice, per assicurare che si include la materia del giudizio. Tale direzione però non può svuotare di contenuto l'essenza dell'ufficio notarile, che è assicurare nel verbale il riflesso fedele della realtà, scrivendo le risposte con le parole usate da chi dichiara. Su ciò il notaio ne risponde personalmente, o meglio, come in tutti gli uffici agisce *coram Domino*, senza servilismi al giudice, perché è la sua firma (e non quella del giudice) a conferire autenticità[59]. Da tale ambiguità discendono altre situazioni, ispirate al desiderio di armonia, ma contrarie al sano formalismo e alla garanzia di autenticità che la legge affida al notaio, come ufficio indipendente. Né il notaio può interrogare senza il giudice, né il giudice può modificare ciò che scrive il notaio, nemmeno sottoponendo la modifica alla firma di tutti. Non c'é una autenticità

[57] Sul significato da attribuire all'esame del *fumus*, e sui rischi di un'indebita estensione di tale compito, cfr. M.J. Arroba Conde, *Diritto processuale*, cit., pp. 337–339.

[58] Cfr. Id., *Prova*, cit., pp. 107–108.

[59] Cfr. Id., *Diritto processuale*, p. 231.

sostanziale diversa dell'autenticità formale; se nella lettura degli atti di un'udienza ci sono cambiamenti, è deontologicamente scorretto farli contro le norme, senza indicare espressamente cioè quando, come e perché sono poste[60].

7.5.11. Negligenza e doveri dell'ufficio di difensore del vincolo

Esporre tutto ciò che ragionevolmente sostiene la validità del matrimonio guida la deontologia del difensore del vincolo, nel suo ruolo di parte pubblica, malgrado alcune ambiguità della *Dignitas Connubii*, che assimilano la sua funzione ad una sorta di consigliere del giudice[61]. Si tratta di ufficio indipendente, in quanto dopo la citazione, al giudice non guida più la presunzione di validità del matrimonio ma il principio di litispendenza[62]. In quanto parte pubblica, la posizione del difensore del vincolo è pure indipendente dall'interesse della parte privata, incluso quello del convenuto contrario alla nullità[63]. La legge non permette confusioni tra la funzione del difensore del vincolo e quella dell'avvocato di colui che si oppone alla nullità. Perciò, anche il difensore del vincolo è destinatario del regime di incompatibilità, nonché dei doveri di riservatezza, celerità e astensione perché non venga meno la sua obbligatoria posizione di imparzialità rispetto alle parti in causa.

L'imparzialità rispetto alle parti private non svuota di significato il ruolo *pro validitate* del difensore del vincolo nel corso del processo, così come l'obbligo di fare *rationabiliter* le sue conclusioni non sminuisce il rigore *pro vinculo* della sua funzione. Perciò sono gravi carenze deontologiche il disertare le udienze, accontentarsi di apporre un *visum* sul verbale, accettare con passività le petizioni delle parti private e, in appello, rimettersi sempre alle osservazioni del difensore del vincolo dell'istanza precedente[64]. Nel coniugare il suo ruolo funzionale *pro validitate* e quello di agire *rationabiliter* nello scritto di osservazioni, la deontologia dipende piuttosto dalla sua capacità di interpretare la legge. Per essere imparziali il giudice ha bisogno degli argomenti "parziali" del difensore del vincolo, che non infrange l'esercizio *rationabiliter* del suo ufficio, se

[60] Cfr. Id., *Prova*, cit., p. 107.

[61] Nell'istruzione il difensore del vincolo non viene mai denominato parte; alcune delle norme (come quella che raccomanda al giudice di consultare il difensore del vincolo prima di ammettere il libello, DC 119) non corrisponde pienamente al ruolo di parte, che richiederebbe prevedere l'intervento del difensore del vincolo solo dopo la citazione.

[62] Il primo effetto della citazione è proprio che la *res desinit esse integra* (c. 1512, 1).

[63] Questo aspetto a volte si oscura nella prassi e da luogo ad atti di dubbia correttezza deontologica, come sconsigliare al convenuto di servirsi di un patrono, affermando che il difensore del vincolo realizza funzioni analoghe. A tale errore induce il desiderio di evitare contenziosi, ma l'effetto è snaturare il processo.

[64] Cfr. M.J. Arroba Conde, *Prova*, pp. 66–70.

distingue tra l'analisi minuziosa delle prove (ove non è irrazionale mostrare contraddizioni o lacune, mentre lo sarebbe distorcerle o toglierle dal contesto) e la valutazione del caso (ove tali difetti possono non costituire motivi di obiezione razionale alla dichiarazione di nullità)[65].

7.5.12. Negligenza e doveri della funzione dell'avvocato

L'obbligo generale formulato direttamente per i patroni è la tutela dei diritti della parte (DC 104). Il riferimento specifico ad una loro condotta negligente (DC 111 par. 2) può vertere sugli effetti di eventuale decadenza della causa, sorgendo allora l'obbligo del Tribunale di avvertire prima la parte stessa (DC 146).

Le norme, e soprattutto la dottrina, in particolare quella del magistero, obbligano ad inserire i diritti della parte e la funzione preposta alla loro tutela nella visione istituzionale del processo[66]. Dentro tale visione si possono formulare per l'avvocato del foro canonico i principi deontologici specifici della corresponsabilità istituzionale, dell'indipendenza nella strategia di difesa e dell'etica dialogica riguardo alle relazioni con l'altra parte, relativamente alle situazioni più delicate e più bisognose di correttezza deontologica nella preparazione della causa e nello svolgimento del processo[67]. Per il loro vincolo con la negligenza, ricordo che tra i doveri, oltre ad accettare la difesa dei poveri e lavorare con la stessa diligenza che si userebbe in una causa propria, si include il dovere di misurare il proprio talento e le conoscenze che il caso richiede prima di accettarlo, nonché il dovere di rifiutare cause ingiuste, insieme alla proibizione di usare metodi illeciti per difendere una causa giusta[68].

La subordinazione al dovere di cercare la verità oggettiva non annulla il contradditorio ma da essa derivano esigenze di lealtà nella strategia processuale, così come l'obiettivo di giungere a decisioni idonee a convincere in coscienza. Ciò implica assumere lo sforzo etico di instaurare nel processo una comunicazione esigente. In tal senso, le negligenze principali del patrono riguardano le verifiche da fare nella fase previa

[65] Sui vari livelli di interpretazione del avverbio *rationabiliter*, cfr. D. Vajani, *op. cit.*, pp. 37–45.

[66] Sugli autori che formulano questa teoria, cfr. M.J. Arroba Conde, *Diritto processuale*, cit., pp. 72–74.

[67] Cfr. Id., *Principi di deontologia forense canonica*, cit., pp. 138–145.

[68] Sono doveri indicati da S. Alfonso Maria de Liguori nel suo conosciuto decalogo dell'avvocato; la difesa dei poveri è all'origine delle preoccupazioni dei primi concili; il rifiuto delle cause ingiuste occupa il primo posto nel decalogo di S. Alfonso Maria di Liguori, e si ripete nella costituzione *Decens* de Benedicto XII. Il rapporto che esiste tra una difesa tecnica ed eticamente corretta con la possibilità di raggiungere la giustizia sostanziale si deduce dalla regola n. 7 del decalogo di S. Alfonso Maria di Liguori, dove si stabilisce che l'avvocato deve invocare l'aiuto di Dio perché "Dio è il primo difensore della giustizia".

al processo: non sono sufficienti i doveri di verità formulati nei codici deontologici che limitano la responsabilità dell'avvocato a ciò che egli conosce; egli stesso deve verificare con senso di corresponsabilità ecclesiale il fondamento dei fatti, senza escludere il dovere di dissuadere la parte dall'iniziativa di avviare la causa, se manca tale fondamento. Ambito di eventuale negligenza è la mancanza di conoscenza profonda delle leggi al di là della sua traduzione in canoni o capitoli di nullità; conoscerle è un dovere derivante della funzione dell'avvocatura, vincolata nei codici deontologici alla realizzazione della Giustizia. Nella sfera canonica matrimoniale, tale obiettivo implica conoscere a fondo la natura del patto coniugale, soprattutto nei punti in cui, per irripetibile, la dimensione giuridica è più complessa, come sono la sua finalità di orientarsi al bene delle persone[69], e l'adeguata relazione del matrimonio in fieri e in facto esse. Identica esigenza di conoscenza richiede la legge processuale sul valore oggi riconosciuto alle dichiarazioni delle parti, anche per la prova piena[70]. Quindi, non è deontologicamente corretto (ma contrario all'importanza oggi data alla fase di preparazione preprocessuale) realizzare interviste impersonali, viziate dai parametri standard nell'interpretazione della legge positiva e dei capitoli di nullità.

Merita menzione il dovere di provvedere a un'impostazione tecnica precisa, che fondata su fatti veri, permetta una decisione giudiziale legittima e rapida. Nel processo è sufficiente e conveniente fare riferimento ad un motivo chiaro sul quale si fonda la pretesa e che si possa provare con facilità. L'opzione spetta all'avvocato, si radica nei principi di indipendenza e di libertà di difesa dei codici deontologici e comporta il dovere etico di evitare speculazioni per mantenere a lungo in vita la controversia. Poiché la funzione dell'avvocato si inserisce nel *favor veritatis*, è un dovere etico dei professionisti del foro riconoscersi reciproco credito su questo impegno comune, sviluppato con indipendenza. Le strategie dei difensori non possono allora essere oggetto di pressioni secondo il gusto, il costume o la c.d. politica del Tribunale nel formulare il dubbio, raccogliere le prove e presentare istanze. La competenza tecnica è garanzia per esercitare con indipendenza e autonomia le facoltà di difesa che esige il caso. Da qui il dovere di non accettare quei casi per cui l'avvocato non si considera all'altezza.

I doveri di informazione tempestiva riguardano i vincoli tra l'indipendenza e la relazione di fiducia tra avvocato e cliente. Nei codici deontologici si formula il dovere di preservare l'indipendenza dell'av-

[69] Per una prospettiva innovativa e strettamente giuridica della riferita finalità del matrimonio canonico, cfr. M. Riondino, *Bonum coniugum e giuridicità del matrimonio canonico*, in *Il diritto della famiglia e delle persone*, vol. IV (2009), pp. 2048–2091.

[70] Cfr. M.J. Arroba Conde, *Le dichiarazioni delle parti come valorizzazione della dimensione personalista del processo matrimoniale canonico*, cit. pp. 139–162.

vocato da pressioni del cliente, e si permette di rifiutare istruzioni contrarie ai suoi criteri professionali. Nel diritto canonico è fondamentale questo orientamento. Gli sforzi antecedenti alla causa non assicurano l'evoluzione del processo dove il professionista, anche difendendo gli interessi del suo assistito, esercita una funzione di rilevanza pubblica, che gli obbliga a rimanere fedele alla verità. Per quello, i doveri di fedeltà agli interessi del cliente, di attuare nei limiti del mandato e mantenere il segreto professionale, si completano con il dovere di informazione diligente, per non tradire l'interesse superiore di trovare la verità. Se le prove smentiscono la visione del cliente, lo si deve informare subito, non per falsare la realtà ma per offrire più luce sulla sua versione o correggerla[71].

La lealtà processuale verso gli altri operatori è traduzione concreta del dovere di contribuire a stabilire un contraddittorio razionale, la cui regolarità è affidata in modo principale al giudice, senza che possa eccedere nelle sue attribuzioni, né impedire di base trattare questioni sollevate in forma legittima[72]. Il contributo dell'avvocato a conseguire uno sviluppo razionale del contraddittorio, non si comprende senza riferirlo al dovere superiore della ragione, che non è altro che la necessità di stabilire una relazione autentica, mossa dal desiderio di capirsi. Tale necessità è più chiara in affari di proiezione interpersonale, come la nullità del matrimonio, dove è dovere morale della parte scoprire i limiti della sua visione soggettiva. Ancor di più è dovere dell'avvocato prendere la debita distanza dalla versione del suo assistito, senza limitare il suo ruolo a smontare, con abilità ed astuzia la visione dell'altra parte.

In un processo come quello canonico, i doveri di lealtà e buona fede non si limitano a rispettare le regole del gioco, ma includono l'impegno morale di porsi razionalmente nella prospettiva dell'altra parte, secondo il carattere comunicativo della ragione, che fonda la possibilità reciproca di dare risposte puntuali e intelligibili, fino ad arrivare, se del caso, a correggere o puntualizzare le proprie[73]. Non si può tacere su questo atteggiamento di fondo, necessario per l'avvocato in quanto, pur senza agire contro gli interessi del suo cliente, la sua funzione no si esaurisce nell'addurla in modo acritico e unilaterale, squalificando a priori la versione opposta, ma nel farla valere dialetticamente, secondo

[71] Ciò sarebbe facilitato se si potesse provvedere ad una di pubblicazione immediata delle prove, cfr. Id., *Prova*, cit., pp. 112–114.

[72] Cfr. M.J. Arroba Conde, *Cuestiones fundamentales de derecho probatorio canónico*, a cura di R. Rodriguez Chacon, *Puntos de especial dificultad en derecho matrimonial canónico, sustantivo y procesal, y cuestiones actuales de derecho eclesiástico y relaciones Iglesia–Estado (XXVII Jornada de la asociación de canonistas españoles, 11 al 13 abril)*, Dikynson, Madrid 2007, pp. 105–129.

[73] Ivi, pp. 53 ss.

le regole che la legge stabilisce per la prova razionale dei fatti e conseguire la certezza morale. Ciò implica preparare bene la prova e favorire che il suo assistito collabori sempre in essa, anche quando è proposta dall'altra parte, secondo lo spirito del processo ecclesiale. È la parte, e non il suo avvocato, a rimanere il "dominus litis". Ciò non esclude dai suoi doveri deontologici favorire che il suo cliente eviti ogni genere di ostruzionismo. La corretta colleganza riguarda le relazioni tra avvocati. I codici deontologici la riferiscono principalmente all'obbligo di rispettarsi, evitando allusioni negli scritti giudiziali[74].

[74] Risulta norma analoga il dovere del giudice di evitare offese alle parti e agli altri operatori del Tribunale nell'esposizione dei fatti posti a fondamento della sentenza (DC 254).

Capitolo VIII

Decisione e motivazione

Circa la decisione le peculiarità canoniche richiamano il peso del *favor veritatis*[1]; i valori del giusto processo esigono sul punto, in maniera specifica, la motivazione dei pronunciamenti endo–processuali e, soprattutto, di quello conclusivo. Ambo le tematiche sono strettamente collegate. In effetti, nonostante la conoscenza della verità in un processo dipenda dai metodi di acquisizione dei dati e dagli argomenti posti a giustificazione del convincimento sulla verità dei vari enunciati emersi, tale conoscenza potrà dirsi oggettiva se la giustificazione del convincimento non si fonda su preferenze soggettive ma su regole oggettive valide e vincolanti per tutti. A tali regole oggettive deve ricorrere l'autorità nel formare il suo convincimento, e ad esse deve riferire le motivazioni della sua decisione. La tematica esige di riprendere gli elementi riguardanti la valutazione dei mezzi di prova quale base della certezza morale oggettiva sulla quale si fondano la decisione e la corrispondente motivazione. Conviene però premettere un breve riferimento alla tipologia di decisioni che prevede l'ordinamento canonico.

8.1. Tipologia di decisioni nei processi canonici

Il pronunciamento è un atto processuale che appartiene esclusivamente al giudice e che ha per oggetto la definizione o decisione sulla materia che gli è stata sottoposta. La sostanza di questo atto è l'emissione di un giudizio circa la conformità o meno della pretesa della parte con il diritto oggettivo, mediante il quale viene deciso di accoglierla o negarla. Si tratta di un ragionamento per intermediare tra la generalità della legge e il caso concreto[2]. Nel diritto canonico tali pronunciamenti sono di due tipi: sentenze e decreti.

[1] Cfr. M.J. Arroba Conde, *Verità e relazione processuale nell'ordinamento canonico: sfide circa il metodo extragiudiziale*, a cura di G. Dalla Torre e C. Mirabelli, *Verità e metodo in giurisprudenza. Scritti dedicati al card. Agostino Vallini in occasione del 25 anniversario della consacrazione episcopale*, Libreria Editrice Vaticana, Città del Vaticano 2014, pp. 23–50.

[2] Per un'analisi sulla natura intellettiva e autoritativa della sentenza, cfr. J. Llobell, *Sentenza: decisione e motivazione*, in Aa.Vv., *Il processo matrimoniale canonico*, Libreria Editrice Vaticana, Città del Vaticano 1988, pp. 303–329;

8.1.1. La sentenza

La sentenza si può definire come il pronunciamento legittimo circa una causa trattata giudizialmente, cioè seguendo l'intero iter processuale previsto nelle norme, con le sue varie fasi. Tenendo conto del contenuto, le sentenze sono di merito quando decidono su questioni di diritto sostantivo dedotto in lite, cioè sull'oggetto della controversia. Sono sentenze di rito quando decidono su questioni meramente processuali.

Le sentenze, sia di merito sia di rito, possono essere definitive se decidono una causa principale; tale decisione, se fu validamente emessa, non è più oggetto di ripensamenti o correzioni (tranne i casi di cui al c. 1616 §1) in quanto estingue la potestà del giudice. Sono interlocutorie se decidono una questione incidentale (c. 1607). Ambedue si regolano con le stesse norme (c. 1613), anche se le sentenze interlocutorie possono essere riformate prima del termine della causa principale (c. 1589). Possono avere valore di sentenza definitiva se impediscono il processo o vi pongono fine, o ad un grado di esso, almeno nei riguardi di una delle parti (c. 1618). In caso contrario non sono appellabili. Le sentenze di merito possono essere condannatorie, quando emettono una condanna di una parte in favore di altra; possono essere dichiarative, se pronunciano un mero accertamento di diritto in favore di una parte contro un'altra; possono essere sentenze costitutive quando mutano o creano situazioni giuridiche nuove facendo scaturire da esse nuovi rapporti giuridici in favore di una o più parti.

8.1.2. Il decreto

Il decreto si può definire come il pronunciamento legittimo del giudice circa una causa non trattata giudizialmente per la conoscenza della quale non si è svolto l'iter processuale con un'istruttoria specifica ma con uno scambio di argomentazioni o memorie sull'oggetto di discussione. I decreti possono essere decisori o consistere in mere ordinanze per l'andamento del processo. Il decreto ordinatorio contiene esclusivamente la decisione del giudice circa le modalità di svolgimento del processo. Il decreto decisorio definisce questioni di diritto sostantivo o processuale emerse nell'esercizio del contraddittorio. Non sempre risulta scontata la natura ordinatoria o decisoria dei decreti e provvedimenti interlocutori, ma da essa dipende l'obbligo di motivazione e, di conseguenza, la loro validità[3].

[3] Si prospetta la rilevanza delle aspettative delle parti per definire la natura ordinatoria o decisoria dei decreti, assicurando sempre la motivazione di ogni provvedimento endoprocessuale, cfr. P. Buselli Mondin, *Il sistema dei ricorsi e dei decreti nel processo matrimoniale canonico*, Lateran University Press, Città del Vaticano 2005, pp. 188–202; M.J. Arroba Conde, *La nullità*

Tra i decreti decisori ha un'importanza di rilievo il cosiddetto decreto di ratifica[4], che ha come contenuto una risoluzione precedente emessa in diverso grado o istanza circa la causa principale, per cui è decreto definitivo. Altri decreti decisori sono interlocutori e definiscono questioni incidentali di minore importanza (che non hanno richiesto trattamento giudiziale con relativa sentenza interlocutoria). La minore importanza non impedisce che in qualche caso abbiano forza di sentenza definitiva (cc. 1618 e 1629, 5)[5].

8.2. La certezza morale per decidere e il libero convincimento

Secondo quanto avvertito nella nostra riflessione sul rapporto tra giusto processo e decisione, un giudizio che intenda essere all'altezza dell'essenza della vita e missione della Chiesa, non può affatto esaurirsi nella giustizia del metodo processuale, dovendo per forza includere la corrispondenza della decisione con la verità. Solo in tal modo la decisione sarà coerente con il ruolo che riveste l'esigenza di verità nella comunità ecclesiale, un ruolo cioè mai subordinabile all'obiettivo di porre fine alle controversie[6].

Non qualunque decisione quindi, nonostante sia apparentemente efficace per la conclusione di un conflitto giuridico, è all'altezza della giustizia che impegna la Chiesa come testimone della verità; si richiede che le decisioni in se stesse abbiano tali qualità, siano cioè giuste, conforme a diritto, nonché fondate su di un accertamento vero dei fatti storici controversi.

Anche se molti negano che giustizia e verità siano obiettivi reali degli altri ordinamenti processuali, non mancano autori che li ritengono un indispensabile contenuto del concetto di giusto processo[7], ed una premessa dello stato di diritto e dei sistemi giuridici coerenti con le aspirazioni di una società giusta. In tali sistemi la potestà giudiziale ha una funzione di garanzia dei diritti riconosciuti nelle norme sostanziali,

insanabile, cit., pp. 152–154.

[4] La disciplina sul *decretum ratihabitionis* stabilita prima della riforma dei processi di nullità matrimoniale (nel precedente c. 1682 §2) per la conferma di una sentenza affermativa di nullità matrimoniale emessa in prima istanza (DC. 265) si deve ritenere sostanzialmente ripresa nel nuovo c. 1680 §2.

[5] Cfr. S. Villeggiante, *Le questioni incidentali*, in Aa.Vv., *Il processo matrimoniale canonico*, Libreria Editrice Vaticana, Città del Vaticano 1994, pp. 633 ss.

[6] Cfr. M.J. Arroba Conde, *Verità e principio della doppia sentenza conforme*, cit., pp. 59–77.

[7] Cfr. L.P. Comoglio, *Etica e tecnica del giusto processo*, Giappichelli, Torino 2004; P. Ferrua, *Il giusto processo*, Zanichelli, Bologna 2005; A. Confalonieri, *Europa e giusto processo. Istruzioni per l'uso*, Giappichelli, Torino 2010.

la cui struttura è però condizionale. In effetti, le norme sostanziali fanno dipendere gli effetti giuridici in esse previsti dall'esistenza di determinati fatti. Perciò l'azione giudiziale non è volta a risolvere controversie ma ad accertare situazioni giuridicamente qualificate, attraverso la verifica di fatti rilevanti posti a fondamento delle medesime. Ciò implica che la correttezza giuridica della decisione dipenda da quanto sia conforme a diritto, nella *quaestio iuris*, e conforme a verità, nella *quaestio facti*, perché si è titolare di un diritto non se del medesimo si è in possesso di riconoscimento formale, ma solo se sono veri i fatti da cui dipende l'esistenza di tale diritto[8].

La prevalenza del foro interno rende ancor più incisive dette considerazioni in ambito canonico. Non credo allora che, nel caso della giustizia ecclesiastica, le esigenze di un giusto processo si possano contrapporre a quelle della giusta decisione, come se fosse irrimediabile inciampare in paralizzanti tensioni tra conoscenza e giudizio: può non essere sufficiente il metodo di conoscenza per pervenire ad un giudizio buono, corrispondente a verità; ma non si può pretendere di pervenire ad un giudizio buono in forza di privilegi, di grazie di stato o di un presuntuoso intuito pseudo–pastorale, senza adoperare metodi di conoscenza dei fatti che siano attendibili e che riducano il margine di errore mettendo in atto, come strumenti razionali, garanzie coerenti con il carattere comunicativo della ragione, vale a dire, le garanzie tipiche di una vera discussione giudiziale, aperta in relazione ai modi, nonché particolareggiata e completa rispetto ai fatti[9].

In tal senso, in relazione ai presupposti e alle caratteristiche delle decisioni canoniche, perché possano dirsi coerenti con la qualità di un giudizio all'altezza della missione della Chiesa è necessario fare certe puntualizzazioni su alcuni dei concetti comunemente utilizzati. La prima riguarda il concetto di certezza morale, normalmente intesa come stato d'animo soggettivo dell'autorità giudiziale, pur fondato, come avverte la dottrina del magistero, in dati oggettivi[10]. È abituale il richiamo ai

[8] Per la miglior dottrina l'accertamento della verità dei fatti, insieme alla giustizia del procedimento e alla retta applicazione della legge sostanziale, è requisito essenziale per la legalità della decisione, al punto di condizionare la correttezza giuridica della soluzione data, posto che le norme sostanziali regolano l'attribuzione di situazioni giuridiche soggettive solo se si avverano, come presupposti, i fatti previsti nella norma stessa, cfr. M. Taruffo, *Idee per una teoria della decisione giusta*, in Id., *Sui confini. Scritti sulla giustizia civile*, Il Mulino, Bologna 2002, pp. 225–228, il quale avverte che nessuna delle tre condizioni indicate, presa separatamente, è sufficiente per affermare la giustizia della decisione, mentre la carenza di una sola di esse basterebbe per comprometterla, cfr. Id., *La semplice verità*, cit., pp. 117–118.

[9] Cfr. E. Di Bernardo, *L'accertamento*, cit., pp. 53–72.

[10] Sul concetto di certezza morale, cfr. C. Izzi, *La certezza morale nel giudizio canonico*, a cura di P. Gherri, *Decidere e giudicare nella Chiesa. Atti della VI Giornata canonistica interdisciplinare*, Lateran University Press, Città del Vaticano 2012, pp. 228–232. Tra i

discorsi di Pio XII alla Rota Romana degli anni 1941 e 1942[11] e a quello di Giovanni Paolo II del 1980[12]. Il diverso contesto nel quale si muove ogni Pontefice spiega le accentuazioni di ciascuno: in un contesto di eccessivo formalismo giudiziale, Pio XII richiama il possibile valore sufficiente degli indizi, esortando a non esigere più del necessario; in contesto di eccessivo soggettivismo e relativismo sulle solennità processuali, Giovanni Paolo II richiama l'esigenza di verità oggettiva nel rispetto di un sano formalismo, evitando di sopravalutare indizi isolati[13].

Credo che tale oggettività debba risiedere, a sua volta, nell'applicare regole di valutazione oggettive sicché, fermo restando che la sentenza non deve offrire spiegazioni di natura psicologica, improprie del diritto[14], non mi pare impossibile sostenere che la dimensione oggettiva della certezza morale è inseparabile dall'idoneità della decisione ad essere convincente in coscienza per i destinatari[15]. Nelle fonti canoniche, il superamento del ragionevole dubbio sui fatti da indagare non è riducibile alla sola dimensione soggettiva o etica che deve ispirare la coscienza del giudice nel decidere, ma include un preciso legame con l'accertamento oggettivo dei fatti.

Una seconda puntualizzazione riguarda la valutazione delle prove in vista della decisione. Sul punto è nota l'evoluzione dei sistemi processuali moderni verso il principio del libero convincimento del giudice. Tale orientamento, con il corrispettivo abbandono del sistema di prove legali, rappresenta un potenziale progresso nell'obiettivo di assicurare la funzione veritativa che deve guidare l'amministrazione della giustizia in ogni società giusta. Detta funzione è irrinunciabile nella comunità ecclesiale, dove il compito di giudicare secondo verità è parte integrante della missione essenziale della Chiesa: rendere cioè testimonianza della verità.

Il maggior affrancamento degli ordinamenti processuali dai retaggi del sistema di prove legali non può comportare però lo snaturarsi del compito specifico che spetta alla potestà giudiziale. Giudicare significa

processualisti che studiano altri sistemi non mancano allarmi sul rischio che formule come la certezza morale coprano un'area di soggettivismo del giudice non mediato da alcun criterio razionale, cfr. A. Proto Pisani, *op. cit.*, pp. 296 ss. Non è possibile applicare alla sentenza canonica l'idea di limitarsi a rivestire di buone ragioni i motivi della decisione, anche quelli non fondati.

11 Cfr. *AAS*, XXIII (1941), p. 424; *AAS*, XXIV (1942), pp. 338–343.

12 Cfr. *AAS*, LXXII (1980), pp. 172–178.

13 Pio XII, nel primo discorso, qualifica «morale» quel convincimento che «escluda ogni dubbio prudente, ossia fondato su ragioni positive» ossia «la valutazione del giudice contro la quale manca un ragionevole motivo di dubbio»; cfr. M.J. Arroba Conde, *Convincimento*, cit., p. 171.

14 Cfr. R. Rumiati–N. Bonini, *Psicologia della decisione*, Il Mulino, Bologna, 2001, p. 67.

15 Cfr. M.J. Arroba Conde, *Diritto processuale*, cit., pp. 524–525.

sempre e solo applicare la legge ai casi concreti; è vero che affidare solo alla legge la possibilità o impossibilità di ritenere accertati i fatti emersi nel processo sarebbe di ostacolo alla considerazione che meritano le circostanze del singolo caso, non di rado irripetibili; tale singolarità traduce nel concreto l'esigenza di assicurare che nel giudicare, pur rispettando la legge, si agisca con equità.

Dato per presupposto il progresso annesso al sistema del libero convincimento o della libera valutazione delle prove, per assolvere l'attività giudiziale con maggiori garanzie di verità ed equità, la sua accoglienza esige speciale cautela nel distinguere tra libera valutazione (libero convincimento) e valutazione arbitraria (intimo convincimento); tale deviazione comprometterebbe l'immutata esigenza di legalità nel giudicare[16]. La differenza tra libertà e arbitrarietà nel giudicare è principio condiviso, ma non sufficientemente supportato da esigenze normative idonee ad andare al di là della sua sterile mera affermazione. Così, se l'obbligo di motivare le decisioni può intendersi come l'antidoto potenzialmente più efficace per evitare la deriva verso l'arbitrarietà, sul modo di assolverlo rimangono questioni aperte e di difficile ulteriore esplicitazione.

8.3. Qualità della motivazione e idoneità all'accettazione da parte dei destinatari

Il principio di legalità che caratterizza l'esercizio della potestà giudiziale, non solo non si esaurisce nel decidere applicando la legge alla fattispecie, ma nemmeno nel mero rispetto delle forme processuali poste a garanzia del diritto di difesa. La legalità, come anticipato, deve raggiungere anche la dimensione fattuale della controversia, la determinazione cioè dei fatti storici in base a regole capaci di esprimere il convincimento in proposizioni rappresentative della realtà e poste come base di motivazioni *in facto* controllabili[17].

Una buona parte dei problemi irrisolti rispetto alla motivazione è alla base della recente moltiplicazione di studi sulla "psicologia della decisione", dove ci si è occupati dei più significativi aspetti coinvolti nel rapporto tra la razionalità del giudice (come ragionamento che compie e che esprime), e il peso condizionante di altri fattori soggettivi: emozioni, precomprensioni, intuiti … Problematica diversa, pur vin-

[16] Sul punto, cfr. E. Di Bernardo, *Modelli processuali*, cit. pp. 64–83.

[17] In tale prospettiva la legalità non si discosta del concetto di certezza inteso come "prevedibilità dell'esito dell'intervento di un organo con competenza giuridica decisionale", L. Gianformaggio, *Studi sulla giustificazione giuridica*, Giappichelli, Torino 1986, pp. 158. Sulle decisioni giudiziali, da posizione più cauta si preferisce parlare di non assoluta imprevedibilità, cfr. V. Marinelli, *Dire il diritto. La formazione del giudizio*, Giuffré, Milano 2002, pp. 151–164.

colata alle questioni trattate dalla psicologia della decisione, è quella sui metodi razionali che consentono di stabilire il grado di attendibilità delle enunciazioni dei fatti emersi dalle prove; da ciò altri studi sul rapporto tra le conferme di tipo quantitativo e la probabilità logica, le inferenze deduttive, i sillogismi, l'eventuale loro controllabilità, ... A questo secondo ambito di problemi appartiene il tema della tecnica motivazionale, una difficoltà che grava anche su altri ordinamenti, e che muove i processualisti più accreditati a porsi la questione dei criteri o degli *standard* in funzione dei quali si possa ritenere provata una proposizione sui fatti controversi, anziché le proposizioni opposte o poco compatibili con essa.

L'aspetto contro culturale più allarmante, tanto nei sistemi civili come nel caso canonico sono i tentativi di riforma volti a cancellare o restringere l'obbligo di motivazione[18]. A tale linea bisogna rispondere con lo sforzo, culturalmente solido, di migliorare la tecnica motivazionale, dalla quale dipende che si possa di fatto arricchire il concetto di certezza morale nel senso precedentemente proposto. Nel redigere le motivazioni ci sono tre parametri impegnativi incidenti nella tecnica motivazionale[19].

Il primo riguarda l'obbligata attenzione alle tracce di prove legali che possano esserci negli atti. Le regole positive hanno come oggetto l'efficacia della confessione giudiziale e dei documenti pubblici. Come regola negativa è frequente doversi riferire al principio *testis unus testis nullus*. A ciò si aggiunge il divieto di ritenere veri i fatti dichiarati da una parte indotta da violenza, timore o errore, obbligando a valutare attentamente le ritrattazioni, ma senza ricondurre ad esse le legittime puntualizzazioni. Le prove legali però sono stabilite senza vincoli assoluti. I documenti pubblici fanno fede piena solo sul loro contenuto diretto e principale; su certi documenti, si puntualizza ciò che ha natura pubblica, distinguendo l'autenticazione del pubblico ufficiale dal contenuto del documento, che rimane di natura privata. Alle confessioni giudiziali nelle cause di bene privato si attribuisce valore di prova piena solo in via indiretta, perché liberano dall'onere della prova. Il divieto sul *testis unus* prevede le eccezioni del teste qualificato e delle circostanze personali o del caso.

Il secondo verte sull'interpretazione del principio del libero convincimento e del corrispettivo sistema di prove libere. Pur separandomi

[18] Rispetto all'ambito civile, cfr. F. Porcelli, *Le novità in materia di motivazione della sentenza*, in C. Punzi, *Il processo civile*, cit., pp. 71–84. Nell'ambito canonico le proposte di semplificazione del processo di nullità matrimoniale che puntavano verso una via amministrativa avrebbero comportato, ai sensi del c. 50, una riduzione non affatto conveniente della motivazione del provvedimento conclusivo del processo.

[19] Cfr. M.J. Arroba Conde, *Risultato della prova*, cit., p. 7–10.

dalle definizioni abituali, ho preferito sempre definirle non come prove la cui valutazione la legge affida al giudice, ma piuttosto come quelle in cui la legge si limita a stabilire i criteri che il giudice deve seguire quando assolve tale compito. Pur dati per la prova testimoniale, i criteri del can. 1572 (condizione, fonte e tempo di conoscenza, coerenza e concordanza) sono validi per valutare ogni prova libera[20]. Si può dire che il can. 1572 stabilisce lo *standard* concreto di valutazione per poter distinguere, nelle cause canoniche, tra libero convincimento e convincimento arbitrario o intimo, non consentendo di interpretare il primo come un esonero per il giudice di qualsivoglia criterio razionale o vincolo nella su opera di valutazione dei fatti emersi.

Che quelle del can. 1572 siano regole razionali non significa che non siano anche vincolanti *ex lege* sul cammino che il giudice deve seguire nel formarsi la convinzione. Così, la qualità della motivazione *in facto* risiede in un'accurata congiunzione tra la valutazione globale della causa e la valutazione dei mezzi di prova, applicando sui singoli fatti, principali e secondari, i criteri oggettivi di valutazione indicati dalla legge. Se la valutazione globale si fonda in una valutazione analitica, nella motivazione non si deve disertare dallo sforzo di spiegare in dettaglio i motivi di legge per cui ciascuno dei fatti è stato o no ritenuto moralmente certo.

Il terzo parametro è costituito dalla speciale necessità di riferirsi, senza ignorarli, ai fatti che potrebbero provocare una decisione di senso opposto, evitando che sui fatti oggetto di versioni contrastanti si confonda la certezza morale con la prevalenza di prove, o che il testo delle motivazioni consista in una serie di enunciazioni apodittiche di fatti posti alla base della pronuncia, anziché nella spiegazione delle ragioni per le quali i fatti si ritengono accertati. La certezza morale, come detto, si intende normalmente come uno stato d'animo soggettivo dell'autorità giudiziale, ma fondato in criteri oggettivi. Se l'oggettività risiede in applicare regole di valutazione ugualmente oggettive, allora sarà possibile sostenere che la certezza morale è inseparabile dall'idoneità della decisione ad essere convincente in coscienza per i destinatari. Ciò permetterebbe di rendere una testimonianza di cultura processuale utile contro le diffuse tentazioni di decisionismo, che intendono oscurare la natura fallibile dell'attività giudiziale, esposta all'errore e all'ingiustizia, tanto nel procedere quanto nel decidere. La motivazione è chiamata a evitare di annettere alle decisioni giudiziali indebite tracce di volontarismo, consentendo la loro controllabilità e impugnabilità.

Tale cultura richiede di impiegare metodi per conoscere i fatti che siano attendibili e che riducano il margine di errore mettendo in atto,

[20] Id., *Diritto processuale*, cit., p. 416.

quali strumenti razionali, garanzie coerenti con il carattere comunicativo della ragione, come lo sono quelle della discussione giudiziale vera, aperta nei modi e particolareggiata e completa rispetto ai fatti. In tal senso, la qualità delle decisioni giudiziali nella Chiesa include la qualità della motivazione, che è lo strumento più adatto a esprimere la base dialettica della decisione, a dar cioè ragione e risposta, specifica e comprensibile (perché fondata in regole condivise), a quanto emerso nella discussione, senza esaurirsi in affermazioni apodittiche più proprie di una retorica persuasiva che esula dai compiti di qualsiasi giudice.

La qualità della motivazione risiede in una saggia e accurata congiunzione tra la valutazione globale della causa e la valutazione dei mezzi di prova, applicando su ciascuno dei fatti principali e secondari emersi i criteri oggettivi di valutazione indicati dalla legge. Ho sempre richiamato tale indirizzo in tema di valutazione[21], ma ad esso si deve unire la redazione delle motivazioni in fatto, che esige di evitare ogni retaggio di giustificazione apodittica[22]. Sull'equilibrio tra le due prospettive indicate, quella olistica e quella analitica, è valido l'esempio del mosaico cui si riferisce qualche autore: il mosaico non è mera somma di tasselli, ma senza i tasselli non può esistere; così, se la valutazione globale si fonda in una valutazione analitica, la motivazione in fatto non deve disertare dallo sforzo di offrire spiegazioni dettagliate dei motivi di legge per cui ciascuno dei fatti è stato ritenuto moralmente certo o meno[23].

Circa la stabilità delle decisioni, oltre alla minor fermezza che l'ordinamento canonico attribuisce alle sentenze ecclesiastiche, vale la pena che il sistema di impugnazioni dei provvedimenti endoprocessuali non ceda alla tentazione del decisionismo, impedendo rigidamente ulteriori revisioni se richieste tramite ricorsi oggettivamente dotati di credibilità[24]. La rigidità finirebbe per oscurare la natura fallibile, esposta all'errore e all'ingiustizia, che caratterizza l'attività giudiziale, quale attività umana, per cui è saggio non dotare le decisioni giudiziali di caratteristiche volontaristiche indebite, e consentire la loro controllabilità[25].

L'analisi dei principi che devono guidare la conoscenza giudiziale dimostra che non è giustificata la sfiducia verso il sistema che regola il processo giudiziale canonico. Il confronto di alcune delle sue norme con norme analoghe presenti in altri sistemi giudiziali non consente di sostenere che le solennità del giudizio canonico, rettamente intese,

[21] Ivi, pp. 406–409.

[22] Cfr. Id., *Prova*, cit., pp. 114–115.

[23] Cfr. M. Taruffo, *La semplice verità*, cit., pp. 237–245.

[24] Sull'obbligata credibilità delle istanze e decisioni endoprocessuali, cfr. P. Buselli, *op. cit.*, pp. 121 e 154.

[25] Sulle varietà dottrinali al riguardo, cfr. M.J. Arroba Conde, *Prova*, cit., pp. 184–189.

possano rivestire una funzione contro–epistemica, che finisca cioè per impedire che si pervenga ad una decisione giusta, fondata in una conoscenza vera. Anzi, nel caso del sistema giudiziale canonico, risultano meglio rafforzati ed orientati in senso epistemico quelli che possiamo ritenere principi abbastanza comuni nelle varie culture processuali, almeno in quello che risulta pilastro fondamentale, che certamente separa una conoscenza giudiziale da altri approcci o interventi di autorità di natura risolutiva.

Tale pilastro è costituito, senza alcun genere di dubbio, dalla discussione che possiede un valore razionale se si prospetta come una discussione aperta, completa e sottoposta al controllo vicendevole dei soggetti coinvolti. In tal senso, forse la sfiducia nell'amministrazione della giustizia della Chiesa non riguarda la disfunzionalità del suo sistema, ma della sua organizzazione, ritenendo che non ci siano persone e strutture all'altezza di sostenere con competenza la discussione giudiziale[26]. In tal caso però, dovrebbe essere ovvio che la soluzione non consista nell'azzerare l'applicazione del metodo giudiziale a situazioni gravi, confidando in metodi molto esposti all'errore, dove dalla conoscenza derivante da una corretta discussione razionale e intersoggettiva si ceda il passo a una conoscenza senza garanzie razionali, illuminata da presunto senso pastorale.

8.4. Certezza e veridicità nelle cause penali

Nei processi penali è ancor più importante non ridurre la certezza morale allo stato d'animo soggettivo dell'autorità, pur fondato in dati oggettivi, come richiama il Magistero[27]. L'oggettività risiede, come detto in precedenza, nell'applicare regole di valutazione oggettive, per cui non sono separabili la dimensione oggettiva della certezza morale dall'idoneità della decisione ad essere convincente in coscienza per i destinatari[28]. Ciò esige di non emarginare nessun elemento presente negli atti e di non stabilire presunzioni sulla base di indizi che potrebbero portare ad altre deduzioni. In tal senso, la certezza morale, come la regola sul superamento del ragionevole dubbio, deve incidere nella tecnica motivazionale[29]. Nelle cause penali la certezza morale richiede di escludere

[26] Cfr. M.J. Arroba Conde, *Deontologia e norme processuali*, cit., p. 72.

[27] Cfr. C. Izzi, *La certezza morale*, cit., pp. 228–232.

[28] Cfr. M.J. Arroba Conde, *Diritto processuale*, cit., pp. 524–525.

[29] Così si esprime Orlandi nel commento all'opera di Withman (*op. cit.*, p. 749); in termini simili mi ero espresso in *Conoscenza*, cit., p. 532; la qualità della motivazione consiste in un'accurata congiunzione tra la valutazione globale della causa e la valutazione dei mezzi di prova, applicando su ciascuno dei fatti principali e secondari emersi i criteri oggettivi di valutazione indicati dalla legge. Tale indirizzo verte sulla valutazione ma deve incidere nella

ogni altra spiegazione ragionevole alternativa sugli indizi inerenti a tutti gli elementi da considerare.

Alla luce di quanto detto, tra le principali sfide inerenti all'accertamento del delitto tramite un processo extragiudiziale, si pone un'irrinunciabile e permanente esigenza del sistema canonico: che il superamento del ragionevole dubbio non si traduca nell'adottare una soluzione ragionevole al pari di altre, senza garanzie di accertamento oggettivo identiche a quelle che consente l'attività giudiziale. Così, le ragioni funzionali che negli ultimi anni hanno orientato verso l'imposizione di sanzioni canoniche per via extragiudiziale, si debbono misurare con le esigenze di certezza; nelle cause penali la certezza incombe sulla pluralità di elementi oggetto di indagare; nel valutare le prove su tali elementi, il superiore deve seguire i criteri oggettivi di valutazione stabiliti nelle norme sui processi giudiziali (can. 1572)[30].

I criteri oggettivi di valutazione posti dalla legge non sono in contraddizione col principio del libero convincimento, che sin da tempi remoti prevale nel diritto canonico in tema di valutazione di prove, con poche tracce di prova legale. Alcuni canonisti considerano il libero convincimento come la dimensione soggettiva della certezza morale[31]; ciò non consente però di stabilire ipotesi di contraddizione tra le dimensioni soggettiva e oggettiva, perché il libero convincimento non deroga l'obbligo di superare i ragionevoli dubbi che abbiano base oggettiva. Acutamente si avverte che il principio di libero convincimento è in contrasto col sistema di prova legale ma anche col c.d. "convincimento intimo", privo di fondamento in strumenti gnoseologici adeguati, predisposti cioè secondo i criteri di pertinenza, rilevanza e concludenza probatorie; tali criteri non incidono solo nella valutazione ma anche nei modi di acquisizione della prova, non potendosi ritenere ineffabili le sole determinazioni e deduzioni del giudice, senza collegamento con gli enunciati dei fatti emersi ad opera degli interessati[32].

Nel sistema canonico, per la centralità che in esso riveste la persona, la testimonianza della Verità di fronte al male impone ancora altro rispetto al giudizio di colpevolezza; tali ulteriori esigenze obbligano però a non scindere in eccesso, nell'ambito penale, gli aspetti processuali dagli aspetti sostanziali.

È faticoso perseguire gli obiettivi integrali e riconciliativi delle pene canoniche con metodi processuali volti esclusivamente a verificare la

redazione delle motivazioni in fatto, per evitare retaggi di giustificazione apodittica, cfr. M.J. Arroba Conde, *Risultato*, cit., p. 8.

[30] Cfr. M. Riondino, *Giustizia*, cit., pp. 38 e 178–184.

[31] Cfr. C. Izzi, *La certezza morale*, cit., p. 225.

[32] Cfr. G. Ubertis, *Sistema di procedura penale I: Principi generali*, Utet, Torino, 2007, p. 165.

tenuta logico–argomentativa delle ipotesi accusatorie[33]. La ricerca della verità integrale, all'altezza della dignità della persona quale essere razionale e relazionale, non può rimanere ingabbiata nella mera razionalità logica, produttrice di verità spesso tanto autoreferenziali quanto artificiose; l'unione tra giustizia e verità richiede invece quell'uso ampio e libero della ragione che colloca la persona al centro di ogni relazione dialogica[34].

Se per ottenere i valori più alti di giustizia cui aspira ogni società giusta si ritiene necessario che i sistemi penali prevedano percorsi con caratteristiche relazionali, per non inciampare in impianti processuali disegnati contro l'indagato, e perché trovi spazio la sincerità, si comprende quanto necessari risultino detti percorsi nel sistema penale della comunità ecclesiale per facilitare il più possibile una ricerca sincera della verità sulla scelta criminosa, sul rapporto tra autore del reato e vittima, sulla sofferenza delle parti offese, sul ristabilimento di rapporti più autentici tra i soggetti, senza escludere la revisione del senso di appartenenza alla comunità da parte dell'accusato; né la revisione né le misure da adottare si potranno affrontare nelle chiavi di una visione meramente individualista della vocazione cristiana e dei rispettivi stati di vita[35]; ma nell'analisi non si potranno eludere nemmeno i profili di corresponsabilità nella commissione del delitto[36].

Per questa ragione, oltre che per le maggiori garanzie che offre rispetto alla giustizia nel procedere, la Chiesa dovrebbe promuovere il più possibile il processo giudiziale per l'imposizione delle pene, essendo inoltre tale procedura la più rigorosa per accertare i delitti a fondamento della sanzione. Il processo giudiziale penale non deve essere però inteso in contrasto con l'esigenza di favorire durante tutto l'iter processuale, i valori di sincerità della mediazione, ivi inclusa la partecipazione efficace della vittima nonché la responsabilizzazione del reo. Quando non sia possibile ritenere preventivamente che si possa evitare la sanzione, e vi siano cause giuste per provvedere per via extragiudiziale, il principio del libero convincimento ha come ambito di incidenza più pregante quello della determinazione concreta della risposta penale da stabilire nel singolo caso, tenendo presente la pluralità di elemen-

33 Cfr. L. Eusebi, *Le forme*, cit., p. 2. L'autore avverte «come l'eventualità che proprio l'autore del reato contribuisca al manifestarsi della verità su quest'ultimo, rendendo possibile il giudizio sul suo disvalore e, anzi, operandolo egli stesso, assuma una portata generalpreventiva di massimo rilievo», ivi. p. 7.

34 Sul punto il prof. Eusebi ricorre alle riflessioni di A. Iaccarino, *Nessuno resti escluso*, cit., p. 35.

35 Cfr. M.J. Arroba Conde, *Justicia reparativa y derecho penal canónico: aspectos procesales*, in *Anuario de derecho canónico*, vol. III (2014), p. 8.

36 Cfr. M. Riondino, *Giustizia*, cit., pp. 174–178.

ti coinvolti, senza emarginare la rilevanza che merita ciascuno. Se il libero convincimento verte sulla valutazione dei fatti del passato, per accertare il delitto, la responsabilità ineluttabile del giudice è chiamata in causa soprattutto rispetto al futuro, a quelle ipotesi cioè in cui l'ordinamento, per raggiungere meglio gli obiettivi canonici, affida alla discrezionalità del giudice: sostituire la pena prevista nella legge per un'altra più idonea; rendere concreta una pena che la legge stabilisce in modo indeterminato; provvedere con una penitenza anziché con una sanzione in senso stretto; o sospendere l'esecuzione della pena (cann. 1343–1344).

In tali decisioni è illuminante il Decreto di Graziano quando riporta le parole del Papa Melchiade sull'animo con cui i giudici devono esercitare il proprio ufficio: «*Primo semper omnia inquirite, ut cum iustitia et caritate diffiniatis; neminem condempnetis ante iustum et verum iudicium; nullum iudicetis suspicionis arbitrio; sed primum probate, et postea karitativam proferte sententiam, et quos vobis non vultis fieri alteri nolite facere*»[37].

8.5. Certezza e funzionalità del servizio di governo nelle cause amministrative

Rispetto alla decisione nei processi che risolvono un ricorso gerarchico e un ricorso contenzioso–amministrativo, fermo restando che sono nei primi è possibile esaminare l'opportunità e la giustizia dell'atto di governo controverso, mentre nel secondo l'esame è ridotto alla sola questione della legalità, è necessario fare alcune considerazioni specifiche. La prima riguarda la natura relativa che possiede nell'ordinamento canonico il diritto positivo rispetto ai suoi obiettivi ultimi; una relatività che comporta doversi riferire sempre, o con molta più frequenza che in altri ordinamenti, ai criteri di fondo che ne danno la consistenza; da ciò l'incidenza che nell'opera di interpretazione e di applicazione continua ad avere il tema del fondamento delle norme, anche dopo l'aggiornamento della codificazione. La seconda ragione è collegata al principio secondo il quale il diritto è al servizio della vita (*Ius sequitur vitam*): la norma positiva canonica non solo è relativa rispetto agli obiettivi ultimi dell'ordinamento; è anche insufficiente per affrontare l'evolversi delle situazioni e relazioni di persone e comunità.

I limiti delle previsioni legislative si riscontrano in modo più abbondante in quell'ambito dell'esperienza giuridica che costituisce l'oggetto del diritto amministrativo; detti limiti urgono la riflessione sul fondamento per potervi ricorrere, con la dovuta coerenza, ai fini di affrontare

[37] C. II, q. 1, c.13. Cfr. M.J. Arroba Conde, *Convincimento*, cit. p. 175.

con efficacia situazioni nuove nel rapporto tra i fedeli e le istituzioni ecclesiali.

Rispetto ai temi più specifici del diritto amministrativo, questa impostazione fondativa, che sottolinea la storicità e funzionalità, incide nella valorizzazione di un presupposto di base: la corresponsabilità nella missione comune, annessa alla visione ministeriale dell'ordinamento, con conseguente indirizzo positivo e non contenzioso, del Diritto amministrativo, attento alla funzione di tutti i fedeli e non solo di chi svolge il servizio di governo. Tale servizio non sarebbe adeguato intenderlo come attività della Pubblica Amministrazione[38]. Ciò non significa ridimensionare i principi cardini di ogni esperienza giuridica e processuale in ambito amministrativo: la tutela effettiva delle persone e delle loro corrispettive posizioni giuridiche; l'affermazione del principio di legalità e la corrispondente esclusione dell'arbitrio.

Nell'attività processuale della Chiesa in ambito amministrativo è urgente rendere testimonianza di una cultura giuridica che accentua la concezione ministeriale del potere, senza ridurlo a insieme di attribuzioni nei confronti delle persone e dei loro beni, ma intendendolo come servizio agli interessi comuni. Al contempo, è urgenza culturale altrettanto accentuata evitare che l'affermazione della centralità della persona si trasformi in riconoscimento di prerogative di stampo individualistico, avulse dal senso di appartenenza e coinvolgimento nella missione comune. Ambo le esigenze spiegano l'importanza di rendere comprensibili i fondamenti del diritto amministrativo canonico, che sono utili al dibattito contemporaneo sul diritto amministrativo, dove da tempo si fanno i conti con fenomeni nuovi che implicano lo sgretolamento di presupposti ritenuti tradizionalmente suoi assi imprescindibili, ma che in realtà sono collegati alla considerazione dello Stato come centro unitario del sistema amministrativo e alla divisione dei poteri come assetto istituzionale, da cui derivano le note caratterizzanti: la specialità (come diritto diverso dal diritto dei privati), l'autoritatività (in forza dell'interesse pubblico, pur temperata dal principio di legalità) e l'esecutorietà (di immediata incidenza).

In tal senso, al diritto amministrativo attuale sembra utile la prospettiva di funzionalità, così accentuata nel diritto canonico: un diritto flessibile, concreto, attento alle esigenze dei soggetti, proiettato in una dimensione di continuità storica, non ancorato a rigido positivismo e segnato dal ruolo rilevante del giudice e dell'interprete. Tali caratteristiche potevano sembrare estranee al diritto amministrativo tradizionale, tanto da far dubitare dell'esistenza (o comunque, dell'utilità) di un

[38] Si veda l'impostazione innovativa di P. GHERRI, *Introduzione al diritto amministrativo canonico*, cit.

diritto amministrativo canonico; oggi rappresentano proprio il motivo del suo interesse.

La trasformazione (spesso qualificata come "crisi") del diritto amministrativo dimostra proprio la necessaria ed intrinseca *funzionalità* del diritto, ovvero la sua flessibile capacità di adattamento alle mutate esigenze della società. Sul punto è scontato il richiamo al declino dello *Stato*, in virtù dell'istituzione di organismi sovranazionali e della disaggregazione dell'apparato centralizzato. Lo stesso si dica del concetto di *legittimità* intesa come ossequio alla legge formale, concezione che cade per effetto di una giurisprudenza sempre più attenta a principi e criteri generali (la ragionevolezza, la congruità, etc.)[39]. La visione funzionale, flessibile e "decentralizzata" del diritto amministrativo canonico può suggerire anche al giurista statale l'opportunità di tenere un atteggiamento meno "deferente" verso la disposizione legislativa[40] (ponendo maggiore attenzione alle prassi, alle consuetudini, alla produzione normativa formalmente non legislativa) e la necessità di tenere in conto la necessaria pluralità di significati che assumono le norme, anche alla luce del contesto applicativo, concentrandosi appunto sull'esame della loro *funzionalità*: chiedendosi non solo se rispondano a certi requisiti formali, ma soprattutto se riescano a perseguire ed adempiere gli scopi che ad esse sono assegnati nel quadro globale dell'ordinamento.

Rispetto allo sviluppo, nell'ambito del diritto amministrativo europeo, di modelli di rappresentazione secondo linee note al diritto statunitense, bisogna annotare che nel diritto canonico tali linee non solo sono presenti ma risultano fondamentali, indirizzate alla partecipazione, al dialogo, e ad un certo contraddittorio, anche di fronte ad atti leciti, con l'obiettivo di assicurare il bene integrale di tutti, attraverso procedimenti di consultazioni, di possibili obiezioni e di eventuali opposizioni[41]. L'ordinamento canonico, improntato all'*aequitas* del caso concreto e

[39] Si può concordare sul fatto che non esiste più l'idea di una distinzione netta tra l'amministrazione e la *giustizia sull'amministrazione*, ritenuta un baluardo invalicabile da parte dei giudici (esemplificato dalla nota espressione *juger l'administration, c'est encore administrer*).

[40] L'esistenza di un diritto sovranazionale, caratterizzato dalla presenza di più ordinamenti generali, nessuno dei quali è totalizzante o monopolista, ove le relazioni tra gli ordinamenti non sono gerarchizzate, dove i processi di decisione sono fluidi, e dove domina il pluralismo, ha richiamato alla mente di importanti cultori del diritto amministrativo l'ordine giuridico medievale. Il richiamo è impegnativo; ma è indiscutibile che, come nel diritto canonico, nell'ordinamento comunitario, extra–statale e sovrastatale, il potere esecutivo non è esattamente distinto da quello legislativo; non esiste rigida e definita separazione tra la (produzione della) norma e la sua esecuzione; non vi è un'esatta attribuzione e prima ancora, allocazione, del potere di eseguire il dettato normativo, bensì un orientamento funzionale, che spesso travalica le competenze formali.

[41] Al riguardo si veda M.J. Arroba Conde, *Il superiore religioso e il servizio di ascolto. Limiti del diritto vigente*, in *Commentarium*, vol. XCIV (2013), pp. 7–22.

scevro da eccessive preoccupazioni formalistiche, ben conosce e quotidianamente applica simili dinamiche nei diversi contesti di governo. Se per le cause matrimoniali il richiamo all'equità significa per il giudice capacità di scoprire dietro gli atti del processo la persona che vi è dietro[42], nelle cause in cui sono in gioco i rapporti tra i fedeli e l'autorità di governo tale esigenza appare ulteriormente accresciuta in capo all'autorità che deve risolvere la controversia[43].

[42] In tali termini si espresse Papa Francesco durante il suo primo discorso alla Rota Romana, avvertendo che tale empatia non è in contraddizione con l'imparzialità che caratterizza la posizione del giudice e l'orientamento del suo agire secondo un *animus communitatis* (che esige da lui perizia giuridica).

[43] Cfr. M.J. Arroba Conde, *La misericordia nel diritto occidentale*, in *Monitor Ecclesiasticus*, vol. CXXX (2015), pp. 539–545.

Capitolo IX

Impugnazioni e giudicato

La natura fallibile delle decisioni giudiziali è a fondamento dell'inclusione nel concetto di giusto processo della possibilità di ricorrere contro i pronunciamenti endoprocessuali e di impugnare il pronunciamento conclusivo, almeno una volta, presso un organismo superiore. La motivazione della sentenza è chiamata a evitare di annettere alle decisioni giudiziali indebite tracce di volontarismo, consentendo il loro controllo e impugnabilità. Nell'ordinamento canonico esistono diversi tipi di impugnazione, alcuni comuni ad altri ordinamenti, seppur con istituti specifici rispondenti all'irrinunciabile obiettivo di stabilire la verità, anche al di sopra della certezza del diritto che nella maggior parte degli ordinamenti si protegge mediante l'istituto del giudicato.

9.1. Sistema e organizzazione delle impugnazioni

Il sistema dei mezzi delle impugnazioni della sentenza risente fortemente delle peculiarità del diritto canonico, specialmente rispetto alla applicazione che viene fatta del principio del doppio grado di giurisdizione; in altri ordinamenti, il riferito principio orienta l'organizzazione delle impugnazioni. Non è esattamente così nel caso dell'ordinamento della Chiesa, dove l'organizzazione delle impugnazioni, è del tutto singolare, al punto che l'argomento è annoverato tra quelli che, per la incidenza speciale delle esigenze di verità, sono considerati a fondamento della teoria circa la giuridicità *sui generis* del sistema processuale della Chiesa[1].

Le esigenze di verità non possono però compromettere la garanzia dei diritti processuali[2] né misconoscere l'importanza che possiede, an-

[1] Cfr. F. Della Rocca, *I mezzi di impugnazione*, in Aa.Vv., *Il processo matrimoniale canonico*, Libreria Editrice Vaticana, Città del Vaticano 1994, pp. 735–750.

[2] La denominazione "mezzi di impugnazione" ha sostituito quella di "rimedi contro la sentenza"; si mette in risalto così il cambiamento di prospettiva del CIC attuale in questa materia, sottolineando maggiormente il carattere pubblico delle garanzie processuali della persona del fedele, non visto solo come danneggiato dalla sentenza ma come titolare di diritti, anche di fronte alla amministrazione della giustizia; cfr. M.J. Arroba Conde, *Remedios jurídicos contra la sentenza*, in *Diritto e religioni*, vol. VIII (2013), pp. 17–36.

che nel diritto della comunità ecclesiale, il valore della certezza dei rapporti giuridici. Perciò i mezzi di impugnazione fondati esclusivamente in motivazioni soggettive sono esercitabili una volta sola[3]; come in tutti gli ordinamenti, quando il diritto di agire in giudizio è già stato oggetto di un intervento degli organi pubblici, le ipotesi di nuovi interventi vengono limitate. Tuttavia, avendo come scopo superiore alla certezza quello della ricerca della verità, tale limitazione è superabile con impugnazioni straordinarie in situazioni di speciale gravità, in quanto il diritto ad agire presso gli organi preposti ad amministrare giustizia in casi controversi non termina con la sentenza semplicemente definitiva ed esecutiva ma con quella giuridicamente giusta e valida, come richiedono i principi costituivi dell'ordinamento canonico[4].

Negli ordinamenti secolari la gerarchia tra strutture giudiziarie risponde alle esigenze del diritto a un doppio grado di giurisdizione, da esercitare presso un Tribunale superiore. Tale principio non è assimilabile alla disciplina anteriore alla riforma dei processi di nullità matrimoniale, dove era stabilito per legge l'obbligo di giungere a due decisioni affermative conformi per l'esecutività. In effetti, il doppio grado di giurisdizione, nella generalità degli ordinamenti, è un diritto rimesso alla sola iniziativa impugnativa di una parte, mai quindi imposto per legge; inoltre, il doppio grado di giurisdizione comporta, non la aggiunta, ma la sostituzione della prima decisione con quella del secondo Tribunale. Perciò, gli altri ordinamenti regolano la qualifica del secondo Tribunale su basi oggettive, mai del tutto aleatorie, dando luogo all'esistenza di una vera carriera giudiziale[5].

Con il m.p. *Mitis Iudex Dominus Iesus* si è soppresso l'intervento finora obbligatorio del Tribunale di appello per esaminare le cause di nullità matrimoniale dopo una sentenza che dichiarasse per la prima volta la nullità del matrimonio, abrogandosi quindi il requisito legale di giungere ad una doppia decisione conforme per ottenere l'esecutività. Ora l'esecutività si raggiunge con la prima sentenza se non appellata entro il termine stabilito nella legge (cc. 1630–1633). La riforma dei

[3] Sull'utilizzo sola una volta dei ricorsi impugnativi c.d. liberi, cfr. A. Stankiewicz, *Le impugnazioni delle decisioni rotali*, a cura di P. A. Bonnet e C. Gullo, *Le "Normae" del Tribunale apostolico della Rota romana*, cit., pp. 253 ss.

[4] Cfr. J.M. Serrano Ruiz, *La querela di nullità contro la sentenza*, cit., pp. 751–769; buona parte della dottrina canonica ritiene possibile parlare di diritti costituzionali o fondamentali, tra i quali bisogna includere il diritto all'impugnazione, anche se tale categoria terminologica è stata espressamente accantonata dal codice, e non manca chi la ritiene impropria; tra questi, cfr. J.M. Castillo Lara, *I doveri ed i diritti dei Christifideles*, in *Salesianum*, vol. XXXXVIII (1986), p. 313.

[5] Sul principio del doppio grado di giurisdizione e la precedente esigenza di ottenere due decisioni conformi affermative per l'esecutività nelle cause di nullità matrimoniale, cfr. M.J. Arroba Conde, *Verità e principio della doppia sentenza conforme*, cit., pp. 59–77.

processi di nullità matrimoniale, derogando l'obbligo della doppia decisione conforme affermativa, e mantenendo integro il diritto di appello, ha avvicinato la disciplina delle impugnazioni nelle cause di nullità matrimoniale al concetto del doppio grado di giurisdizione, eccetto proprio sulla maggiore qualifica oggettiva del Tribunale locale di appello, che l'ordinamento continua a stabilire in base a criteri meramente territoriali[6], del tutto estranei all'esigenza di maggiore preparazione dei Tribunali di seconda istanza.

Le norme rotali prevedono invece che i giudici del Tribunale apostolico di appello abbiano altri titoli di studio in diritto civile e non solo la licenza o dottorato in diritto canonico[7]. Altre disposizioni canoniche permettono di affermare che ai giudici rotali, come collegio almeno, si affidano compiti strettamente giudiziali che presuppongono una maggior qualifica del Tribunale[8]. Colpisce quindi che, proprio sul diritto di appellare alla Rota, che risulta la via abituale che consente al Tribunale apostolico di poter adempiere altri compiti che ad esso affida l'ordinamento, nella riforma dei processi matrimoniali si affermi (nel Proemio n. VII) l'esigenza di avere "speciale cura nella disciplina di tale appello per evitare abusi", annunciando una riforma delle norme rotali.

L'unico riferimento nel m.p. ai Tribunali di terza istanza riguarda la *nova causae propositio*, affidando solo ad essi la trattazione anche nel caso di sentenza diventata esecutiva in una sola istanza, senza esserci mai stato un giudizio in secondo grado (c. 1681). Visto che oltre alla Rota ci sono altri Tribunali locali autorizzati a trattare le cause in terzo grado (per privilegio o per commissione)[9], sarebbe auspicabile garantire l'oggettiva maggior qualifica dei loro giudici; si deve presumere che se il legislatore affida questo mezzo straordinario di impugnazione a Tribunali di terza istanza è giustamente per la maggior difficoltà che esso riveste.

Nelle cause penali sui delitti più gravi, dopo la riforma apportata dal m.p. *Sacramentorum Sanctitatis Tutela*, l'unico Tribunale compe-

[6] Il nuovo c. 1673 §6 rimanda espressamente ai cc. 1438–1439 rispetto ai tribunali locali di seconda istanza.

[7] Tale denominazione è utilizzata come definitoria della Rota romana nelle norme rotali all'art. 1.

[8] Si tratta dei compiti di aiuto agli altri Tribunali della Chiesa con le proprie sentenze, che devono essere particolarmente curate, provvedendo anche con le proprie decisioni all'unità della giurisprudenza; questi compiti sono previsti dalla PB art. 126; le norme rotali vigenti, pur posteriori alla riferita costituzione apostolica sulla Curia romana, non ne fanno menzione esplicita.

[9] Per privilegio esistono stabilmente i Tribunali della Rota della Nunziatura spagnola, con sede a Madrid, e il Tribunale del Primate dell'Ungheria. Sono inoltre frequenti i casi di commissione di competenza in favore di Tribunali locali, concesse *ad casum* dalla Segnatura per trattare cause in terzo grado.

tente per trattare l'appello contro le decisioni adottate in primo grado, sia quelle giudiziali emesse dal Tribunale di prima istanza, sia quelle extragiudiziali emesse dal Superiore del reo, è il Tribunale eretto da Giovanni Paolo II presso la Congregazione per la dottrina della fede, che risulta essere Tribunale apostolico supremo[10] per trattare i *delicta graviora*. Nelle altre cause penali, l'organizzazione delle impugnazioni si attiene all'organizzazione prevista per le impugnazioni delle decisioni giudiziali e per i ricorsi contro i decreti extragiudiziali.

9.2. Presupposti ed effetti del diritto ad impugnare

L'istituto dell'impugnazione risponde alla possibilità, mai esclusa, di commettere un errore o un'ingiustizia nei pronunciamenti processuali. Dopo la sentenza che pone fine a un'istanza, l'impugnazione è un'attività processuale da sviluppare in modo parallelo all'introduzione della causa, in quanto risponde ad una sorta di prolungamento dell'interesse che ne diede inizio[11]. Talvolta tale interesse dà luogo alla riapertura del processo; l'ordinamento detta comunque norme specifiche circa i mezzi di impugnazione, sia in considerazione del processo già realizzatosi, sia specialmente per evitare il prolungamento eccessivo delle controversie.

Si potrebbe definire l'impugnazione come quella serie di atti processuali tramite i quali le parti attuano la loro pretesa di ottenere una riforma della decisione giudiziale ritenuta gravosa nei propri confronti. I possibili gravami rispondono, in primo luogo, all'ipotesi di decisione invalida e sono da considerare quindi con criteri strettamente legislativi; un secondo gruppo di gravami risponde all'ipotesi di decisione ingiusta e in questo caso sono da considerare con criteri prevalentemente soggettivi. Si potrebbe parlare di decisione inesistente, ma in questo caso non è previsto un rimedio specifico, essendo sufficiente la comune azione dichiarativa di nullità per farla accertare giudizialmente.

L'effetto finale voluto con l'impugnazione è la riforma della decisione in favore di chi la propone, evitando che tale decisione divenga stabile. Perciò quando non si esercita il diritto di impugnazione, si produce la fermezza prevista dalla legge e quindi l'esecutività. Tuttavia la sola presentazione dell'impugnazione non impedisce l'esecuzione sempre, per cui ci sono mezzi di impugnazione con effetti sospensivi

[10] Così recita espressamente l'art. 8 del m.p. *Sacramentorum Sanctitatis Tutela* dove si puntualizza che la Congregazione per la dottrina della fede è supremo Tribunale apostolico per la Chiesa Latina e per le Chiese Orientali cattoliche nel giudicare i delitti definiti negli articoli dello stesso *motu proprio*.

[11] Per questa ragione nella fase di impugnazione si applicano tutti i principi inerenti all'iniziativa di parte, cfr. M.J. Arroba Conde, *El principio dispositivo en el proceso contencioso canónico*, cit., pp. 177–179.

(se comportano automaticamente la sospensione dell'esecuzione) e non sospensivi (quando l'effetto della sospensione resta alla discrezionalità del giudice).

Per quanto riguarda il giudice competente a trattare l'impugnazione, bisogna distinguere tra i diversi mezzi impugnativi previsti nellordinamento. Alcuni hanno efficacia devolutiva in quanto l'impugnazione proposta trasferisce al giudice superiore (giudice *ad quem*) la cognizione e decisione su di essa. Altre impugnazioni competono allo stesso giudice che ha emesso la decisione impugnata (giudice *a quo*), non avendo quindi effetti devolutivi[12].

9.3. Tipologia delle impugnazioni canoniche

Decidere conforme a una verità che possa essere anche soggettivamente accettabile è alla base dell'inclusione nel concetto di giusto processo del diritto a una impugnazione libera, almeno una volta, senza vincoli legislativamente predisposti; questo tipo di impugnazione, presente in tutti gli ordinamenti, è costituito dall'appello. Non minore importanza riveste il procedere conforme alla legge; la querela di nullità è uno strumento di impugnazione di maggiori radici canoniche, che permette di prescindere della questione di merito e attenersi a vizi di procedimento, in quanto si presume che le anomalie nel procedere possano aver avuto incidenza nella adeguata conoscenza dei fatti, ed aver inficiato il giudizio sul merito[13].

Così, contro la decisione invalida, contenente un vizio che a norma di legge la renda nulla (sanabilmente o insanabilmente), l'impugnazione canonica prevista è la querela di nullità (cc. 1619–1622). La querela di nullità della sentenza non ha effetti sospensivi (a meno che il giudice non gliene attribuisca) né devolutivi (a meno che sia proposta congiuntamente con l'appello). Se la querela si fa valere come azione si deve presentare presso lo stesso giudice che aveva emesso la sentenza che si ritiene viziata. Se si presenta per via di eccezione, la querela deve essere trattata dinanzi al giudice presso il quale pende la causa[14].

Contro decisioni valide, ma ritenute ingiuste dal soccombente, il mezzo di impugnazione previsto è l'appello, che ha normalmente effetti

[12] Cfr. Id., *Diritto processuale*, cit., pp. 540–544.

[13] Cfr. O. Grazioli, *La querela nullitatis: origini, attualità e prospettive di comparazione*, Lateran University Press, Città del Vaticano 2016.

[14] Non deve stupire la mancanza di effetti devolutivi nel caso della querela di nullità; l'accentuata natura di servizio che caratterizza ogni potestà nell'ordinamento canonico, si manifesta anche in questo settore; così, che le sentenze siano valide si deve presumere che sia interesse anche dell'autore stesso della sentenza della cui validità si discute; per tale ragione si affida a lui la trattazione della querela.

sospensivi mentre possiede sempre effetti devolutivi, dovendosi presentare presso il giudice del Tribunale superiore[15]. L'appello è il mezzo più ordinario e libero di impugnazione in quanto può essere fondato esclusivamente nella convinzione soggettiva di aver sofferto una giustizia da parte di chi si sente gravato dalla decisione. Nelle cause di nullità matrimoniale, se l'appello contro una sentenza affermativa risulta palesemente infondato, il Tribunale di seconda istanza (che deve essere obbligatoriamente collegiale, sotto pena di nullità) può ratificare per decreto la prima sentenza, senza aprire il processo ordinario di appello[16]. Identica regola si applica nel caso di appello contro la sentenza affermativa della nullità pronunciata dal Vescovo nel processo più breve[17].

Contro decisioni già passate in giudicato ma manifestamente ingiuste, verificandosi manifesta ingiustizia per un motivo previsto dalla legge, l'impugnazione prevista è la *restitutio in integrum*. I motivi indicati al c. 1645 fanno riferimento alla scoperta della falsità delle prove addotte nel processo, o al rinvenimento di documenti successivi alla decisione che dimostrano la sua infondatezza. La restituzione si concede anche nel caso in cui una parte abbia agito nel processo dolosamente nei confronti dell'altra, o se la decisione sia frutto di violazione di una legge sostanziale (non meramente processuale), o vada contro un'altra decisione passata in giudicato.

Contro decisioni già esecutive che hanno per oggetto una causa riguardante lo stato delle persone (come le cause di nullità del matrimonio), si concede il nuovo esame della causa quando ci siano nuovi e gravi argomenti o prove. Il nuovo esame non sempre può avere effetti sospensivi, ma li ha sempre devolutivi.

Contro i decreti endoprocessuali del giudice l'impugnazione consiste in un ricorso a norma di legge, rivolto allo stesso giudice, a cui si chiede la riforma della sua decisione. Nei casi di giudice collegiale, contro i decreti di uno dei membri del collegio (ponente o istruttore), il ricorso si presenta al collegio.

Il diritto ad impugnare è coordinato anche con principi di gerarchia costituzionale, riducendo le possibilità di impugnare le decisioni dell'autorità suprema, senza con questo dare spazio all'arbitrarietà.

[15] Si intende per Tribunale superiore quello della Rota Romana ma anche, da un punto di vista organizzativo, il Tribunale locale stabilito per trattare in secondo grado cause decise da un Tribunale di prima istanza.

[16] Nonostante il nuovo c. 1680 metta l'accento nella reiezione dell'appello, perché manifestamente dilatorio, la ratifica della sentenza esige certezza morale, condizione che può essere ottenuta solo dall'esame oggettivo degli atti e non dalla valutazione dei motivi soggettivi espressi nell'appello.

[17] In realtà, il c. 1687 non indica direttamente la conferma della sentenza mentre si limita a stabilire il rigetto dell'appello meramente dilatorio o il rinvio della causa a esame ordinario di secondo grado, nonostante non ci sia stato un processo ordinario per il primo grado.

Così anche se non tutte le decisioni sono appellabili (per ingiustizia), tutte sono suscettibili di un controllo sulla loro legittimità[18].

9.4. Ricezione moderata del giudicato: fermezza ed esecutività

L'istituto giuridico della *res iudicata*, recepito moderatamente nell'ambito del diritto canonico, ha come principale significato processuale la fermezza che acquistano i pronunciamenti giudiziali una volta che sono diventati inappellabili. Il fondamento del giudicato è la necessità sociale di porre fine alle controversie, garantendo la certezza delle situazioni giuridiche[19].

Dal punto di vista sostanziale la cosa giudicata si può definire come il momento in cui la decisione del giudice si riveste della categoria di obbligatorietà tra le parti interessate, fonte di diritti ed obblighi giuridici, in quanto costituisce legge tra loro due (c. 16 §3), potendo essere effettivamente eseguita. Fermezza ed esecutività sono gli istituti giuridici direttamente attinenti la *res iudicata*.

La fermezza del diritto si riscontra nella presunzione di giustizia e validità della decisione tanto da non consentire l'appello ulteriore una volta che si sia formato il giudicato nei modi stabiliti dal diritto (c. 1641). Tale fermezza comunque rimane formale qualora ci sia palese contraddizione con la giustizia e verità sostanziale, potendosi in quei casi impugnare la sentenza passata in giudicato con il mezzo straordinario della restituzione *in integrum*[20].

Nell'ordinamento canonico, le sentenze emanate nelle cause riguardanti lo stato delle persone non passano mai in giudicato (c. 1643)[21].

[18] Il c. 1629, 1 esclude dall'appello le sentenze del Papa e della Segnatura Apostolica. Questo non significa che non si possano proporre mezzi di controllo a causa dei gravami derivanti dalle suddette sentenze. Per quanto riguarda le rare decisioni Papali si apllica il c. 1404, sencodo il quale *prima sedes a nemine iudicatur*. Per le decisioni della Segnatura, cfr. G. MONTINI, *De querela nullitatis deque restitutione in integrum adversas sententias Sectionis Alterius Supremi S. A. T.*, in *Periodica*, vol. LXXXII (1993), pp. 669–697. La Rota è Tribunale Supremo nel merito per la giustizia ordinaria; eventuali sue sentenze di primo grado sono appellabili presso un turno superiore della Rota Romana, eccetto in materia di nullità di sentenze o di decreti, secondo quanto disposto nel Rescritto di Papa Francesco del 7.12.2015.

[19] Sull'origine romana dell'istituto della *res iudicata* cfr. G. PUGLIESE, *Giudicato civile (storia del)* in *Enciclopedia del Diritto*, vol. XVIII, Giuffré, Milano 1993, pp. 727 ss.

[20] Sulla distinzione tra giudicato materiale e giudicato formale, cfr. S. BERLINGÒ, *Giustizia e carità nell'economia della Chiesa. Contributi per una teoria generale del diritto canonico*, Giappichelli, Torino 1991, pp. 207–226.

[21] Alcuni civilisti (cfr. G. MARINI, *Il diritto matrimoniale*, Roma 1929, p. 133) considerano questo principio contrario all'ordine pubblico poiché la sentenza ecclesiastica produce certi effetti civili per i quali l'ordine pubblico esige che rivestano l'autorità di cosa giudicata (in senso contrario a questa opinione cfr. G. VASSALLI, *Lezioni di diritto matrimoniale*, Padova 1931, pp. 185–186).

Allo stato delle persone appartengono le cause matrimoniali (sullo stato coniugale), le cause sulla validità dell'ordinazione (sullo stato clericale) e le cause sulla professione religiosa (sullo stato di vita consacrata); meno pacifica è l'appartenenza a questo genere di cause delle controversie penali conclusesi con decisioni che limitano l'esercizio dei diritti derivanti dalla condizione clericale o religiosa. La dichiarazione degli stati giuridici nella Chiesa comporta gravi conseguenze circa gli obblighi morali e giuridici inerenti ad essi. Dovendo prevalere sempre la verità oggettiva sulla formale certezza giuridica della *res iudicata* nelle cause sullo stato delle persone l'ordinamento predispone misure meno rigide a tutela della fermezza delle decisioni ed è consentito il nuovo esame qualora emergano nuovi e gravi prove o argomenti contrari al loro fondamento. Tale rimedio è esperibile quando la decisione che si intende impugnare risulti inappellabile o già esecutiva, anche quando alla esecutività si sia arrivati dopo due decisioni conformi[22].

L'esecutività consiste nell'applicazione effettiva dei diritti e obblighi riconosciuti dalla decisione passata in giudicato. Tale esecutività riguarda anche le cause matrimoniali che, anche se arrivano ad un giudicato solo formale (quasigiudicato), portano effetti da applicare conformemente a quanto deciso (per es. la possibilità di contrarre nuove nozze dopo una doppia decisione conforme dichiarativa della nullità, c. 1684 §1).

9.5. Formazione ed effetti del giudicato

La cosa giudicata si forma in tutti i modi che rendono non impugnabile una decisione giudiziale con il mezzo ordinario dell'appello.

Un primo modo è mediante *la doppia decisione conforme*, cioè quando tra le medesime parti, sulla stessa richiesta e per lo stesso motivo (identità dell'azione) si sono date due decisioni giudiziali con identico dispositivo (c. 1641; DC art. 291). La doppia conformità può essere parziale (riguardante solo qualche punto controverso) o equivalente (sostanzialmente conforme, perché riguardante gli stessi fatti e prove pur invocando titoli giuridici diversi)[23]. Nelle cause di nullità matrimoniale, che non passano in giudicato sostanziale, il mancato esperimento dell'appello nei termini perentori stabiliti dalla legge, o la doppia de-

[22] Cfr. C. Gullo, *La nova causae propositio,* in Aa.Vv., *Il processo matrimoniale canonico*, Libreria Editrice Vaticana, Città del Vaticano 1994, pp. 797–823.

[23] La questione dell'ammissibilità della conformità equivalente fu risoltain senso affermativo da DC 291; per una precedente opinione contraria, cfr. J. Llobell, *Note sulla congruenza e conformità delle sentenze di nullità di matrimonio*, in *Ius ecclesiae*, vol. II (1990), pp. 543–565.

cisione conforme provoca comunque quel giudicato processuale consistente nella non possibilità di esperire ulteriore appello[24].

Un secondo modo di formazione del giudicato è quello che avviene mediante la scadenza dei termini per interporre (quindici giorni, c. 1630) o proseguire (un mese, c. 1633) l'appello, trascorsi inutilmente i quali lo si ritiene abbandonato, passando la cosa in giudicato (c. 1635).

Il giudicato si forma anche a seguito di perenzione o di rinuncia dell'istanza di appello (cc. 1520 e 1636). Dichiarando la perenzione (c. 1521) il giudice di appello dichiara anche il passaggio in giudicato della causa. La rinuncia, accettata o non impugnata dall'altra parte e ammessa dal giudice, ottiene gli stessi effetti della perenzione (c. 1525).

Il giudicato si forma anche quando si tratta di una decisione valida inappellabile (c. 1629). L'inappellabilità può essere una conseguenza derivante dall'autorità che l'ha emessa, come accade con le sentenze emesse dal Papa, in ragione del principio *Prima Sedes a nemine iudicatur*, o dalla Segnatura, in quanto Tribunale supremo per la giustizia ordinaria. Per la stessa ragione non sono appellabili le sentenze penali sui delitti più gravi emesse dal Tribunale apostolico supremo eretto presso la Congregazione per la dottrina della fede, eccetto se fu il medesimo supremo Tribunale a definirle in prima istanza[25]; in questo modo viene salvaguardato il diritto di appello almeno una volta compreso negli ideali del giusto processo. Il Tribunale apostolico della Rota Romana si deve considerare Tribunale supremo per trattare il merito; la legge non include però le sue sentenze tra quelle non appellabili, permettendosi tale impugnazione presso un turno superiore di giudici della stessa Rota; a seguito del rescritto dell'11.2.2013 di Benedetto XVI al Decano della Rota Romana, durante un triennio il Tribunale Rotale instaurò la prassi di interpretare come divieto di appellare le proprie sentenze (anche quelle che per la prima volta dichiaravano la nullità del matrimonio) la disposizione del riferito rescritto secondo la quale le decisioni che dichiaravano la nullità del matrimonio non avevano bisogno di una seconda decisione conforme. Con il nuovo rescritto di Papa Francesco del 7.12.2015 non fa menzione di eventuali limiti dell'appello contro le sentenze rotali in materia di nullità matrimoniale[26].

In relazione agli effetti della *res iudicata* bisogna dire che la sentenza che sia passata in giudicato gode della certezza del diritto, con la

[24] Cfr. M.J. Arroba Conde, *Sub cc. 1680–1681*, a cura di A. Benlloch, *Comentario al código de derecho canónico*, cit., pp. 729–730.

[25] Così dispone l'art. 20 n. 2 del m.p. *Sacramentorum Sanctitatis Tutela*.

[26] A differenza del precedente rescritto di Papa Benedetto XVI, quello emanato da Papa Francesco il 7.12.2015 non risulta concesso solo temporaneamente. Nel nuovo rescritto si stabilisce unicamente il divieto di appello contro le decisioni rotali, ma soltanto in materia di nullità di sentenze o di decreti.

presunzione che sia giusta e vera, non potendo essere più direttamente impugnata. Per futuri processi la res iudicata dà luogo a due istituti diversi.

Il primo è la *actio judicati*, che viene concessa alla parte favorita dalla sentenza per poter chiedere anche dinanzi all'autorità giudiziale l'esecuzione della medesima, rendendo così effettivi i diritti riconosciuti nella decisione che gode della fermezza di giudicato, ed esigendo dall'altra parte la prestazione dovuta.

Il secondo è la *exceptio rei judicatae*, concessa ad ambedue le parti per impedire una nuova introduzione della causa (c. 1642 §2). Tale eccezione, denominata anche *exceptio litis finitae* è di natura perpetua e perentoria (c. 1462 §1), nonostante debba essere proposta prima della *litis* contestazione, dalle parti interessate, ma anche dal giudice stesso, per evitare una nuova decisione su ciò che è stato già giudicato.

Il codice attribuisce alla *res iudicata* la stabilità che possiede solo il diritto, ritenendo la decisione passata in giudicato non solo presuntivamente valida e giusta, ma direttamente non impugnabile. Tuttavia può essere impugnata indirettamente dimostrando l'inesistenza della *res iudicata* mediante la *restitutio in integrum* nei casi di palese ingiustizia previsti dalla legge (c. 1645). In senso analogo, tramite la querela di nullità, è indirettamente colpito il fondamento dello stesso giudicato, cioè l'esistenza di decisione valida.

FAMIGLIE, PERSONE, SOCIETÀ

1. Pietro Semeraro
Famiglia e diritto penale
ISBN 978-88-548-9427-3, formato 17 × 24 cm, 180 pagine, 11 euro

2. Manuel Jesús Arroba Conde
Giusto processo e peculiarità culturali del processo canonico
ISBN 978-88-548-9729-8, formato 17 × 24 cm, 204 pagine, 13 euro

Finito di stampare nel mese di dicembre del 2016
dalla tipografia «System Graphic S.r.l.»
00134 Roma – via di Torre Sant'Anastasia, 61
per conto della «Gioacchino Onorati editore S.r.l. – unipersonale» di Canterano (RM)

Made in the USA
Monee, IL
05 November 2026

67379480R30116